供託実務
事例集

東京法務局ブロック
管内供託実務研究会 編

日本加除出版

はしがき

　供託事務においては，供託関係法令（供託法，供託規則，供託事務取扱手続準則）はもちろん，民法，商法等の実体法，民事訴訟法，民事執行法等の手続法，その他，供託根拠法令に関しては，現在，法令数で約230法令，条文数では約660箇条を超えるといわれています。

　このように供託根拠法令も多岐にわたり，供託に関わっている法務局職員はもとより，弁護士，司法書士等の法律実務家の方々についても，日々苦慮される場面も多くあると思います。

　特に，金銭債権に対する債権譲渡，質権の設定による債権者不確知供託や差押え，仮差押等による第三債務者による執行供託，さらに，これらが競合し権利関係が複雑に錯綜した供託については，具体的にイメージすることが難しく，自らを顧みても事件を通してようやく理解することができたということも多々ありました。

　そこで，本書は，東京法務局及び東京法務局管内地方法務局の供託事務に従事する職員が，日常の相談や事務処理の中の事例を通して，実務的な内容を，職員の視点から平易に解説しているものを掲載しました。

　また，その内容につきましても，様々な事例を取り上げて紹介しており，事例に即した供託の基本書として，本書が，供託に関わる法務局職員，法律実務家の方々に若干なりともお役に立ち，活用していただければ幸いです。

　なお，本書中，意見にわたる部分も出てきますが，それらについては，あくまでも筆者らの私見であることをあらかじめ申し添えます。

　終わりに，本書の執筆に当たり，法務省及び法務局の諸先輩の方々が御執筆された図書を参考にさせていただいたことをお断りするとともに，本書の刊行に至るまでの間，種々御協力いただいた日本加除出版株式会社編集第一部の皆様方に対し，厚く感謝の意を表するとともに，その他，多くの方々に御配慮いただいたことにお礼を申し上げる次第であります。

　　平成26年10月

　　　　　東京法務局民事行政部供託第一課長　　森　野　　誠

目　次

**事例 1　登記・供託オンライン申請システム切替後の
　　　　　オンラインによる供託手続について** ―――――― 1
 1　**はじめに**　1
  設問1　2，設問2　2，設問3　2，設問4　3，設問5　3，設問6　4，
  設問7　5，設問8　6，設問9　6，設問10　6，設問11　7，設問12　7，
  設問13　8，設問14　8，設問15　9，設問16　9，設問17　11，設問18　11，
  設問19　12，設問20　12，設問21　13，設問22　13，設問23　14，設問24　14，
  設問25　14，設問26　15
 2　**おわりに**　15

事例 2　供託の閲覧手続について ―――――――――――― 16
 1　**はじめに**　16
 2　**閲覧制度について**　16
 3　**閲覧を請求できる者の範囲**　17
  (1)　利害関係人に該当する者　17
  (2)　利害関係人に該当しない者　18
 4　**閲覧手続**　19
  (1)　閲覧申請書　19
  (2)　閲覧方法　19
  (3)　閲覧終了後の手続　19
 5　**おわりに**　20

事例 3　供託と遅延損害金について ――――――――――― 21
 1　**はじめに**　21
 2　**遅延損害金**　21
 3　**弁済供託の事例別考察**　22
  (1)　受領拒否　22
  (2)　受領不能　23
  (3)　あらかじめ受領拒否　24
  (4)　債権者不確知　24
  (5)　不法行為に基づく損害賠償債務の弁済供託　25

4　執行供託　26
　5　郵送とオンライン申請による供託申請の遅延損害金について　27
　　(1)　郵送と現金納付による申請　27
　　(2)　オンライン申請の場合　27
　6　おわりに　28

事例4　賃料の増額請求に対してする相当賃料の弁済供託について ―― 29

　1　はじめに　29
　2　事　例　29
　3　供託とは　30
　4　本事例の結果　32
　5　おわりに　33

事例5　反対給付の付された供託の還付請求に係る添付書面等について ―― 34

　1　はじめに　34
　2　判決文の内容について　34
　　(1)　主　文　34
　　(2)　請求原因について　35
　　　ア　未払更新料及び未払賃料の支払　35
　　　イ　対象不動産の明渡し　35
　　　ウ　同契約解除後の対象不動産占有に対する賃料相当の損害金の支払　35
　　(3)　裁判所の判断について　35
　　　ア　更新料の不払について　35
　　　イ　賃料の不払について　35
　　　ウ　結　論　35
　3　検討事項　36
　　(1)　反対給付のある供託について　36
　　(2)　本件への当てはめ　36
　　(3)　検討の結論　37

目 次

**事例6　あらかじめ受領拒否及び受領しないことが
明らかである場合の供託の要件について**────38
　1　はじめに　38
　2　具体的ケースによる供託要件　38
　　ケース1　39,　ケース2　39,　ケース3　40,　ケース4　41,　ケース5　41,
　　ケース6　43,　ケース7　44,　ケース8　44,　ケース9　45,　ケース10　45,
　　ケース11　46
　3　おわりに　46

事例7　受領拒否による弁済供託について────48
　1　はじめに　48
　2　受領拒否の事例　48
　3　おわりに　54

**事例8　受領不能を原因とする不法行為に基づく
損害賠償債務の弁済供託について**────58
　1　はじめに　58
　2　本件において検討すべき事項　58
　　(1)　AのBに対する債務の有無及び法的性質　58
　　(2)　供託の可否　59
　　　①　「供託原因の存在」について　59
　　　②　「供託の内容が, 債権者に本来の債権と同一内容の権利を取得させるものであること」
について　60
　　(3)　供託すべき金額　60
　　　①　損害賠償の範囲について　60
　　　②　遅延損害金の有無について　60
　　　③　遅延損害金を付す期間について　61
　3　おわりに　62

事例9　不法行為に基づく損害賠償債務の弁済供託について────63
　1　はじめに　63
　　(1)　弁済供託の有効要件について　63
　　(2)　不法行為に基づく損害賠償債務の弁償供託について　64
　2　学説及び判例　65
　　(1)　学　説　65

v

ア　一部弁済提供・供託の効力　65
　　　イ　不法行為に基づく損害賠償債務の弁済提供・供託の効力　66
　　(2)　判　例　66
　　　ア　一部弁済提供・供託の効力　66
　　　イ　不法行為に基づく損害賠償債務の弁済提供・供託の効力　67
　3　検　討　68
　4　おわりに　69

事例10　事業譲渡に基づく債権者不確知供託の可否について——70
　1　はじめに　70
　2　各相談の内容　71
　　(1)　相談の内容　71
　　　①　債務者である法人Xからの相談　71
　　　②　Q税務署からの相談　71
　　　③　事業譲受人である法人（B株式会社）からの相談　72
　　(2)　相談内容のまとめ　73
　3　事業譲渡について　74
　　(1)　事業譲渡の条文の概要　74
　　(2)　事業譲渡による財産権等の移転について　74
　4　相談に対する検討及び相談者に対する回答　75
　　(1)　債務者である法人Xからの相談について　75
　　(2)　Q税務署からの相談について　76
　　(3)　事業譲受人である法人（B株式会社）からの相談について　77
　5　おわりに　77

事例11　集合債権譲渡担保契約における債務者の特定と供託——78
　1　はじめに　78
　2　事案の概要（A社からの相談）　78
　3　結　論　79
　4　検　討　79
　　(1)　債権者不確知供託の要件　79
　　(2)　債権譲渡登記制度（民法467条の特例）　80
　　(3)　債務者の特定していない将来発生債権の譲渡担保（集合債権譲渡担保）　81
　　(4)　本事案へのあてはめ　83

事例12　振替国債による供託物の差替えについて ──── 88
1　はじめに　88
2　振替国債とは　88
3　供託物の差替えとは　89
4　振替国債による差替供託の手続方法　90
5　おわりに　92

事例13　執行供託における根拠条項の考え方について ──── 93
1　はじめに　93
2　差押えの競合及び差押効の拡張について　93
3　執行供託における差押えの競合について　95
4　民執法156条1項と156条2項の供託　97
5　問題の事案について　98

事例14　預金債権に対する差押えに基づく執行供託について ── 100
1　はじめに　100
2　事案の概要　100
3　供託申請についての検討　101
　(1)　預金債権に対する差押えの効力の及ぶ範囲について　101
　(2)　元本債権に対する差押えの効力が利息債権に及ぶ範囲について　101
　(3)　供託書の記載について　103
4　おわりに　103

事例15　銀行預金に付する差押えの執行供託を受理するには ── 105
1　はじめに　105
2　事　例　106
3　供託の原因たる事実欄について　108
4　法令条項について　108
5　おわりに　109

事例16　賃料債権に対する差押えに基づく執行供託と
　　　　相殺について ─────────────────── 115
　1　はじめに　115
　2　相殺について　115
　　⑴　対立する債権が存在すること　115
　　⑵　双方の債権が同種の目的を有すること　116
　　⑶　双方の債権が弁済期にあること　116
　　⑷　双方の債権が有効に存在すること　116
　　⑸　相殺を許す債務であること　116
　3　賃料債権に強制執行による差押えがされた場合の相殺について　117
　　⑴　第三債務者が差押命令送達後に自働債権を取得した場合　117
　　⑵　第三債務者が差押命令送達前に自働債権を取得している場合　117
　4　賃料債権に抵当権の物上代位による差押えがされた場合の相殺について　119
　　⑴　貸金債権・修繕代金等を自働債権とする相殺の場合　119
　　⑵　いわゆる建設協力金を自働債権とする相殺の場合　120
　　⑶　敷金（保証金）を自働債権として相殺する場合　122
　5　おわりに　122

事例17　金銭債権に対して質権設定と差押えが
　　　　競合した場合の供託の可否について ───────── 124
　「照会内容1」　124
　「回　答」　124
　「説　明」　125
　　1　議員報酬債権に対する質権設定の可否　125
　　2　議員報酬債権の差押範囲　125
　　3　第三者対抗要件の具備　126
　　4　検　討　127
　「照会内容2」　127
　「回　答」　128
　「説　明」　128
　　1　詐害行為取消訴訟の性質　128
　　2　供託の可否　128
　　3　供託の根拠条文　129
　　⑴　民法494条による債権者不確知供託及び民事執行法156条1項による執行供託の混合供託の可否　129
　　⑵　民法366条3項及び民事執行法156条1項を事由とする混合供託の可否　130

4　供託金額について（議員報酬の遅延損害金について）　132
　　5　おわりに　133

事例18　滞納処分による差押えと第三債務者の供託について ── 134
　ケース1　134
　ケース1-1　135
　ケース1-2　135
　ケース2　135
　ケース2-1　136
　ケース2-2　137
　ケース2-3　137
　ケース2-4　138
　ケース3　139
　ケース3-1　139
　ケース3-2　139
　ケース3-3　140
　おわりに　140

事例19　供託官のする事情届について ── 142
　1　はじめに　142
　2　事情届を執行裁判所へ届け出るケースについて　142
　3　仮差押解放金とみなし解放金について　145
　　(1)　仮差押解放金の場合　145
　　(2)　みなし解放金の場合　146
　　(3)　本執行としての差押えがされた場合の仮差押解放金とみなし解放金の取扱上の違い　147
　4　おわりに　148

事例20　供託金の配当手続について ── 149
　1　はじめに　149
　2　民事執行の意義・目的　149
　3　配当実施方法　149
　4　供託金について配当手続が開始される場合　150
　　①　差押えを受けた第三債務者が供託し，事情届を執行裁判所に提出した場合（民事執行法156条3項，166条1項）　150

ix

ア　権利供託（民事執行法156条1項）　150
         イ　義務供託（民事執行法156条2項）　150
         ウ　混合供託（民事執行法156条と民法494条）　150
      ②　供託金払渡請求権に対する差押命令を受けた第三債務者（供託官）が事情届を
         執行裁判所に提出した場合（国（供託官）を第三債務者とする供託金払渡請求権
         に対する差押え）　150
         ア　供託金払渡請求権に対する差押えがなされた場合　150
         イ　仮差押解放金に対する差押えがなされた場合　151
         ウ　「みなし解放金」に対する差押えがなされた場合　151
      ③　滞納処分庁から一定の書面等が執行裁判所に提出される場合　152
      ④　事情届通知書及び供託書正本の保管を証する書面　153
   5　おわりに　153

事例21　仮差押解放金の払渡請求について ─────────── 155
   1　はじめに　155
   2　仮差押解放金の意義と目的　155
   3　払渡手続方法の検討　156
      事例1　156，事例2　157，事例3　157，事例4　157，事例5　158
   4　おわりに　158

事例22　みなし解放金の供託の還付請求権が和解により
         債権譲渡された場合の払渡請求の可否について ────── 160
   設問1　160
   1　はじめに　161
   2　みなし解放金の供託とは　161
   3　本件払渡請求の可否について　162
   4　譲受人Cに払い渡すことのできる供託金利息について　164
   設問2　164
   5　譲受人Dに払い渡すことのできる供託金利息について　164
   6　譲渡人（被供託者）Bが請求できる供託金利息について　165
   7　おわりに　166

目　次

事例23　仮差押えの執行が競合した供託後に，仮差押命令の
　　　　申立てが取下げ等により失効した場合の供託金の
　　　　払渡しについて ────────────────── 167
　1　はじめに　167
　2　事　例　167
　3　仮差押えの執行を原因とする供託の性質　167
　4　みなし解放金　168
　5　差押えの効力の拡張効　169
　6　被供託者からの還付請求　169
　　⑴　仮差押債権額を超える供託金額（弁済供託部分）の還付請求　169
　　⑵　仮差押解放金の額を超える供託金額の還付請求　170
　　⑶　仮差押解放金とみなされる供託金額の還付請求　170
　7　事案の検討　170
　8　おわりに　171

事例24　仮差押命令に基づいて供託された議員報酬債権に対して，
　　　　仮差押禁止債権の範囲の変更（拡張）決定に基づき
　　　　還付請求がされた事例 ──────────────── 173
　1　はじめに　173
　2　供託書副本情報の概略　173
　3　事案の概要　174
　4　本件の問題点等と処理について　175
　5　本件決定書について　177

事例25　執行供託後における錯誤を原因とする
　　　　取戻請求手続について ──────────────── 179
　1　はじめに　179
　2　錯誤による供託金の取戻しの可否　180
　3　錯誤を証する書面　181
　4　執行供託後における錯誤による供託金の取戻請求手続　181
　　⑴　執行裁判所に供託書正本と共に事情届を提出している場合　182
　　⑵　執行裁判所に供託書正本と共に事情届を提出していない場合　183
　5　まとめ　183
　　⑴　相談者Ａについて　183
　　⑵　相談者Ｂについて　183

xi

(3)　留意点　184
6　おわりに　184

事例26　裁判上の担保供託金に対する担保権利者の権利の実行について ———— 188

1　はじめに　188
2　裁判上の担保保証金に対する担保権者の権利の実行について　188
3　裁判上の担保供託の還付請求の経緯について　189
4　裁判上の保証供託の被担保債権について　190
5　還付請求の添付書類について　190
6　民事保全規則第17条第4項による簡易取戻し　191
7　おわりに　192

事例27　裁判上の保証供託の払渡請求に係る添付書面等について ———— 194

1　はじめに　194
2　裁判上の保証供託の種類　194
3　裁判上の保証供託の意義　194
4　供託物の払渡請求手続　195
　(1)　取戻し・還付請求に共通の必要書類　195
　(2)　取戻請求について　196
　　ア　供託原因の消滅を証する書面　196
　　イ　錯誤を証する書面　198
　(3)　還付請求について　198

事例28　資金決済に関する法律に基づく営業保証供託について ———— 201

1　はじめに　201
2　法整備の経緯　202
3　前払式支払手段の発行保証金の供託について　202
　(1)　前払式支払手段の種類と発行者　202
　(2)　発行保証金の供託　203
　　【供託書記載例①】　204
　　【供託書記載例②】　204
　(3)　発行保証金の供託に関する経過措置　204
　　【供託書記載例③】　205

⑷　供託有価証券　205
　　　⑸　発行保証金の追加供託　206
　　　　【供託書記載例④】　206
　　　⑹　追加供託を要しない場合　207
　　　⑺　供託命令　207
　　　⑻　発行保証金の取戻し　208
　　　⑼　発行保証金の保管替え　209
　　　⑽　発行保証金の差替え　210
　　　　【供託書記載例⑤】　210
　　　⑾　発行保証金の還付　211
　　　⑿　債券の換価　211
　　　　【供託書記載例⑥】　211
　　4　資金移動業における履行保証金の供託について　212
　　　⑴　資金移動業と資金移動業者　212
　　　⑵　履行保証金の供託　213
　　　　【供託書記載例⑦】～営業当初の基準日における供託～　213
　　　　【供託書記載例⑧】～その後の基準日における不足額の供託～　214
　　　　【供託書記載例⑨】　214
　　　⑶　供託有価証券　214
　　　⑷　供託命令　215
　　　⑸　履行保証金の取戻し　215
　　　⑹　履行保証金の保管替え　216
　　　⑺　履行保証金の差替え　216
　　　　【供託書記載例⑩】　216
　　　⑻　履行保証金の還付　217
　　　⑼　債券の換価　217
　　　　【供託書記載例⑪】　218
　　5　おわりに　218

事例29　休眠担保権の登記を抹消するための供託について ── 219
　　1　はじめに　219
　　2　供託の内容について　219
　　　⑴　供託所について　219
　　　⑵　供託者について　220
　　　⑶　被供託者について　220
　　　　ア　債権者が複数の場合　221
　　　　イ　債権者が死亡し，共同相続された場合　221
　　　　ウ　債権者が死亡したことは判明しているが，その相続関係が不明である場合　221
　　　　エ　債権者の相続人が複数で，その内の一人が行方不明の場合　221

(4)　供託金額について　221
　3　検　　討　222
　(1)　供託者となる担保物件の共有者の一人から，全額の弁済供託があった場合　222
　(2)　共同担保の関係にある担保物件の所有者が異なる場合　222
　4　おわりに　223

事例30　株式の譲渡に係る承認手続と供託について ────── 224
　1　はじめに　224
　2　譲渡等の承認請求等について　225
　3　株式譲渡を承認しなかった会社や指定買取人がする金銭供託（法141条2項，同142条2項）について　227
　(1)　供託の法令条項　227
　(2)　供託者と被供託者　227
　(3)　供託所　227
　(4)　供託の原因たる事実について　227
　4　譲渡等承認請求者がする株券の供託（法141条3項，同142条3項）について（株券発行会社の場合）　228
　(1)　法令条項　228
　(2)　供託者と被供託者　228
　(3)　供託所　229
　(4)　供託の原因たる事実の記載について　229
　(5)　株券不発行会社の場合　229
　5　売買価格の決定と供託金の具体的な還付請求手続について　230
　6　株券の供託（法141条3項，同142条3項）の還付請求について　232
　7　供託金の取戻請求について（供託金利息を除く。）　233
　(1)　錯誤にもとづく取戻請求　233
　(2)　供託原因消滅に基づく取戻請求　234
　　①　譲渡等承認請求の撤回による取戻し　234
　　②　株券発行会社において，譲渡等承認請求者が期間内に株券を供託しなかった場合　234
　　③　供託金額より高い売買価格が確定し，会社等が差額を支払わないために売買契約を解除された場合　235
　8　おわりに　235

事例31　会社法に関わる供託手続について ────── 238
　1　はじめに　238
　2　会社法に基づく供託（概略）　238

3　譲渡制限株式の譲渡等承認請求について　239
　　4　買取請求に基づく会社又は指定買取人による供託について　239
　　⑴　会社が買い取る場合　239
　　　ア　会社による買取りの決定　239
　　　イ　会社による通知と売買代金の供託　240
　　　ウ　譲渡等承認請求者による株券の供託　240
　　⑵　指定買取人が買い取る場合　241
　　　ア　会社による指定買取人の指定　241
　　　イ　指定買取人による買取りの通知と売買代金の供託　241
　　　ウ　譲渡等承認請求者による株券の供託　242
　　5　対象株式の売買価格の決定と売買代金の支払　242
　　⑴　供託金額≧協議金額又は裁判所による決定金額の場合　243
　　⑵　供託金額＜協議金額又は裁判所による決定金額の場合　243
　　6　おわりに　243

事例32　介入権者がする解約返戻金相当額の供託について ——— 245
　　1　はじめに　245
　　2　介入権制度について　245
　　⑴　制度趣旨　245
　　⑵　介入権者　246
　　⑶　権利行使及びその効果　247
　　3　介入権者がする解約返戻金からの支払に相当する金額の供託　247
　　⑴　供託手続　247
　　⑵　差押手続等との関係　250
　　⑶　執行裁判所への届出（事情届）　251
　　⑷　供託金の払渡手続　251
　　4　おわりに　251

事例33　選挙供託の申請手続等について ——————— 254
　　1　はじめに　254
　　2　選挙供託とは　254
　　　①　本人による届出　254
　　　②　推薦の届出　255
　　　③　政党その他の政治団体による届出　255
　　3　選挙供託の申請手続　256
　　⑴　申請年月日　256
　　⑵　供託所の管轄　256

(3) 供託者　257
　(4) 被供託者　257
　(5) 供託金額及び法令条項　257
　(6) 供託の原因たる事実　258
　(7) 備考欄　259
　(8) 供託物の納入期日　260
　(9) 提示・添付書面　260
　　① 政党その他の政治団体が供託する場合　260
　　② 代理人が供託する場合　261
4　選挙供託の払渡手続　261
　(1) 取戻請求　261
　　① 取戻請求できる場合　261
　　② 添付書類等　262
　(2) 還付請求　264
　　① 没取される場合　264
　　② 還付手続　265
5　おわりに　266

事例34　選挙供託に係る没取の手続について ── 267

1　はじめに　267
2　選挙供託について　267
3　供託物が国に帰属する場合の没取の手続　268
　(1) 供託物が金銭のとき　268
　(2) 供託物が有価（国債）証券のとき　269
　　①有価（国債）証券の償還期が到来しているとき　269
　　②有価（国債）証券の償還期が到来していないとき　270
4　供託物が地方公共団体に帰属する場合の没取手続　271
　(1) 供託物が金銭のとき　271
　(2) 供託物が有価（国債）証券のとき　272
5　おわりに　272

※　本書中に収録されている事例は，法務通信670号（2007年）～751号（2014年）の間に掲載された記事内容を元にしているため，一部表現については，執筆当時のものとなっており，また，各執筆者の書き振りを尊重して編集したことを御了承ください。

事例 1 | 登記・供託オンライン申請システム切替後のオンラインによる供託手続について

1 はじめに

　オンラインによる供託手続についても，平成24年1月10日，登記・供託オンライン申請システムへの切替えがされ，切替えに合わせて，改正供託規則も施行されました。

　これまで，電子証明書の添付が必須であったものが，供託申請については不要となり，また複雑であったパソコンの環境設定も簡略されるなど，お客様に説明しやすくなったのではとＩＴ弱者の筆者は受け止めています。

　そうはいっても「申請用総合ソフト」と「供託かんたん申請」の二本立てによる申請形態で，それぞれどう違うのかということを把握しなくてはお客様に対しての説明もままなりません。

　そこで法務省ホームページの「供託ねっと」に掲示されている，「登記・供託オンライン申請システム　申請者操作手引書〜供託　申請用総合ソフト編第1.5版（H25.3.29）」，「登記・供託オンライン申請システム　申請者操作手引書〜供託　供託かんたん申請編第1.0版（H23.12.09）」や改正供託規則，通達を見ながら想定問答集を作成してみました。システムの切替え，そして問答集作成から半年が経過し，問答集の成果があったのかどうか分かりませんがこの機会を借りてご披露したいと思います。

　なお，文中での申請者操作手引書の引用表示については，それぞれ「操作手引書総合ソフト編」，「操作手引書かんたん申請編」と簡略しています。

設問 1

　個人でオンラインによる供託申請をしたいのですが，電子証明はありません。オンライン申請できますか。

回答 1

　供託かんたん申請，申請用総合ソフトのどちらでも利用，申請できます。
　申請用総合ソフトをご利用される場合には，申請様式を選択する場合に「署名不要」と表示されている申請様式を選択してください。

設問 2

　登記されている法人がオンライン供託申請をしたいのですが，現在，電子署名を取得していませんし，今後，電子証明書を使う機会もないので取得する予定もありませんが，オンライン申請を利用できますか。

回答 2

　供託かんたん申請，申請用総合ソフトのどちらでもご利用いただけます。
　申請用総合ソフトを利用する際に，電子署名を付与しない場合，申請様式選択の際，「署名不要」の様式を選択してください。
　登記された法人が供託する場合は，資格証明書が必要になりますので（供託規則14条），法人の資格証明書を供託所に郵送いただくか，窓口に持参してください。
　また，「申請情報の入力」画面で「送付する書面あり」を選択してください。

設問 3

　供託金の払渡しを受けたいのですが，供託かんたん申請で請求できますか。

事例1　登記・供託オンライン申請システム切替後のオンラインによる供託手続について

回答3
　オンラインによる供託金の払渡しは，自然人・法人問わず電子署名の付与と電子証明書の添付が必要になりますので，電子証明書を添付できない供託かんたん申請では払渡請求できません。
　申請用総合ソフトを利用して，電子署名を付して請求してください。

> **設問4**
> 　供託金の払渡しをオンラインで請求し，供託金を小切手払い若しくは隔地払いの方法で受領したいのですが，可能ですか。

回答4
　オンラインでの払渡しは，預貯金振込又は国庫金振替に限られます。

> **設問5**
> 　供託書正本を書面と電子公文書で取得したいのですが，どうすればよいですか。電子証明書をもっていませんが，電子正本を受け取ることはできますか。

回答5
　供託のオンライン申請がされた場合，供託者に対する供託書正本の提供は，①電磁的記録である供託書正本（以下「電子正本」という。）のみの取得，②電子正本及びみなし書面正本の取得，③書面である供託書正本（以下「書面正本」という。）の取得のいずれかの方法ということになります。供託かんたん申請では電子公文書の送受信ができませんので，③書面正本の取得に限られます。①又は②により電子正本の取得を希望される場合は申請用総合ソフトをご利用ください。申請用総合ソフトは，電子証明書がなくても申請できますので，電子正本の取得はできます。
　申請用総合ソフトを利用した際の正本請求の手順ですが，申請情報作成時

に、前述の正本の受領形態を画面の選択肢から選んでいただくことになります。ただし、電子正本の請求をした場合は、書面正本を併せて請求することはできません。

なお、書面正本の窓口での交付を希望した際は、申請番号及び申請者名が記載された書面を提出していただきます。この書面は供託かんたん申請であれば、登記・供託オンライン申請システムの「処理状況照会」の画面の「納付」のボタンをクリックすると表示される「照会内容確認（電子納付情報表示）」の画面を印刷し、申請番号、申請者名等が記載されたものを供託所窓口に提出してください。また、申請総合ソフトによる申請であれば、申請用総合ソフトの「電子納付」画面を印刷し、申請番号、申請者名等が記載されたものを供託所窓口に提出してください。いずれの場合であっても、それぞれの画面を印刷したものに代えて、申請番号、申請者名の情報を記載した書面を提出したものでも差し支えありません。

また、書面正本の送付による受領を希望される場合は、供託所宛てに返信用郵便切手を貼付した封筒を申請書情報の送信後に取得する申請番号を付記した上で送付してください。

設問6

債権者A又はBとなる債権者不確知供託を供託かんたん申請でできますか。また、供託者が複数となる場合はどうでしょうか。

回答6

供託者又は被供託者が複数になる場合は、二人目以降を添付ファイルに記録するため、添付ファイルを利用できない供託かんたん申請ではできません。

申請用総合ソフトで申請してください。

別添ファイル入力支援ツールで作成した別添ファイルに、二人目以降の供託者、被供託者を入力し、これを申請書情報に添付して申請してください。

事例1　登記・供託オンライン申請システム切替後のオンラインによる供託手続について

　別添ファイル入力支援ツールは，申請書様式の添付可能な項目に設定されたリンク及び「供託ねっと」内の「オンラインによる供託手続」から入手できます（操作手引書総合ソフト編55頁。別添ファイル入力支援ツールの入手…操作手引書総合ソフト編234頁）。

　供託かんたん申請では供託者又は被供託者が複数となる申請及び払渡請求はできません。また，委任状や証明書等の添付書類をオンラインで送付することもできません。

設問7
供託かんたん申請に当たっての事前準備は何かありますか。

回答7
　法務省ホームページの「供託ねっと」（主要検索エンジンで「供託ねっと」で検索いただくとトップに出てくる，供託手続に関するウェブサイトです。）の「ご利用環境の事前準備」からご確認ください。
　具体的には，
① 安全な通信を行うための証明書（政府共用認証局自己署名証明書）の認証の有無の確認（利用者の電子証明書ではありません。）
② 申請者情報登録を行い，申請者IDとパスワードの取得
を行っていただくことになります。
　なお，既に登記申請によって，登記・供託オンライン申請システムの利用者情報登録をお済みの方は，新たに登録いただく必要はありません。
　また，「供託かんたん申請」，「申請用総合ソフト」，それぞれの申請者操作手引書も掲示されていますのでダウンロードをお勧めします。
　「供託ねっと」の「ソフトウエア・操作手引書のダウンロード」からダウンロードしてください。

設問8

供託ねっと画面上部に「証明書請求」というタブがありますが，供託に関する証明を取得することはできるのですか。

回答8

証明書請求のタブは登記事項証明書のオンライン請求用のものです。

供託に関する証明書の請求は供託上の利害関係人からの請求に限られますが，窓口での請求のみとなり，オンラインによる証明書の請求規定は設けられておりません。

設問9

供託かんたん申請でオンライン申請しましたが，申請情報が到達しているかをどのように確認すればよいですか。

回答9

申請情報が登記・供託オンライン申請システムに登録されると，到達通知が発行され，申請番号，到達日時，処理状況確認番号等が確認できます。

処理状況確認画面の「到達通知」をクリックすると到達通知が表示されます。

設問10

供託かんたん申請でオンライン申請したのですが，供託金はどのように納付するのですか。

回答10

インターネットバンキング又は「ペイジー」と連携しているATMでの納付となります。

供託申請メニュー画面から「処理状況を確認する」をクリックしてくださ

事例1　登記・供託オンライン申請システム切替後のオンラインによる供託手続について

い。

「処理状況照会」画面の「納付」ボタンをクリックしてください。

「電子納付情報表示」画面が表示されますので，インターネットバンキングを利用する場合は，「電子納付」をクリックしてください。

ペイジーを利用してATMで納付する場合は，納付番号が必要になりますので，電子納付情報画面をプリントするなどして番号を控えてATMにより納付してください。

なお，インターネットバンキングで電子納付を行う場合，「電子納付」をクリック後，30分以内に納付手続をしていただく必要があります（「ペイジー」とは，税金や公共料金，各種料金などの支払を，パソコンや携帯電話，ATMから支払うことができるサービスです。）。

設問11

供託かんたん申請で申請しましたが，申請情報に補正等がある場合，どのように供託者に知らされるのですか。

回答11

処理状況照会画面の「お知らせ」ボタンをクリックすると表示されます。

申請情報を補正する場合，申請済みの申請情報を複写して新たな申請として「再利用」機能を利用する方法により行います。

設問12

個人で供託かんたん申請で申請しましたが，申請内容に錯誤がありましたので申請をやめたいですが，申請の取下げはできますか。

回答12

受理決定前であれば，取下げできます。取下げは書面又はオンラインのいずれの方法によっても行うことができますが，取下げを行う場合は，供託所

に連絡し，受理決定前であることを確認の上で，書面による取下書を窓口に提出いただくか，オンラインで取下げの手続を行ってください。

書面による取下げについては，取下書（適宜の様式で差し支えありません。）を作成し，供託所に提出又は送付してください。取下書には，申請年月日，申請番号，供託者及び被供託者の住所・氏名，取下者の住所・氏名を記載し，押印してください。

また，オンラインによる取下げについては，供託かんたん申請の供託申請メニューに用意されている取下書を選択して，必要な事項を入力した上で，登記・供託オンライン申請システムに送信してください。

> **設問13**
> 供託かんたん申請のヘルプ機能はありますか。

回答13

あります。
供託かんたん申請の画面右上に表示されたメニューボタンの「ヘルプ」をクリックすると，「ヘルプ」画面が表示されます。

> **設問14**
> 供託かんたん申請で地代・家賃供託などの継続的事件を申請したのですが，次回の供託の際に今回の申請情報を再利用することはできますか。

回答14

送信した申請情報を複写して，新たな申請書として再利用することができます。
供託かんたん申請の「処理状況照会」画面の検索条件欄に申請番号を入力し，再利用する申請情報を検索し，当該申請情報の「再利用」ボタンをクリックします。再利用元の申請内容を反映した「申請情報の入力画面」が表

事例1　登記・供託オンライン申請システム切替後のオンラインによる供託手続について

示されますので，必要に応じて内容を変更し，申請情報を作成・送信できます（操作手引書かんたん申請編33頁）。

　設問15
　申請用総合ソフトの利用に当たっての事前準備は何ですか。

回答15
　法務省ホームページの「供託ねっと」（主要検索エンジンで「供託ねっと」で検索いただくとトップに出てきます。）の「ご利用環境の事前準備」からご確認ください。
　また，お使いのパソコン・インターネットに関する利用環境のご利用環境等の項目をご確認ください。
　以下の項目のことを行ってください。
①　政府共用認証局自己署名証明書の確認
②　申請者情報登録
③　申請用総合ソフトのダウンロード
④　電子署名に必要な申請者の電子証明書の取得（電子証明書の添付を要する場合）
⑤　操作手引書のダウンロード
　また，電子署名を容易にするソフトウエアをご案内していますので参照してください。

　設問16
　登記された法人ですが，申請用総合ソフトでオンライン申請した供託申請，払渡請求を取り下げたいのですが，どのようにすればよいですか。

回答16
　供託申請については，受理決定前であれば，取下げできます。取下げは書

9

面又はオンラインのいずれの方法によっても行うことができますが，取下げを行う場合は，供託所に連絡し，受理決定前であることを確認の上で，書面による取下書を窓口に提出いただくか，オンラインで取下げの手続を行ってください。

　書面による取下げの場合は，供託所に取下書の提出及び供託者の資格証明書（作成後3か月以内）を提示してください。取下書の記載については，**設問12の回答**を参照してください。

　オンラインによる取下げについては，電子署名を行った申請を取り下げる場合には取下書に係る申請書情報に電子署名を行ったものを送信してください。また，電子署名を行わずにした申請を取り下げる場合には，取下書に係る申請書情報に電子署名を行わずに申請した上で，供託者の資格証明書（作成後3か月以内）を供託所に提示してください。

　なお，申請用総合ソフトの取下書は，申請用総合ソフトによって供託申請をしたものしか取下げを行うことができません。また，供託かんたん申請の申請メニューに用意されている取下書は，供託かんたん申請によって供託申請をしたものしか取下げを行うことができませんので，ご注意願います。

　払渡請求は，処理状況欄が「審査中」から事件完了するまでの間，書面による取下げ（操作手引書総合ソフト編55頁）又はオンラインによる取下げ（操作手引書総合ソフト編61頁）ができます。

　書面による取下げについては，取下書（適宜の様式で差し支えありません。）を作成し，取下書に払渡請求者の本人確認書面として，登記所が作成した印鑑証明書，資格証明書等（いずれも作成後3か月以内）の添付又は提示がそれぞれ必要となります。また，取下書には，申請年月日，申請番号，取下者の住所・氏名を記載し，押印してください。

　オンラインによる取下げについては，取下書に係る申請書情報に電子署名を行ったものを送信してください。

事例1　登記・供託オンライン申請システム切替後のオンラインによる供託手続について

> **設問17**
> 申請用総合ソフトの操作に関する問い合わせ窓口を紹介してください。

回答17

「処理状況表示」画面を表示し，「ヘルプ」メニューの「お問い合わせ先」をクリックいただくと「お問い合わせ先」画面が表示されます（操作手引書総合ソフト編184頁）。

「ヘルプ」メニューには「申請用総合ソフトのヘルプ」が用意されていますので問い合わせ前にはこちらを参照してください（操作手引書総合ソフト編193頁）。

供託申請の内容そのものについては，法務局にお尋ねください。

> **設問18**
> 申請情報を作成し，事前に画面上部にある「チェック」をクリックしたところ，「エラーはありません」と表示されたにも関わらず，供託所から補正情報を受けました。
> どういうことですか。

回答18

チェック結果はあくまで，申請情報の必須入力の有無などの申請書様式の形式的チェック（操作手引書総合ソフト編20頁）に過ぎず，申請内容の理論的な誤りのチェックまで行うものではありません。

申請内容の適否については，供託官が審査したところ，不備があったため，補正情報を送信したものです。

設問19

申請用総合ソフトで作成した申請情報の一時保存や保存はどのようにすればよいでしょうか。継続している事件は一時保存した申請情報を再利用することにより作成できますか。

回答19

　一時保存は「申請書作成・編集」画面上部にある「一時保存」をクリックしてください（操作手引書総合ソフト編24・25頁）。

　また，申請書の作成・保存は「申請書作成・保存」画面上部にある「完了」をクリックしてください。

　保存した書式は供託の処理状況表示に表示されます。

　作成した申請書の申請情報を更新することにより再利用できますので，継続している事件にも利用できます。

　ただし，登記・供託オンライン申請システムに送信してしまった申請情報を再利用することはできませんので，基本となる申請情報を作成・保存しておき，送信ごとに申請情報は別途保存した方がよいでしょう（操作手引書総合ソフト編29頁）。

設問20

当社が第三債務者となる売掛金債権に2件の差押えが競合したので執行供託をオンライン申請で行いたいのですが，申請様式は「金銭供託(4)給与債権執行」をアレンジすればよいのですか。

回答20

　「金銭供託(4)給与債権執行」の様式で一般債権執行供託を申請することは異なる様式での申請となります。異なる様式の供託書で申請された供託はシステム上受理できず，却下となることが予想されます。

　一般債権の執行供託については，「金銭供託(5)その他」の様式をご利用く

事例1　登記・供託オンライン申請システム切替後のオンラインによる供託手続について

ださい。お手数ですが，差押命令の内容等を全て入力いただくことになります。

設問21
オンライン申請で利用できない文字はありますか。

回答21

　　JIS第3及び第4水準の文字は使用できません。
　　また，ローマ数字（Ⅲ，Ⅹ）や単位記号（㎡など），囲い文字（①，②），省略文字（㍻）が入力されていた場合には情報ダイアログが表示されますので，その際は代替文字を使用してください。
　　詳しくは「供託ねっと」中，「登記・供託オンライン申請システムで取り扱う文字について」を参照してください。

設問22
みなし供託書正本の請求方法について教えてください。

回答22

　　みなし供託書正本は供託書電子正本の提供を供託官に求めた際，1回に限り交付請求できます（供託規則42条1項本文）。
　　通常は供託申請時に申請様式にチェックをしていただき，窓口での交付を希望した際は申請番号及び申請者名が記載された書面を提出いただきます。この書面は，申請用総合ソフトの「電子納付」画面を印刷した書面となりますが，申請番号及び申請者名が記載された適宜の書面でも差し支えありません。
　　なお，みなし供託書正本を送付による受領を希望される場合は，供託所宛てに返信用郵便切手を貼付した封筒を申請書情報の送信後に取得する申請番号を付記した上で送付してください（平23・12・28民商第3186号通達第3の5，平

23.12.28商事課補佐官事務連絡2(1))。

> **設問23**
> 供託申請時に「供託書電子正本のオンライン提供」のみしか請求しなかったのですが，みなし正本を後から請求できますか。

回答23

　申請時に供託書電子正本の請求のみであっても，請求書（供託規則第32号様式）を提出いただければ，1回に限って，みなし正本の交付を受けることができますが，印鑑証明書等を添付する必要がありますので，ご注意願います。

> **設問24**
> 供託所では書面正本やみなし正本の請求・交付の記録を管理しているのですか。

回答24

　交付の記録として，副本ファイルの裏面記載情報に書面正本又はみなし正本を交付した旨及び交付の年月日を記録します。また，申請情報等の内容を用紙に出力したものの写しを申請時における書面正本やみなし正本の交付請求の記録として，供託書正本・みなし供託書正本請求書類つづり込み帳に編綴します。

> **設問25**
> オンライン申請により登記された法人が供託申請する場合，資格証明書の提示を省略することはできますか。

事例1　登記・供託オンライン申請システム切替後のオンラインによる供託手続について

回答25

　登記された法人が供託する際は，資格証明書の提示が必要です（供託規則14条1項）。しかし，当該法人の代表者が申請書情報に電子署名を行い，かつ，電子認証登記所電子証明書（供託規則39条3項1号の電子証明書）を併せて送信したときは，資格証明書の提示を要しないと規定されています（供託規則39条の2）。

設問26
　オンラインによる払渡請求の電子証明書の添付規定は何ですか。

回答26

　供託規則39条1項で「前条第2号の規定による払渡しの請求にあつては，当該申請書情報に電子署名を行つたものを送信しなければならない」と規定しています。また，供託規則39条3項で申請情報送信の際の電子証明書添付を義務付けています。

2　おわりに

　初夏，管内のとある市で市議会議員選挙があり，オンライン申請による供託を呼びかけたところ，約18％の方がオンライン申請で供託されました。市の選挙管理委員会を通して資料を配付したのですが，少なからずの反響があったわけです。
　手続を終えた方の中で「現金を持ち歩かなくて助かる」とおっしゃった方がおり，そのことが印象に残っています。

事例2 供託の閲覧手続について

1 はじめに

　当局管内では、供託事件のうち約6割が地代・家賃弁済供託となっています。この供託は賃貸借契約に基づいてその債務を弁済しようとしても債権者の協力が得られない等、弁済することができない場合に、供託をすることによって債務を免れることを目的としています。このように地代・家賃弁済供託は、供託当事者間にもともと紛争があることを前提としていますので、供託時の相談はもとより、供託後に供託通知書が債権者に送付された後にも様々な問題についての質問等があり、その対応に苦慮することが多いところです。

　供託の閲覧について整理しましたので、紹介させていただきたいと思います。

　なお、文中の意見にわたる部分については、あくまでも私見にすぎないことをあらかじめお断りしておきます。

2 閲覧制度について

　供託の閲覧については、供託規則（以下「規則」という。）第48条第1項に、「供託につき利害の関係がある者は、供託に関する書類（電磁的記録を用紙に出力したものを含む。）の閲覧を請求することができる。」、同条第2項において、「閲覧を請求しようとする者は、第33号書式による申請書を提出しなければならない。」とされ、閲覧に必要な書類として、請求者が個人の場合は、印鑑証明書又は本人を確認できる書面、請求者が登記された法人の場合は、代表者の印鑑証明書及び資格証明書等があります。

この閲覧制度は，従前は供託事務取扱手続準則（以下「準則」という。）の規定により認められておりましたが，昭和53年の供託規則の一部改正により供託規則として新設されました。この一部改正の解説（民事月報33巻2号62頁）では，「供託は，一定の法律関係に基づいてされる供託所に対する寄託関係を基礎とする特定の法律関係であって，登記制度のようにその内容の公示を目的とするものではないから，供託に関する書類は，本来第三者の閲覧に供すべき性質のものではない。しかし，供託者または被供託者その他の供託関係に直接利害関係をもつ者が，たとえば供託の関係書類を紛失した等の事由により，供託に関する書類を調査する必要があるときは，関係部分に限ってその閲覧を認めることとしても何ら実害がないし，むしろ利害関係人にとっては閲覧を認めないと酷であるから，本条1項においてその旨を規則上明確にした。」とされています。また，研修教材供託法（第六版・111頁）でも，「供託関係書類の閲覧が，供託物払渡請求権について消滅時効の中断理由となることを考えるならば，供託に関する書類の閲覧の可否は，閲覧をしようとする者の利害に重大な影響を及ぼす事柄であって，単に供託所の内部手続としての準則に規定しておくことは必ずしも相当でないことから，昭和53年の供託規則の改正により供託規則として設けられ，これにより供託について利害関係を有する者は，供託に関する書類の閲覧請求権を有することとなった。」とされ，供託について利害関係を有する者は閲覧請求権を有していることを明らかにしています。

3　閲覧を請求できる者の範囲

供託に関する書類の閲覧を請求することができる者は，「供託につき利害の関係がある者」に限定されています。

(1) 利害関係人に該当する者

「供託につき利害の関係がある者」とは，当該供託について直接法律上の

利害関係を有する者をいいます。具体的には，供託物取戻請求権者，供託物還付請求権者及びこれらの一般承継人（供託者又は被供託者の相続人，供託者又は被供託者である法人の合併後の存続法人），これらの権利を譲り受けた者（譲渡人から供託所に債権譲渡の通知があった供託物払渡請求権の譲受人），質権者（質権設定者から供託所に質権設定の通知があった供託物払渡請求権の質権者）及び差押え・仮差押えをした者（供託物払渡請求権の差押債権者又は仮差押債権者）等直接それらの権利について，供託上利害関係を有している者です。

　また，執行供託における供託の原因たる事実欄中に記載されている差押債権者，仮差押債権者及び滞納処分による差押債権者並びに支払委託書に記載されている還付請求権者も利害関係人に含まれると解されています。

　さらに，建物の賃借人が賃貸人に対する家賃を供託しているところ，当該建物の抵当権者が，民法第372条において準用する同法第304条の規定に基づき供託金の還付請求権を差し押さえる前提として，当該抵当権設定の登記ある不動産登記簿謄本を閲覧申請書に添付した上で供託書副本の閲覧を請求した場合，これに応じるべきであるとしている（平成14年11月22日付け民商第2757号民事局商事課長回答・先例集(8)405頁）ことから，建物の抵当権者も利害関係人に含まれるとされています。

(2) 利害関係人に該当しない者

　一般債権者，例えば，これから供託物取戻請求権又は供託物還付請求権を差し押さえようとする債権者は，実体上の債権者としての利害関係はあることになりますが，当該供託について直接法律上の利害関係を有する者にはなりませんので，「供託につき利害の関係がある者」には該当しません（昭和38年５月22日付け民事甲第1452号民事局長認可12問・先例集(3)284頁）。

　なお，官公署からの閲覧請求については，当該官公署が供託につき直接利害関係を有しない場合でも，公益の必要上相当と認められるときは，便宜閲覧が認められる取扱いがなされています。

4 閲覧手続

(1) 閲覧申請書

閲覧申請書は規則第33号書式に定められています。これには，閲覧の目的（利害関係），閲覧しようとする関係書類及びその部分，申請年月日，申請人の住所及び氏名，代理人によって申請するときは，代理人の住所，氏名及び供託所の表示の記載が必要になり，また，閲覧しようとする関係書類を，供託年月日，供託番号等により特定する必要があります。

(2) 閲覧方法

閲覧は，供託所内の指定された場所でしなければならず，閲覧書類を供託所外に持ち出すことは許されないとされています（準則85条1項）。

このように閲覧の方法は，申請者が直接に見て，確認する方法のみであり，複写機による複写等は認められていませんが，利害関係人から供託書副本の写真撮影の申請があった場合は，閲覧申請として認めて差し支えないとされています（昭和37年1月24日付け民事甲第132号民事局長認可23問・先例集(3)67頁）。

なお，指定供託所において供託書副本の閲覧があった場合には，副本ファイルの記録を用紙に出力したものを閲覧することになります（規則48条1項）。この場合，出力した用紙は閲覧後，閲覧申請書と共に雑書つづり込帳に編てつ，保存することになりますが，申請人が希望した場合には，本用紙を交付しても差し支えなく，供託所において別途コピー等を保存する必要はないとされています（民事月報58巻11号30頁）。

(3) 閲覧終了後の手続

払渡しの完了していない供託に関し，供託の有無を目的とする書類（供託書副本）の閲覧は，「債務の承認」（民法147条3号）に該当し，時効の中断事由となることから，供託書副本裏面に準則第87条所定の記載（閲覧の年月日，申

請者の氏名及び閲覧させた旨）をしなければなりません。

　なお，指定供託所においては準則第34条の２の規定により副本ファイルにその旨記録しなければならず，また，出力した用紙を請求者に交付した場合も交付した旨記録することとされています。

5　おわりに

　よく一般債権者等から「差押えをするために供託番号を教えてほしい。」と強く申入れされることがありますが，本来，閲覧請求権を有している方からの「供託番号が分からないが必要があって閲覧したい。」とする相談と，供託物に何らの権利を有していない（実体的には権利があると判決書を示して主張する方が多いのですが）一般債権者等からの閲覧の相談とは根本的に異なる問題ですので，この点をよく理解して冷静に対応することにより理解していただけるものと信じています。そのためには，供託制度全般について十分な理解をしておかなければと感じています。

事例 3 供託と遅延損害金について

1 はじめに

　供託制度は，いくつかの種類に分けることができますが，その一つである弁済供託は，債務者が債務の本旨に従って履行（提供）したにもかかわらず，債権者が受領を拒否した場合や受領不能の場合などに，弁済の目的物を供託して，その債務を免れることができる制度です。
　何が債務の本旨に従った弁済の提供であるかは，契約の内容，法律の規定，当事者の意思，さらに信義誠実の原則（民法1条2項）により解釈されますが，供託によって債務を免れる以上，供託金額は，債務の本旨に従い提供すべき金額であり，この提供すべき金額が，供託の受否にも影響することとなります。
　例えば，債務者が債務の履行期に弁済の提供をすることができなかった場合，遅延損害金を付して弁済の提供を行う必要があるにもかかわらず，遅延損害金を付さずに提供しても，債務の本旨に従った提供に当たらないため（大判大8・11・27民録25輯2133頁，大判昭3・5・31大民集7巻393頁），債権者から受領を拒否されたからといって，供託することはできません。
　そこで，供託事務における遅延損害金について触れてみたいと思います。
　なお，本稿中意見にわたる部分は私見であることをあらかじめお断りします。

2 遅延損害金

　遅延損害金とは，金銭債務の不履行の場合に支払う損害賠償金のことで，法的根拠としては，民法第419条に，債務不履行における金銭債務の特則と

して規定されています。

　金銭債務に限らず，債務者が，履行期までに債務の履行をせず，履行遅滞に陥っているような場合は，履行期を守っていない，つまり債務の本旨に従った履行をしていないわけですから，民法第415条に基づき，債権者はこれによって生じた損害の賠償を，債務者に請求することができ，この損害賠償は，原則として金銭をもってその額を定めることとなります（民法417条）。

　債務の目的物が金銭である場合には，債権者は損害の額を証明することを要しません（民法419条2項）。また，当事者間で定めた約定利率が法定利率を上回るときは約定利率（利息制限法の適用を受けることに注意。），下回るときは法定利率によって計算した額が損害賠償額（遅延損害金）となります。

　ちなみに法定利率による際は，民事債権の場合は年5％となりますが，商行為に係る債権の場合は年6％の割合となります（民法404条，商法514条）。

　また，この損害賠償について，債務者は不可抗力をもって抗弁することができません（民法419条3項）。

　ところで，遅延損害金の利率を年5％とするか，年6％とするかについては，地代・家賃弁済供託の際に供託者がいずれの利率で算出した場合でも，供託官はその供託を受理するほかないという先例（昭41・10・5民甲第2829号）がありますので，供託書の記載から，明らかにどちらかを判断できるという場合以外は，どちらでも構わないと考えます。

3　弁済供託の事例別考察

(1)　受領拒否

　履行期経過後は，遅延損害金を付して提供しないと債務の本旨に従った弁済の提供とはなりませんので，本来の債務額のみの提供に対して，債権者が受領を拒んでもこれをもって供託事由の一つである受領拒否には当たりません。このような場合は，再度，履行期の翌日から提供日までの遅延損害金を本来の債務額に付して債権者に提供し，そこで受領を拒否された際には供託

することが可能になります。

　供託関係の判例には，供託金額が，元利合計額に対し，僅かな金額の不足である場合には，供託は有効であるとした判例（最判昭35・12・15民集14巻14号3060頁）もありますが，供託実務においては，前記１で述べたとおり，そのような弁済の提供は，債務の本旨に当たらないという判例の考え方を採っており，通達においても，不法行為による損害賠償債務の供託について，遅延損害金をも含めた額をもってしなければならないとしています（昭55・6・9民四第3273号認可３問）。

(2)　**受領不能**

　受領不能の場合は，持参債務か取立債務かによって異なります。

　持参債務の場合は，債権者が一時不在の場合でも，受領不能により供託できる（大判昭9・7・17大民集13巻15号1217頁）としていますが，履行期を徒過した弁済の提供日に不在であったような場合は，(1)同様，本来の債務額に提供日までの遅延損害金を付して供託する必要があります。

　取立債務の場合は，債権者が債務者の住所に来て受領する行為は，民法第493条の「債務の履行について，債権者の行為を要するとき」に該当するため，債務者は弁済の準備をなしたることを通知して，その受領を催告（口頭の提供）すれば足ります。

　履行期に債権者が取立てに来なかったため，履行期経過後に受領の催告をしてもなお取立てがない場合には，受領不能により供託をすることができますが，履行期から催告をした日までの遅延損害金を付さない限り供託できません（昭43・4・8民事甲第808号認可）ので注意が必要です。

　ただし，定期預金債権や給与債権のように履行の時期・場所があらかじめ確定しており，債権者が取立てに行けばいつでも弁済を受けられるということが社会的に確立・慣行化しているものについては，債務者は支払の準備をしておくだけで催告を要せず，履行期の経過のみでは履行遅滞とならない（昭57・5・22民四第3609号認可，昭57・10・28民四第6478号回答）と考えられている

ため，このような債務を受領不能により供託する場合は，遅延損害金を付すことを要しません。

(3) あらかじめ受領拒否

　債権者があらかじめ受領を拒否している場合，債務者は，口頭の提供をすれば足りますが（民法493条ただし書），上記(2)同様，口頭での提供日が履行期経過後の場合は，提供日までの遅延損害金を付すことを要します。

　しかし，債務者が口頭の提供をしても，債権者が契約そのものの否定をする等，弁済を受領しない意思が明らかに認められる場合は，口頭の提供をしないことによって債務不履行の責に任ずるものではないとする判決（大判昭32・6・5民集11巻6号915頁）がありますので，このような場合は，履行期に口頭の提供を行っていないことをもって，遅延損害金が発生することはありません。

　供託実務も，この判例と同様であり，賃貸人から賃料増額又は家屋明渡請求があり，あらかじめ従前の賃料の受領を拒否されており，目下係争中である場合には，口頭の提供をすることなく弁済供託を認めるという先例（昭37・5・25民事甲第1444号回答）がありますが，この場合にも遅延損害金は発生しません。

　なお，受領しないことが明らかか否かは，供託書の内容から個々の事案に則して，供託官が判断することとなります。

(4) 債権者不確知

　債権者不確知の場合とは，持参債務の場合は弁済の提供先が，取立債務の場合は口頭の提供先が不明な状態ですから，債務者が債務を免れるためには，供託するしか方法がありません。

　ここでの遅延損害金の要否は，債権者不確知となった時点により異なります。

　まず，債権者不確知の状態となったのが履行期前の場合は，履行期経過後

の供託申請において，履行期に弁済できなかったことに責任がないとして供託申請された場合には，遅延損害金を付さなくても受理することができます。

また，債務者側に履行遅滞（供託申請の遅滞）の期間があったため，遅延損害金を付して供託申請がされた場合においても，受理されます。

しかし，債権者不確知になったのが履行期後の場合は，履行をしなかったことについて債務者に責任がありますから，履行期の翌日から供託日までの遅延損害金を本来の債務額に付して供託する必要があります（昭和63年度全国供託課長会同決議第10問）。

なお，本来の債務額に遅延損害金を付して弁済供託する場合は，備考欄等にその算出根拠である，利率，遅延日数，損害金の額を記載する必要がありますので注意してください。

(5) 不法行為に基づく損害賠償債務の弁済供託

不法行為に基づく損害賠償は，民法第709条の「故意又は過失によって他人の権利又は法律上保護される利益を侵害した者は，これによって生じた損害を賠償する責任を負う。」を根拠とし，不法行為による損害賠償の方法を定めた民法第722条は民法第417条を準用していますので，損害賠償の方法は金銭によることになります。

また，この損害賠償額は，「不法行為の時からの遅延損害金を支払わなければならない」とするのが通説，判例（大判明43・10・22新聞686号19頁）ですから，供託実務上も，不法行為時から提供時までの遅延損害金（利率年5分）を付して被供託者に提供したものであることを要するとしています（昭55・6・9民四第3273号認可）。

不法行為に基づく損害賠償を受領拒否等により弁済供託することについて，供託時において，損害賠償額が確定していない場合，加害者が一方的に算出した賠償額では債務の本旨に従った提供にはならないのではないかという論点はありますが，供託の可否については「民法第494条の要件を満たす

かぎり，賠償額に争いがある場合においても，弁済供託をすることができる。」という先例（昭32・4・15民甲第710号通達）があり，遅延損害金を付して供託することが可能です。

なお，供託書に，本来の賠償額と遅延損害金の内訳を記載しないで申請があった場合，「供託金額に遅延損害金を含む旨の記載があれば受理して構わない」との見解もありますが，供託金額の内容を明確にしておくため，内訳を記載する方が好ましいと考えます。

4　執行供託

給与の差押えなどでよく目にする執行供託ですが，給与債権に係る執行供託の遅延損害金については，前記3(2)のとおり，遅延損害金は発生しません。

しかし，前述のとおり，給与債務や預金債務の場合が例外であり，それ以外の債務については原則として，権利供託又は義務供託を問わず，履行期までに弁済の提供をせず履行遅滞に陥った場合，本来の債務額に遅延損害金を付して供託する必要があります。

また，給料債権や銀行預金債権以外の債権に対して差押えがされた場合，送達された差押通知書に「債務者への弁済を禁止する」旨の記載があるため，そのまま保管しておこうと考える第三債務者もいらっしゃるようですが，差押通知書が送達された場合には，権利供託であれば「差押債権者に支払う又は供託する」，義務供託であれば「供託する」必要があり，そのままにしていると，履行遅滞による遅延損害金が増えてしまいます。

執行供託に限らず，供託申請を受理する際は，供託書から履行期を確認し，遅延損害金を付す必要があるか否かを調査し，差押えに係る金銭債権全額の供託か，差押えに係る金額のみの供託かもその合計額において確認する必要もあります（債権の一部に対する差押えであれば，被供託者欄に差押債務者を記載しなければなりません。）。

5　郵送とオンライン申請による供託申請の遅延損害金について

　遅延損害金を供託日まで付す必要がある事例においては，供託の受理日によって供託金額が相違してしまう可能性があります。

　特に，郵送及びオンライン申請（申請情報の送信では足りず，書面の添付情報を後送する場合等）の際は，発信（投函）日と到達日にタイムラグが生じるため，次のような注意が必要になります。

(1) 郵送と現金納付による申請

　申請書に記載した損害金の算出金額と，供託日における損害金額が合致するよう，期日指定便等により，損害金の算出根拠日に，必ず供託所に到達する方法で送付する。

(2) オンライン申請の場合

　添付書類を郵送で送付する場合，申請情報到達日を含まない3日後（閉庁日を含む。ただし3日目が行政機関の休日に当たる場合はその翌日）までに添付書面が到達すれば，受理日は添付情報の到達日ではなく，申請情報の到達日になるので（審査順位の保全効），添付情報の送付期日までに必ず書面が到達するように送付する。

　最後になりましたが，遅延損害金に1円未満の端数が生じた場合は，当事者間に特約がない限り「通貨の単位及び貨幣の発行等に関する法律3条1項」（四捨五入）により処理するとともに，その旨を備考欄等に記載することになります（昭28・12・24民甲第2466号）。

　また，閏年に当たる場合で，遅延損害金に日割計算が発生する場合又は，日割計算すべき年利の起算日から1年以内に2月29日がある場合は，分母を366として計算することになります（昭和55年度全国供託課長会同決議）。

6　おわりに

以上，簡単ではありますが，供託における遅延損害金について触れてみました。

少しでも皆様のお役に立てれば幸いです。

【参考文献】
法務省民事局第四課（監）「実務供託法入門」（民事法情報センター，1991）
遠藤浩ほか編「供託先例判例百選（別冊ジュリスト107号）」（有斐閣，1990）

事例 4　賃料の増額請求に対してする相当賃料の弁済供託について

1　はじめに

　当局では，供託事件の中で弁済供託は圧倒的な件数を占めている上，供託者となる可能性のある人の範囲が，執行供託や選挙供託等に比べて広い範囲であり，供託について全くなじみがない一般のお客様が対象となりますので，分かりやすく懇切丁寧な説明を心掛けなくてはなりません。

　そこで今回は，弁済供託の中でも供託原因として多い，家賃の値上げ要求に関する供託について，初めて供託事務に従事する職員の参考になるように，一般的な事例を基に解説を試みてみました。

　なお，本稿中意見にわたる部分は私見であることをあらかじめお断りします。

2　事　例

　横浜市にある建物を賃借している東京都在住のAから，「このたび，甲府市在住の大家Bから，家賃を10月分から80,000円に値上げしたいとの要求があった。しかし，納得できないので，支払期に，従前の賃料と，相当と考える値上げ額1万円とを併せて持参したところ，受領を拒否されたので供託したい。どうすればよいか。」との相談がありました。

　そこで契約書などから契約内容を確認したところ，次のとおりでした。
賃借人A　（住所　東京都○○区○丁目○番地）
賃貸人B　（住所　甲府市○○丁目○番地）
物　　件　横浜市○○区○丁目○番地
　　　　　○○マンション3階301号室　30平方メートル

賃　　料　月50,000円
支払期　毎月末日まで翌月分前払い
支払場所　特に定めなし

　また、Aは、①30,000円の値上げには応じられないが、10,000円の値上げには応じてもよい、②支払方法については、実際には、横浜市にある銀行のB名義の銀行口座に振り込んでいるとのことでした。

3　供託とは

　供託とは、「金銭、有価証券その他の物を国家機関である供託所又は法務大臣の指定する倉庫営業者等に提出して、その財産の管理を委ね、その供託所又は倉庫営業者等を通じて、それらの物をある人に取得させることにより、債務の弁済、裁判上の保証等一定の法律上の目的を達成しようとする手続」です。

　供託の要件は、(1)供託が根拠法令に基づくものであること、(2)供託の目的物が供託できるものであること、(3)適法な供託所に対する供託であることが挙げられます。

　(1)について、本事例は債務の弁済に対する供託なので民法第494条に規定する弁済供託に該当しますが、この弁済供託が有効に債務消滅の効果を生じるためには、二つの要件が必要となります。

　一つは、供託原因があること。もう一つは、供託の内容が債権者に本来の債権と同一内容の権利を取得させるものであることです。

　民法第494条に基づく供託の供託原因には、①債権者が弁済の受領を拒んだ場合の受領拒否、②債権者が弁済を受領できない受領不能、③弁済者が過失なく債権者を確知することができない債権者不確知がありますが、本事例の場合は①の受領拒否に当たります。

　受領拒否を理由に供託する場合は、弁済者は供託する前にまず弁済の提供

事例4　賃料の増額請求に対してする相当賃料の弁済供託について

をする必要があるとするのが判例です。弁済の提供は債務の本旨に従って現実にしなければなりません（民法493条）。ただし，債権者があらかじめ受領を拒絶している場合は，弁済の準備をしたことを通知してその受領の催告（口頭の提供）をすれば，それをもって弁済の提供があったものとされます（民法493条ただし書）。

　増額請求については，当事者間で協議が調わない場合は，その請求を受けた者（通常賃借人）は，増額を正当とする裁判が確定するまでは，自らが相当と認める額を支払えば足り，裁判が確定したら差額を精算することとなります（借地借家法11条2項，32条2項）。

　また，弁済供託は，債務者が弁済の目的物を供託することによって債務を免れるものですので，その供託によって債権者（被供託者）が供託所に対して取得する供託物返還請求権の内容が，債務者に対する債権と同一内容のものでなければなりません。したがって，弁済供託は債務の全額について供託されなければならず，債務の一部についての供託は，債権と同一内容のものではないので認められません。

　(2)について，一般的に供託の目的物は金銭，有価証券若しくはその他の有体物（動産，不動産）又は振替国債であり，そのうち振替国債は，弁済供託の供託物にはできませんが，本事例については金銭の供託ですので特に問題となりません。

　(3)について，供託は法令に定められた供託所に供託しなければならず，弁済供託の場合は原則として「債務の履行地の供託所」となります（民法495条1項）が，債務履行地（市町村単位）に供託所がないときには，債務履行地の属する行政区画内（都道府県単位）の最寄りの供託所に供託すれば足りる（昭和23・8・20民甲第2378号通達）とされています。

　したがって，当事者間で債務履行地を特に定めていない場合，持参債務なら債務履行地は債権者の住所地なのでその最寄りの供託所，取立債務なら債務履行地は債務者の住所地なのでその最寄りの供託所に供託することになりますが，本事例は口座振込により家賃が支払われています。銀行口座への支

払いは，明らかにそれが債務履行地として定められたものであると考えられるものを除き，債務の「支払場所」としての合意ではなく，「支払方法」としての合意として考えるというのが一般的な供託実務上の考え方です。本事例では，契約書には支払場所の定めがなく，供託者に事実関係の確認をしても同様でしたので，口座への支払は支払方法として考えるのが相当な事案でした。

4　本事例の結果

　以上のことから，本事例は，Bの10月分からの賃料増額請求について，Aが相当と考える賃料60,000円を9月末日までに持参し，受領を拒否され，甲府市内にある供託所（仮に，無い場合は県内の最寄りの供託所）へ供託する事例ということになります。相談者が記載した供託書の内容は，次のとおりです。

(1)　供託所の表示　　　　甲府地方法務局
(2)　供託者の住所氏名　　東京都〇〇区〇丁目〇番地　　A
(3)　被供託者の住所氏名　甲府市〇〇丁目〇番地　　　　B
(4)　供託金額　　　　　　60,000円
(5)　法令条項　　　　　　民法第494条
(6)　賃借の目的物　　　　横浜市〇〇区〇丁目〇番地
　　　　　　　　　　　　〇〇マンション3階301号室　30平方メートル
(7)　賃料　　　　　　　　月50,000円
(8)　支払日　　　　　　　毎月末日まで
(9)　支払場所　　　　　　被供託者住所地
(10)　供託する賃料　　　　平成23年10月分
(11)　供託の事由　　　　　平成23年9月〇〇日提供したが受領を拒否された。
(12)　備考　　　　　　　　30,000円の賃料増額請求に対し，供託者が相当と考える賃料の増額分10,000円を加算して提供した

ものである。
賃料は翌月分前払いである。

5　おわりに

　供託課にいると必ず聞かれる基本的な弁済供託について解説を試みました。弁済供託には，債権者が死亡した場合や，賃料の支払が遅れていて損害金を支払わなければならない場合，反対給付がついている場合など様々なことが考えられますが，一つずつ考えて相談者に回答することが大切です。
　なお，当然のことながら，増額請求の場合，供託しても本来の問題の解決にはなりませんので，そのことも相談者に伝える必要があると考えます。

【参考文献】
登記情報586号（きんざい）71頁
平成21年度東京法務局管内供託実務研修（高等科）教材　受入実務（Ⅰ）
法務省民事局第四課（監）「実務供託法入門」（民事法情報センター，1991）
立花宣男（監）・福岡法務局ブロック管内供託実務研究会編「実務解説　供託の知識167問」（日本加除出版，2006）

事例 5 反対給付の付された供託の還付請求に係る添付書面等について

1 はじめに

　被供託者の代理人弁護士から、反対給付の付された供託の還付請求に係る添付書面等について、次のとおり相談がありました。

　賃料及び更新料について、受領拒否を原因として弁済供託がされた事案で、供託書の反対給付の内容欄には「家屋の修繕」と記載されており、反対給付が付された供託の還付請求には、その履行を証する書面の添付が必要ですが、被供託者を原告、供託者を被告とする訴訟で原告勝訴の判決を既に得ている場合には、その確定判決及び確定証明書を添付して還付請求ができるのではないかという相談の内容です。検討しました事項について、まとめましたので、紹介させていただきます。

　なお、本稿中意見にわたる部分は私見であることをあらかじめお断りします。

2 判決文の内容について

　判決文の内容は、おおむね次のとおりです。

(1) 主　文

　被告（供託者）は、原告（被供託者）に対し、①建物を明け渡すこと、②賃貸借契約の更新料及びその契約解除の時から建物の明渡済みまでの損害金を支払うこと

(2) 請求原因について

原告（被供託者）は，

ア　未払更新料及び未払賃料の支払

　　また，被告（供託者）の行為により両者間の信頼関係が破壊された結果，賃貸借契約を解除したとして，

イ　対象不動産の明渡し

ウ　同契約解除後の対象不動産占有に対する賃料相当の損害金の支払を求めていました。

(3) 裁判所の判断について

裁判所の判断は，おおむね次のとおりです。

ア　更新料の不払について

　　条件変更の通知がないときは以前と同一の条件で更新したとみなされるところ，更新料は契約の更新時に支払うべきものであるにもかかわらず，これを修繕工事を条件にしか支払わないとして供託した被告の対応は，両者間の信頼関係を害するに足りる。

イ　賃料の不払について

　　建物の一部分に雨漏り等がある程度認められるとしても，それが賃料の不払を正当化する程度のものであるとは到底考えられない。また，被告が主張する修繕の具体的内容は明らかでないものの，被告提出書証等からは，それが過度な要求であることがうかがわれる。

ウ　結　論

　　原告，被告間の信頼関係は破壊されていることから，原告による賃貸借契約の解除には合理的理由がある。したがって，被告には賃貸借契約解除終了に基づく建物明渡義務並びに未払更新料及び未払賃料及び賃料相当損害金の支払義務がある。

3 検討事項

(1) 反対給付のある供託について

ア 双方債務において，それが同時履行の関係にある場合には，債務者のみが供託によりその債務を免れるだけでは公平ではなく，相手方（債権者）にもその負担する債務を履行させる必要があることから，民法第498条では，供託物還付の要件として，債務者が債権者の給付に対して弁済をすべき場合において，当該債権者はその給付をしなければ供託物を受け取ることができない旨を規定しています。

イ これを受けて，供託法第10条は，供託物を受け取るべき者が反対給付をなすべき場合において，供託者の書面又はそれに代わる裁判，公正証書その他の公正の書面により，その給付があったことを証明しなければ，供託物の払渡しを受けることができない旨を規定し，供託規則第13条第2項第8号は，供託者が反対給付を受け取ることを要するときは，その反対給付の内容を供託書に記載することを要する旨を，同規則第24条第1項第2号は，供託物の還付請求には反対給付を証する書面を添付すべき旨をそれぞれ規定しています。

ウ したがって，供託者の書面に代えて，確定判決，調停調書，和解調書，認諾調書等を添付する場合には，供託官がその内容から，被供託者が反対給付を履行した旨を読み取ることができる必要があります。

(2) 本件への当てはめ

原告の請求原因（前記2(2)）から，本件訴訟の訴訟物は「賃貸借契約に基づく更新料及び賃料の支払請求権」，「賃貸借契約解除に基づく対象不動産明渡請求権」及び「不動産明渡義務の不履行による損害賠償請求権」であり，裁判所もこれらについて判決するために，被供託者による賃貸契約解除が理由のあるものであるか否かを検討しているものと解されました。判決文に記載された裁判官の心証形成の過程は，そもそも供託時に「供託原因たる事

事例5　反対給付の付された供託の還付請求に係る添付書面等について

実」が存在していたのか，及び供託者が更新料・賃料の支払債務の同時履行の抗弁権を有していたのかといった疑問を生じさせるものではありましたが，それらは賃貸借契約解除の合理性に関する検討にとどまることから，本件判決文を「被供託者が反対給付を履行したことを証する書面」とすることは困難であるといわざるを得ませんでした。

(3)　**検討の結論**

　以上の次第で，本件判決文は供託規則第24条第1項第2号の書面に該当しないという結論に至り，弁護士にその旨を回答しました。

　なお，供託規則第24条第1項第2号の書面としては，供託者の書面も考えられますが，このような事案で供託者から同意書を得ることは現実的ではありません。したがって，被供託者（原告）が還付請求権を行使することは困難かと考えられますが，本件確定判決に基づき供託者（被告）が有する取戻請求権に対し，差押えを行い取り立てることも一つの方法かと考えます。

事例 6 | あらかじめ受領拒否及び受領しないことが明らかである場合の供託の要件について

1　はじめに

　不法行為による損害賠償金の支払債務等，地代家賃以外の債務について「あらかじめ受領拒否されているので，現実に金銭を提供することなく，かつ，遅延損害金を付さなくても供託できる。」と主張して相談にいらっしゃることが多く，窓口での対応に苦慮しているところです。

　今回は，「あらかじめ受領拒否による供託」（昭和38・6・22第1794号認可供託関係先例集第3巻304頁）及び「受領しないことが明らかである場合の供託」（大判明45・7・3民録686及び最判昭32・6・5民集11・6・915）の要件について，検討しましたので，紹介させていただきます。

2　具体的ケースによる供託要件

　不法行為による損害賠償金の支払債務等，継続的な支払債務でない場合は，地代家賃の債務と異なり，定期的に弁済期が到来しないということです。

　そこで混乱するのが，「あらかじめ」という言葉です。この「あらかじめ」は，言葉の響きから「事前に」という意味があり，弁済期より前に受領拒否されていると考えがちです。広辞苑でも「結果を見越して，その事がおこる前から。まえもって。かねて。」と記載されていますので，どうしてもそのように考えがちです。

　「債務の弁済の場合は，実際に弁済期より前に受領拒否されていなければいけないでしょうか。また，あらかじめ受領拒否されていれば，現実の弁済提供はしなくても供託できるのでしょうか。さらに，遅延損害金がついてく

事例6　あらかじめ受領拒否及び受領しないことが明らかである場合の供託の要件について

るのはどのようなときなのでしょうか。遅延損害金はどのように計算するのでしょうか？」と，疑問は募るばかりです。

そこで，考えられるケースを具体的に挙げながら，供託要件について検討してみます。

ケース1

① 平成18年3月18日に売買契約し，平成18年7月15日を売買代金100万円の支払日とした。

② 平成18年7月11日に売主から，売買契約を解除したとして受領拒否され，商品の返却を要求された。

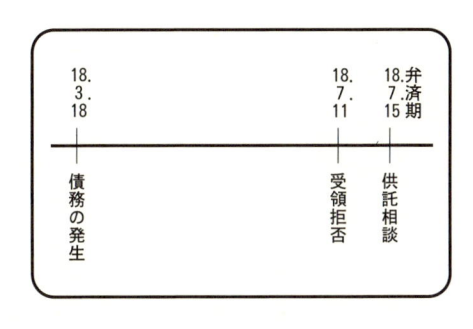

③ 平成18年7月15日支払日になり，供託しないと債務不履行になり商品を返却しなければならなくなるので，あらかじめ受領拒否を理由に100万円を供託したいと相談された。

結　論

昭和38.6.22第1794号認可の先例どおり，あらかじめ受領拒否があっただけの程度では受理できません。

必ず，弁済の提供をして受領を拒否されなければ供託できません。

ケース2

ケース1③に続いて，

④ 平成18年7月15日に口頭で売買代金を支払う旨伝えたが，再度受領を拒否された。

問題点

取立債務であれば，口頭の提供

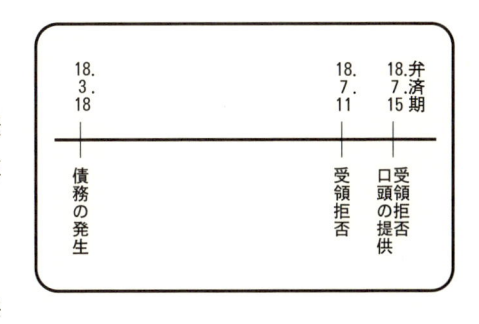

が民法第493条の債務の本旨に従った弁済提供になりますが、持参債務の場合に④を供託要件とできるかどうかが問題となります。

結論

あらかじめ受領拒否されている場合は、適法な弁済の提供は、持参債務の場合でも現実に持参しないで口頭の提供でも足りますので、平成18年7月15日に弁済の提供をしたが、受領を拒否されたことを理由に、売買代金の100万円の供託ができます。

ケース3

ケース1①に続いて

② 平成18年7月15日になり、売主から代金支払の催促をされ、もし払えない場合は、売買契約を解除し代金の受領を拒否すると言われた。

③ 資金繰りの関係で7月30日に100万円支払う旨の口頭の提供をしたが受領拒否され、商品の返却を要求された。

問題点

第1点として弁済期に債務者の債務不履行があったことで売主の法定解除権が発生し代金の受領拒否をされ、その後の支払債務には遅延損害金が発生していることです。

第2点目として、弁済の提供が口頭の提供であることです。

このままでは供託はできないので、供託できるようにするには債務者がどのようにすればよいか検討することにします。

結論

債務者は、再度、平成18年7月15日に既に受領を拒否されているので、口頭でも良いから遅延損害金を付した弁済の提供を行い、受領を拒否されたら供託できます。

事例6　あらかじめ受領拒否及び受領しないことが明らかである場合の供託の要件について

ケース4

ケース3②に続いて

③　平成18年7月30日に売主から商品返還訴訟が提起された。

④　平成18年8月26日現在，目下係争中であり，代金を受領しないことが明らかである。

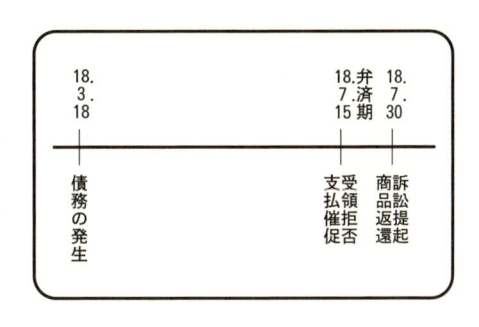

```
18.          18. 弁 18.
3.           7. 済 7.
18           15 期 30
│            │    │
債            支受  商訴
務            払領  品訟
の            催拒  返提
発            促否  還起
生
```

判例から

　債権者の拒絶の態度がきわめて強く，たとえ債務者が提供しても受領しないであろうことが明瞭な場合には，例外的に口頭の提供をなさずに供託することができます（遠藤浩ほか編「供託先例判例百選〔第二版〕（別冊ジュリスト158号）」（有斐閣，2001）43頁）が，債務不履行（履行遅滞）による損害賠償金（遅延損害金）の支払債務は，弁済の効果としての供託日まで免れないことになります。

結　論

　「平成18年7月30日売主から商品返還訴訟が提起され目下係争中であり，代金を受領しないことが明らかであるので，平成18年8月26日供託日までの遅延損害金金○円を付して供託する。」という文章になります。

ケース5

ケース1①に続いて

②　商品の性能について問い合わせしたところ，平成18年4月20日に売主から，「そのような人に売ることはできない。」として，売買契約を解除され，商品の返却を要求されたが，こちらは売買は有効であるので，商品を返却するつもりはなく，売買代金を弁済日に支払いたいとの主張をした。

③　平成18年7月11日に売主から，商品返還請求訴訟の提起及び受領拒否を

```
18.     18.     18.     18. 弁
3.      4.      7.      7. 済
18      20      11      15 期
│       │       │       │
債       商       商に      供
務       品       品よ      託
の       返       返る      相
発       還       還受      談
生       要       訴領
        求       訟拒
                の否
                提
                起
```

41

され，目下係争中である。

問題点

債権者の拒絶の態度がきわめて強く，たとえ債務者が提供しても受領しないであろうことが明瞭な場合となったときが，弁済期前であるか弁済期後であるかが，問題点となります。

結　論

ケース4の場合は，受領しないことが明らかとなったときが，弁済期後であったのに対し，弁済期前に受領しないことが明らかとなりましたので，遅延損害金は発生していないため，口頭の提供をせずに100万円で供託することができます。

小　括

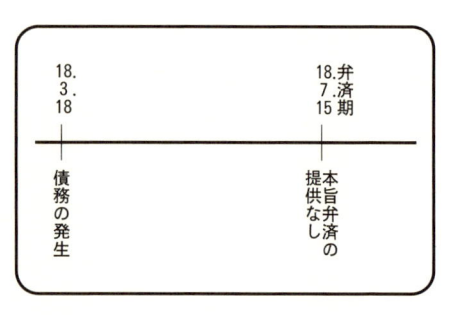

① 債務者がその債務の本旨に従った履行をしないとき（右図の場合は，平成18年7月15日に債務の本旨に従った弁済の提供をしなかったこと）

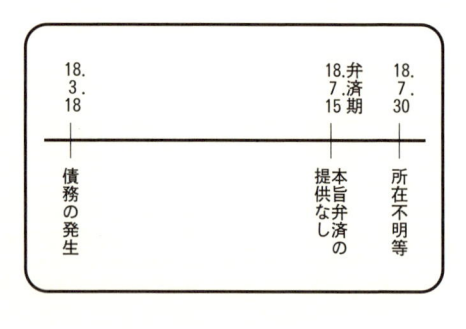

18.3.18	18.7.15 弁済期
債務の発生	本旨弁済の提供なし

② 債務者の責めに帰すべき事由によって履行することができなくなったとき（右図の場合は，弁済期経過後に債権者が所在不明になったこと）は，債権者はこれによって生じた損害の賠償を請求することができる（民法415条）と規定されていて，これによる損害の賠償は別段の意思表示がないときは金銭をもってその額を定める（遅延損害金）ことになります。

18.3.18	18.7.15 弁済期	18.7.30
債務の発生	本旨弁済の提供なし	所在不明等

債務者については，①の場合は，弁済の提供（受領拒否されていれば口頭の提供でも足りる）によって，②の場合は，弁済の効果としての供託によって，そ

事例6　あらかじめ受領拒否及び受領しないことが明らかである場合の供託の要件について

れぞれ民法第492条に基づき債務の不履行によって生ずべき一切の責任を免れることになります。民法第492条の適用については，「履行することができなくなったとき」という考え方もありますが，「弁済の提供の時から」と規定されているので，①，②の場合ともに「弁済の提供がない」ことになり本条には該当しませんので注意が必要です。

　そして，②の「履行することができなくなったとき」とは，所在不明のほかに債権者を確知することができない状態，差押命令等の送達などが挙げられます。

　まとめると，
(1)　債務の元金を弁済の提供をせずに供託できる場合とは，
　①弁済期前に係争中で②あらかじめ受領を拒否されていて，かつ，③受領しないことが明らかである場合に限られます。
(2)　供託日までの遅延損害金を付さなければならない場合とは，
　①債務者に帰責事由があって弁済期を経過した後に，②弁済の提供ができなくなった場合です。
(3)　そのほかは，現実に遅延損害金を付して弁済の提供（あらかじめ受領拒否により口頭の提供を含む）をし，受領拒否により実際に提供した金額で供託することになります。

　以上のことを踏まえた上で，不当利得及び不法行為の供託について考察します。

ケース6

①　平成18年3月25日に会社から不当な解雇通告を受けた。
②　平成18年3月31日に1か月分の給料が振り込まれていたことを知った。

不当利得の供託相談で多いのがこのケースです。

この場合の弁済期は,「受け取るべきではない」金銭が口座に入金されたことが判明した平成18年3月31日ということになります。

そして,支払場所は契約とは異なり当事者間に別段の意思表示があるはずがないため,持参債務となります。

ケース7
ケース6②に続いて
③　平成18年3月31日に持参による弁済の提供を行い受領を拒否された。

この場合は,受け取るべきでない金銭を受け取ってしまったことが判明したその日に,持参による提供を行っておりますので,遅延損害金は発生しません。

ケース8
ケース6②に続いて
③　平成18年3月31日に口頭による弁済の提供を行い受領を拒否された。
④　平成18年4月2日に再度口頭による弁済の提供を行い受領を拒否された。

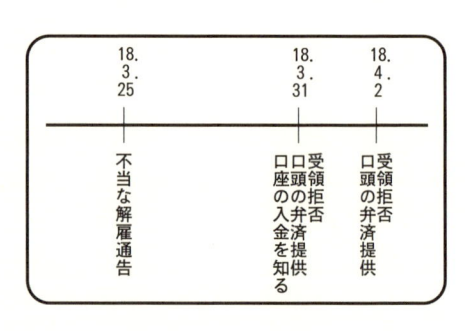

この場合は,受け取るべきでない金銭を受け取ってしまったことが判明したその日に行った提供は,債務の本旨に従っておりませんので「弁済の提供」には該当せず,その後再度弁済の提供(平成18年3月31日にあらかじめ受領拒否されていると考えて口頭の弁済提供でも良いと考えられます。)を行うまでの遅延

事例6　あらかじめ受領拒否及び受領しないことが明らかである場合の供託の要件について

損害金が発生することになります。

ケース9

契約上の支払債務であれば，普通，債務の発生と同時に履行遅滞に陥ることはありませんが，不法行為に基づく損害賠償金の支払債務は，債務の発生と同時に履行遅滞に陥るといわれています。そうすると，不法行為に基づく損害賠償金の支払債務は，あらかじめ受領拒否という概念が適用される余地がないように思えます。

一般的には，
① 平成18年3月18日に不法行為をしてしまった。
② 平成18年6月23日に損害賠償相当額を口頭で提供したが受領を拒否された。

というケースとなり，平成18年6月23日付けの口頭の提供が，民法第493条に基づく本旨弁済に該当するかどうか考えると，不当利得のケースと同様に考えることになり，持参債務となり，弁済の提供はしていないことになりますので，このままでは供託できません。

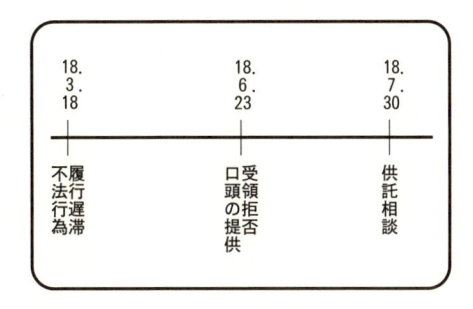

ケース10

そこで，
ケース9②に続いて
③ 平成18年7月30日に再度，損害賠償相当額を口頭で提供したが受領を拒否された。

既に，平成18年6月23日に受領を拒否されているので，持参による提供をするまでもないと考えられます

が，平成18年7月30日までの遅延損害金を付した提供をしていないので供託はできません。

ただし，平成18年7月30日までの遅延損害金を付した提供をしていたのなら，あらかじめ受領拒否されていて口頭での提供をしたが受領を拒否されたとして供託できます。

ケース11

しかし，

ケース9①に続いて

② 平成18年6月23日に法外な慰謝料の請求訴訟を提起され，請求金額以外の金銭の受領を拒否されている。

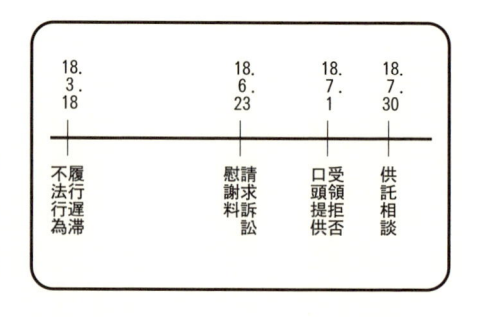

③ 平成18年7月1日に損害賠償金相当額を口頭で提供したが，受領を拒否された。

このケースは，平成18年7月1日付けの口頭の提供は，平成18年6月23日にあらかじめ受領拒否されているので，一概に供託ができないということもないと考えられます。

3 おわりに

弁済期の時点で，「債務の本旨履行がされないことに対する責任がどこにあるか。」を基準に考えて，債務者側に責任があれば遅延損害金がついて回ることになり，債権者側に責任があれば履行遅滞になることはありません。

電子情報による決済が経済社会の大部分を占めている今日の情勢を踏まえて，たとえ民法の債権編が見直されることがあり，本旨弁済の方法が変更されることがあっても，債務弁済の効果・債務不履行の責任等の基本的考え方の変更はないと思われます。

事例6　あらかじめ受領拒否及び受領しないことが明らかである場合の供託の要件について

本稿が少しでも執務の参考になれば幸いです。

事例 7 受領拒否による弁済供託について

1 はじめに

　供託は，数ある供託根拠法令の下，弁済供託，執行供託及び保証供託等，様々な種類があります。
　そこで，実務上，取り扱う機会の多い，受領拒否による弁済供託について，事例を交えて解説したいと思います。

2 受領拒否の事例

　受領拒否とは，金銭等の債務を負っている債務者が，弁済期に債務を履行しようとしても，債権者が受領を拒否しているケースをいいます。受領拒否について，下記の4つの事例に基づき解説します。
　なお，債務者は，当然ながら「金銭等の債務を負っている」状態ですので，債権者との間の約定の存在が不可欠であることはいうまでもありません。

【例1・現実の提供】　～資料1参照～

- 約　　　　定：土地の賃貸借契約
- 債権者(貸主)：乙川太郎（A県B郡C町在住）
- 債務者(借主)：甲野花子（D市在住）
- 対 象 土 地：D市○○町4463番1の土地
- 賃　　　料：年額60万円
- 支　払　日：毎年6月末日までに，翌年分を前払
- 支 払 場 所：債権者・乙川太郎の住所地（A県B郡C町の自宅）

事例7　受領拒否による弁済供託について

　甲野さん（債務者：借主）は，乙川さん（債権者：貸主）との約定どおり，弁済期（6月末日まで）に，翌年分の賃料（60万円）を，乙川さんの自宅（A県B郡C町）に持参し提供したところ，乙川さんから受領を拒否されました。

```
【例1・概略図　～資料1参照～】
借主・債務者　　①　現実の提供（60万円の支払）　　貸主・債権者
　甲　野　　←──────────────────→　　乙　川
　　　　　　　　　　②　受領拒否
　　│
　　│　③　甲野さんは，乙川さんに対し，約定どおり，賃料を現実に提供
　　│　　したものの，受領拒否されたため，民法494条による供託が可能
　　│　　となります。
　　↓
　供託所
　　　④　甲野さんは，賃料の現実提供により，債務不履行による遅延損害金の支
　　　　払を免れた上，民法494条の供託により債務を免れます（弁済と同様の効
　　　　果を得る。）。
```

（補足）弁済供託は，以下の供託所で申請手続を行います。

- 債務履行地の市区町村に供託所がある場合
  → 当該供託所
- 債務履行地の市区町村に供託所がない場合
  → 債務履行地の属する行政区画内にある，当該履行地・最寄りの供託所（都道府県はまたげない。）

　例1の場合，債務履行地（A県B郡C町）内に供託所がなければ，当該履行地と同じ県内にある，同地の最寄りの供託所に供託申請することとなります。
　なお，A県B郡C町が県境に位置し，隣県に位置するE市の供託所が距離・時間ともに最寄りになりますが，供託申請はできません（都道府県をまたぐことになるため。）。

【例2・現実の提供】　～資料2参照～

- 約　　　　定：土地の賃貸借契約
- 債権者(貸主)：丙川次郎（A市在住）
- 債務者(借主)：㈱法務不動産（本店所在地：B市）
- 対 象 土 地：C市○○町3番3の土地
- 賃　　　　料：<u>年額12万円</u>
- 支　払　日：毎年6月末日<u>までに</u>，翌年分を<u>前払</u>
- 支 払 場 所：債権者・丙川次郎の住所地（A市の自宅）

　受領拒否に多いケースとして，土地の所有者（貸主）から賃借人（借主）に対し，賃料の増額請求がされた結果，請求額を不服として争っているケースが挙げられます。

　ここで，借地借家法11条2項（借家の場合，同法32条2項）によれば，借主

【例2・概略図　～資料2参照～】

借主・債務者　　①　賃料の増額請求（12万→24万）　　貸主・債権者
㈱法務不動産　　←――――――――――――――――→　　**丙　川**

　②　上記請求に不服あり（いくらなんでも
　　　24万は……，せめて15万！）

　③　㈱法務不動産としては，丙川さんからの増額請求に不服があるものの，土地を借り受けている関係上，賃料の支払（債務）は免れません。
　　　しかし，丙川さんは，増額後の賃料しか受け取らないと言い張っており，地代について争いに発展しています……。

↓

供 託 所

　④　上記増額について協議が調わない場合，㈱法務不動産は，自社が相当と認める額を現実に提供すれば，債務不履行による遅延損害金の支払を免れます。
　　　また，同社は，丙川さんあて，相当額を現実に提供し，受領を拒否された場合は，民法494条の供託により債務を免れます（弁済と同様の効果を得る。）。

は，裁判が確定するまで（裁判外の場合は，お互いの協議が調うまで）は，自分が相当と認める額を支払えば足りるとされています。

よって，借主は，相当額を現実に提供することにより，債務不履行による遅延損害金を支払う必要がなくなります。

なお，現実に提供しても，貸主が翻意せず，受領を拒否した場合は，支払場所（Ａ市）最寄りの供託所へ相当額の供託が可能となり，当該供託により債務を免れる（弁済と同様の効果を得る。）ことになります。

また，本例は，増額請求前の賃料（年額12万円）に，借主が相当と考える増額分（金3万円）を加算して供託するケースを設例しています。

次に，例2の事例において，現実の提供を要しないケースとして，例3を挙げます。

【例3・口頭の提供】

・約　定　等：例2と同じ

例2は，貸主あて相当額を現実に提供した上，供託に至るケースでしたが，本例では，現実の提供を要しないケースとして，口頭の提供により，供託に至るケースを紹介します。

貸主あて，現実の提供を要せず，口頭の提供で足りる例として，貸主が「あらかじめ」受領を拒んでいるケースが挙げられます。

このようなケースにおいて，民法493条本文の現実の提供をしない限り債務不履行責任（遅延損害金の支払）を免れないとすると，借主にとっては大変な負担となります。

そこで，民法493条ただし書により，口頭の提供の途が開かれ，借主は，相当額につき支払準備が整っていることを通知し，その受領を催告すれば，債務不履行による遅延損害金を支払う必要がなくなります。

また，口頭の提供をしたものの，貸主が翻意することなく受領拒否した場合は，相当額の供託が可能となり，当該供託をもって債務を免れる（弁済と同様の効果を得る。）こととなります。

【例3・概略図】

借主・債務者　　①　賃料の増額請求（12万→24万）　　貸主・債権者
㈱法務不動産　←――――――――――――――――→　　丙　川

　　　　　　　②　上記請求に不服あり（いくらなんでも
　　　　　　　　　24万は……，せめて15万！）

　　　　　　　③　㈱法務不動産としては，丙川さんからの増額請求に不服があ
　　　　　　　　るものの，土地を借り受けている関係上，賃料の支払（債務）
　　　　　　　　は免れません。
　　　　　　　　　しかし，丙川さんから，<u>増額後の賃料しか受け取らない旨を
　　　　　　　　予告されて以降</u>，地代について争いに発展しています……。

供 託 所

　　　　　　　④　上記増額について協議が調わない場合，㈱法務不動産は，上記のとおり，
　　　　　　　　自社が相当と認める額を口頭で提供すれば，債務不履行による遅延損害金
　　　　　　　　の支払を免れます。
　　　　　　　　　また，同社は，丙川さんあて，相当額を口頭で提供し，受領を拒否された
　　　　　　　　場合は，民法494条の供託により債務も免れます（弁済と同様の効果を得る。）。

【例4・口頭の提供不要】　～資料3参照～

・約　　定　　等：例2と同じ

　最後に，例3の補足として，口頭の提供なくして供託に至るケースを紹介します。

　例2及び例3は，借主が，民法493条に定める2種類の提供方法（現実又は口頭の提供）により，債務不履行責任（遅延損害金の支払）を免れ，供託に至る（債務を免れる）ケースでした。

　しかしながら，貸主から「値上げした金額でなければ，今後，受領しない。」旨を予告され係争中である等，口頭の提供をしたところで貸主の受領（翻意）を期待できないケースもあります。

　このようなケースにおいて，判例は，債権者（貸主）において，あらかじめ受領拒否の意思が明確な場合，口頭の提供がなくても，債務不履行による遅延損害金の支払は不要である旨を判示しています（最判昭32・6・5民集11巻

事例7　受領拒否による弁済供託について

6号915頁)。

　また，供託実務においても，上記判例の立場に立ち，当事者が「係争中」の場合，債務者（借主）に非がないものとして，口頭の提供及び遅延損害金は不要として取り扱っています。

　以上のことから，貸主と係争中であり，あらかじめ受領しないことが明確な場合，借主は，債務履行期の到来後，提供という行為なくして，相当額の供託が可能となります。

　なお，本例は，増額請求前の賃料（年額12万円）が，借主が相当と考える賃料であるケースを設例しています。

【例4・概略図　～資料3参照～】

借主・債務者　　　①　賃料の増額請求（12万→24万）　　貸主・債権者
㈱法務不動産　　　　　　　　　　　　　　　　　　　　　　丙　川
　　　　　　　　　②　上記請求に不服あり（これまで
　　　　　　　　　　の12万で十分!!）

　　　　　③　㈱法務不動産としては，丙川さんからの増額請求に不服があるものの，土地を借り受けている関係上，賃料の支払（債務）は免れません。
　　　　　　しかし，丙川さんからは，今後一切，増額後の賃料しか受け取らない旨を予告され，地代について，争いに発展しています……。

供　託　所

④　丙川さんから「今後，増額後の賃料しか受け取らない……。」との姿勢を示され，係争中の場合は，あらかじめ受領拒否の意志が明確な（翻意する可能性がない。）ケースに相当するとして，㈱法務不動産は，丙川さんへの相当額の提供なくして，債務不履行による遅延損害金の支払を免れます。
　　また，同社は，債務履行期の到来後，「提供」という行為なくして，相当額を供託（民法494条）することにより債務も免れます（弁済と同様の効果を得る。）。

3　おわりに

　以上のとおり，民法494条を根拠とする弁済供託について，相談が寄せられた際は，供託書記載例等を示し，安易に所要事項を記載していただくのではなく，まずは，相談者（債務者）が抱える事情の把握に努めることが肝要と考えます。

　最後に，本稿が事務処理の参考になれば幸いに存じます。

【参考文献】
立花宣男（監）・福岡法務局ブロック管内供託実務研究会編「実務解説　供託の知識167問」（日本加除出版，2006）

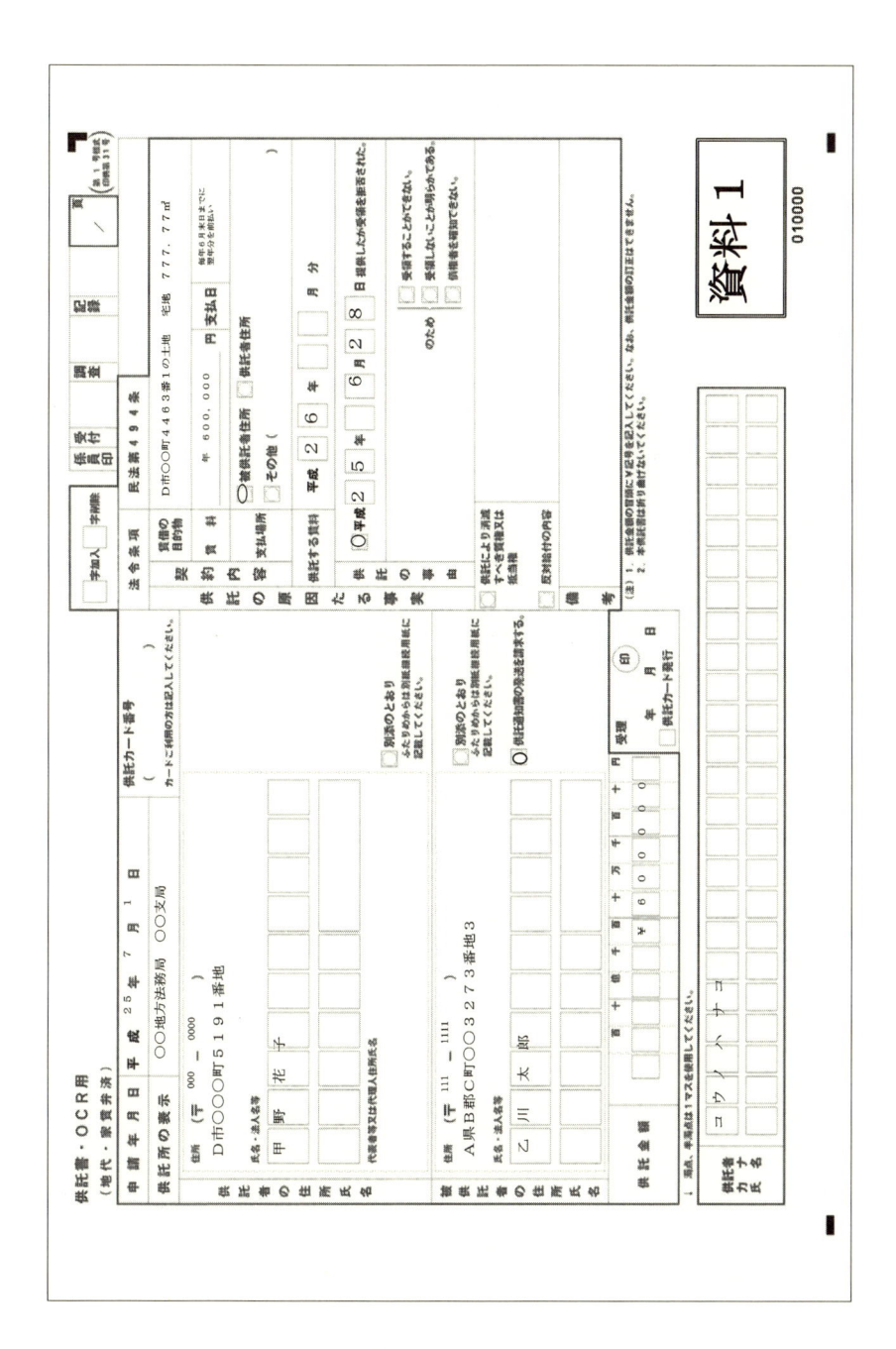

事例7　受領拒否による弁済供託について

資料1

供託書・OCR用
（地代・家賃非常済）

申請年月日	平成 25 年 7 月 1 日
供託所の表示	○○地方法務局　○○支局

供託者　住所　〒000-0000　D市○○○町5191番地
氏名・法人名等　甲野　花子

被供託者　住所　〒111-1111　A県B郡C町○○3273番地3
氏名・法人名等　乙川　太郎

供託カード番号（カードをご利用の方は記入してください）

法令条項	民法第494条
契約	
供託の内容	賃貸の目的物　D市○○町の土地　宅地　777.77㎡
	賃料　¥600,000　支払日　毎年6月末日までに翌年分を前払い
	支払場所　☑被供託者住所　□供託者住所　□その他（　）
供託する賃料	☑年分　□月分　平成26年6月28日
原因たる事実	目指払したが受領を拒否された。
供託の事由	☑受領することができない。
□受領しないことが明らかである。
のため
備考	□供託により消滅すべき質権又は抵当権
□反対給付の内容
☑供託通知書の発送を嘱託する。

供託金額　¥600,000

受理　年　月　日　印

供託カード発行

供託者カナ氏名　コウノ　ハナコ

55

資料2

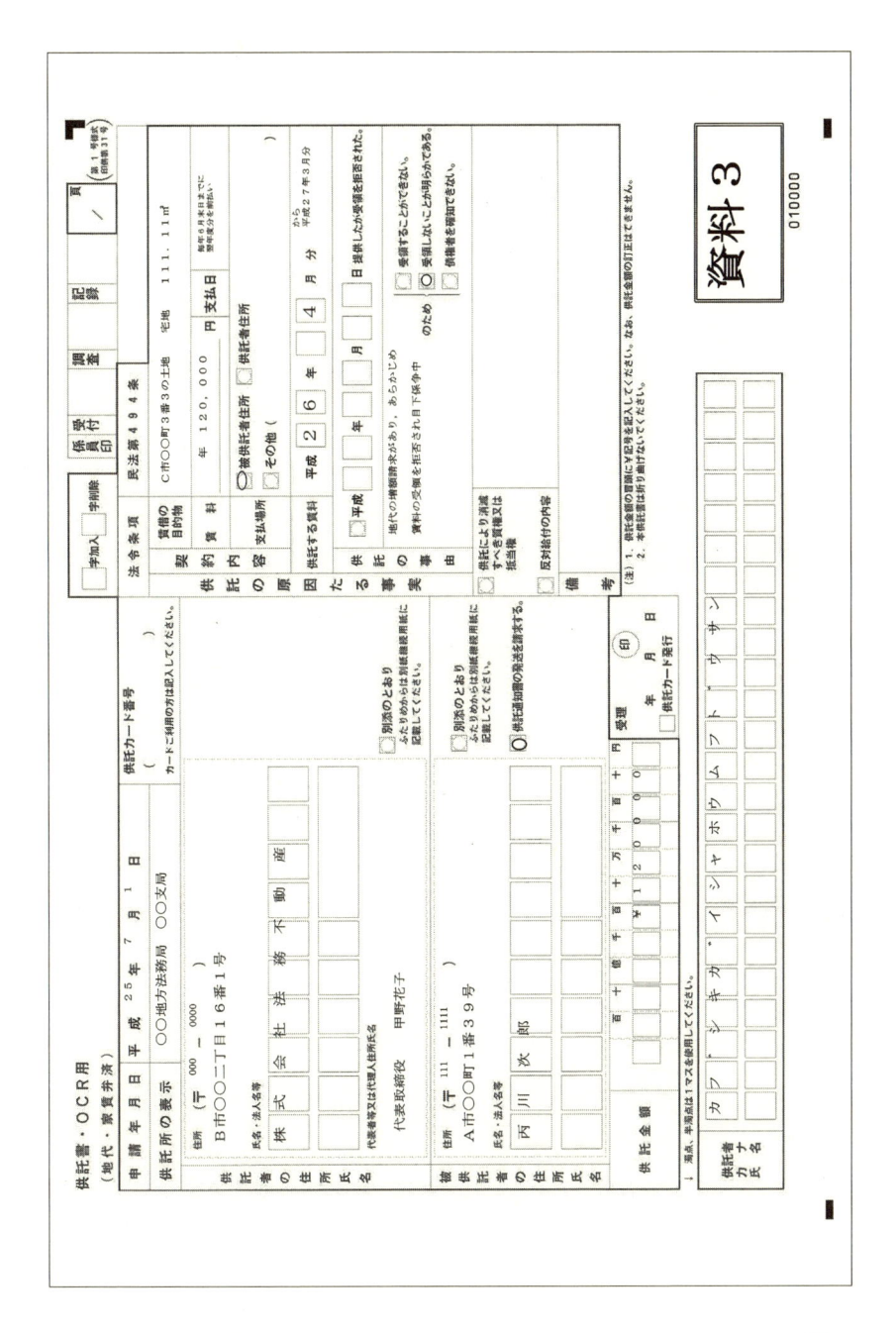

事例7　受領拒否による弁済供託について

資料3

事例8 受領不能を原因とする不法行為に基づく損害賠償債務の弁済供託について

1 はじめに

　先日，ある弁護士から供託に関する相談があった。相談内容は「自分が担当する刑事事件の被告人（以下「Ａ」という。）が詐取した金銭を被害者（以下「Ｂ」という。）の住所地において返還しようと考えたが，Ｂが転居していることが分かった。Ｂの転居先を調査したが，現在の所在が判明しなかったため，これを供託したい」というものである。
　刑事事件の概要は，「平成20年4月1日，Ａは甲県乙市丙町1番所在の事務所からＢに対して電話をかけて，何ら法的根拠がないにもかかわらずＢはＡに対する金10万円の支払義務があると誤認させ，同日，ＢからＡ名義の預金口座に金10万円を振り込ませてこれを詐取した」というものである。
　なお，本稿中意見にわたる部分は私見であることをあらかじめお断りする。

2 本件において検討すべき事項

(1) ＡのＢに対する債務の有無及び法的性質

　ＢはＡの行為により，本来は弁済する必要のない金員を支払うことにより損害を被ったものであり，Ａの行為は民法第709条に規定する「故意又は過失によって他人の権利又は法律上保護される利益を侵害した」不法行為と認定できる（厳密に言えば，「故意によって他人の権利を侵害した」と認定）。また，同条には，不法行為者は「これによって生じた損害を賠償する責任を負う。」と規定されており，ＡはＢに対する損害賠償債務を負っているといえる。

事例8　受領不能を原因とする不法行為に基づく損害賠償債務の弁済供託について

(2) 供託の可否

　相談者の意図は、「ＡがＢに対する損害賠償債務について、民法第494条を根拠とする弁済供託をしたい」というものである。ところで、不法行為に基づく損害賠償債務については、民法第494条の要件を満たす限り、賠償額に争いがある場合においても、(加害者側が相当と認めた金額を)弁済供託できるとされている(昭和32年4月15日民事甲710号民事局長通達)ため、本件の検討に当たっては、これが民法第494条に規定する弁済供託の要件を満たすものであるかを検討しなければならない。

　弁済供託は、債権者側の一定の事由によって弁済がなされない場合に、債務の目的物を供託することによって債務を免れる制度であるところ、これが有効に成立するためには①「供託原因が存在すること」、②「供託の内容が、債権者に本来の債権と同一内容の権利を取得させるものであること」が要件となるため、これら要件を満たすものであるかが問題となる。

① 「供託原因の存在」について

　民法第494条は、「債権者が弁済の受領を拒んだこと(受領拒否)」、「債権者が弁済を受領することができないこと(受領不能)」、「弁済者の過失なくして債権者を確知することができないこと(債権者不確知)」の三つの場合を供託原因として掲げている。

　本件の場合は、債権者であるＢの所在不明により債務者Ａは弁済をすることができないため、「債権者が弁済を受領することができないこと(受領不能)」に当たり、供託原因が存在すると考えられる。

　なお、所在不明について判例は、「債権者その他の弁済受領の権限を有する者が弁済の場所である債権者の住所にいないため弁済できないときは、その不在が一時たると否とを問わず債権者が弁済を受領することができない場合に該当し、債務者は供託できる」としている(大審院昭和9年7月17日判決・民集13巻15号1217頁)。

　しかし、これは弁済の期日として特定の期日があらかじめ指定、合意がなされている場合であり、本件のように弁済期日が指定、合意されていな

59

い場合には債権者に受領を拒絶する意思がうかがわれない限り，債務者はできる限り債権者に受領を可能ならしめる方法で現実又は口頭での提供をするように努めることが信義則上求められるべきである。

② 「供託の内容が，債権者に本来の債権と同一内容の権利を取得させるものであること」について

これは債務者が供託することによって，債権者が供託所に対して取得する供託金還付請求権が，債務者に対する債権と同一内容のものでなければならないということである。

本件の場合，Aが損害賠償金を供託することにより，Aの損害賠償債務は消滅するが，供託の効果としてBは供託金の還付請求権を取得するため同一内容のものと認められ，本件は民法第494条の要件を満たしており，供託可能な案件であると考える。

(3) 供託すべき金額

① 損害賠償の範囲について

前記2(2)で述べたとおり，不法行為に基づく損害賠償債務については，民法第494条の要件を満たす限り，賠償額に争いがある場合においても，(加害者側が相当と認めた金額を)弁済供託できるとされていることから，Aは詐取した金10万円を損害賠償債務として返還（弁済）しようとしていることからこの金10万円が供託すべき金額の元本と考えてよいだろう。

② 遅延損害金の有無について

民法第412条第1項は「債務の履行について確定期限があるときは，債務者は，その期限の到来した時から遅滞の責任を負う。」とし，その結果として民法第415条前段は，「債務者がその債務の本旨に従った履行をしないときは，債権者は，これによって生じた損害の賠償を請求することができる。」と規定している。また，「金銭の給付を目的とする債務の不履行については，その損害賠償の額は，法定利率によって定める。」（民法第419条前段）とされており，法定利率については，別段の意思表示がない限り，

事例8　受領不能を原因とする不法行為に基づく損害賠償債務の弁済供託について

その利率は年5分（民法第404条）と規定されているため，Aが履行遅滞である場合には元本に加え履行遅滞による損害賠償金（遅延損害金）を付して弁済する必要があることになる。

　本件におけるAの損害賠償債務は，不法行為に基づくものであり，不法行為による損害賠償債務は不法行為時に発生し，同時に履行遅滞に陥ると解釈されているため，Aは金10万円を詐取した平成20年4月1日に履行遅滞に陥っているといえる。

　よってAは金10万円に加え，平成20年4月1日から現実又は口頭の提供日までの遅延損害金を付して弁済しなければならない。

③　遅延損害金を付す期間について

　次に，遅延損害金を付す期間については「現実又は口頭の提供日」がいつであったかが問題となる。

　弁済をすべき場所については，別段の意思表示がない限り，債権者の現在の住所においてしなければならない（民法第484条）とされている。本件においては，AはBの住所地において現実の提供をしようと考えていたが，Bの転居によりその所在が不明であったことから，「現在の住所地」において現実の弁済はしていない。

　よって，本件においては，「現実又は口頭の提供」がいまだなされていないことから，供託日をもって「現実又は口頭の提供」日とすべきであり，Aは，供託をすることにより債務を免れ，弁済の効果を得ることになる。

　したがって，Aは，本来の損害賠償債務である金10万円に不法行為日である平成20年4月1日から供託日までの年5分の割合による遅延損害金を付した金額を供託すべきであると考えられる。

　なお，本件を，例えば平成20年10月1日に供託する場合の遅延損害金の計算式は次のとおりとなり，端数については，50銭以上は切り上げる（通貨の単位及び貨幣の発行等に関する法律第3条）ため，遅延損害金額は「2,521円」となる。

61

100,000（損害額）×0.05（利率）×184（遅延日数）÷365＝2,520.55

3　おわりに

　不法行為に基づく損害賠償債務の供託については，以前にも相談を受けたことはあるが，最近は相談も増え，供託件数も増加しているものと推測される。

　これまで受けた相談は，受領拒否を原因とするものが多かったところ，本件は受領不能を原因としているため，執務の参考になればとの思いから，不法行為に基づく損害賠償債務の供託について本稿にまとめてみたものである。

【参考文献】
法務省民事局第四課（監）「実務供託法入門」（民事法情報センター，1991）
「供託先例判例百選」（別冊ジュリスト107号）

事例9 不法行為に基づく損害賠償債務の弁済供託について

1 はじめに

　弁済供託を受理するに当たって，供託者の相当と考える金額を供託できる場合が二通りあります。一つは，貸主から増額請求があった場合に，借主が相当額を定めて提供し，拒否されたときの地代・家賃の弁済供託ですが，もう一つは，不法行為に基づく損害賠償債務の供託であり，賠償額に争いがある場合でも民法第494条の要件を満たす限り，その弁済供託をすることができるとされています。

　最近，債務者（加害者）の代理人である弁護士から，不法行為の損害賠償債務の供託について相談を受ける事案が増えておりますので，本稿で整理してみたいと思います。

　なお，本稿中意見にわたる部分は私見であることをあらかじめお断りします。

(1) 弁済供託の有効要件について

　弁済供託とは，債権者が弁済の受領を拒み，若しくは受領できないとき，あるいは弁済を受けるべき債権者が確知できないときに，債務者が，債務の目的物を供託することによって，債務を消滅させることを目的とする供託のことです（民法494条）。一般的に供託が有効となるためには，①供託が根拠法令に基づくものであること，②供託の目的物が供託できるものであること及び③適法な供託所に対する供託であることの要件を満たす必要があることとされています。弁済供託については，さらに①供託原因があること及び②債権者が供託所に対して取得する供託金還付請求権が債務者に対して有する債権と同一である（以下「債権が同一内容」という。）ことの二つの要件が必要と

されています。

　したがって，債務者が弁済供託をする場合は，債権が同一内容であることの前提として弁済すべき債務が現存し確定する必要があります。そして，債務はその本旨に従って履行されなければならないため（民法493条），確定した債務につき，弁済の提供・供託も債務の本旨に従っていなければ，その効果は生じないことになります（最二小判昭和41年9月16日判時460号52頁）。

(2) 不法行為に基づく損害賠償債務の弁済供託について

　一般的に不法行為とは，契約関係にない者同士の間で，不法に権利ないし利益を侵害する行為のことをいうとされています。その行為によって損害が生じた場合に，被害者にその加害者（加害者と密接に関係のある者を含む。）に対し損害賠償請求権を認める制度が不法行為制度です。この制度は，民法第709条において「故意又は過失によって他人の権利又は法律上保護される利益を侵害した者は，これによって生じた損害を賠償する責任を負う。」と規定され，その損害賠償の方法は金銭によることになります（民法722条1項により民法417条を準用）。

　不法行為に基づく損害賠償債務の場合，その賠償額の算定が困難で，争いがある場合が少なくありません。そこで，債務者（加害者）がその債務を免れるために，一方的に算出した賠償額を任意に提供・供託すること若しくは控訴審係属中に第一審の判決によって支払を命じられた賠償額を提供・供託することが考えられます。

　不法行為に基づく損害賠償債務の弁済供託の受理に当たっては，被害者（債権者）に対し加害者（債務者）が，債務の本旨に従って債務を提供している場合，当該債務の同一性が問題となります。すなわち，弁済すべき債務が現存し確定しているかが問題となります。正確な債務額が判定しにくい不法行為に基づく損害賠償債務でも，いずれは裁判によって債務額が明確にされるのが普通ですが，不法行為に基づく損害賠償債務は，必ずしも裁判の結果などによりその額が定まるのではなく，客観的には不法行為時に既に確定し

ているものであり，ただその賠償額が事実上不明であるため，被害者（債権者）と加害者（債務者）の当事者間で賠償額に争いがあるにすぎないと解されています。したがって，賠償額について当事者間に争いがある債務でも，弁済すべき債務が現存し確定していることになります。そのため，賠償額に当事者間に争いがある債務であっても，実務においては，昭和32年4月15日付け民事甲第710号民事局長通達に基づき，民法第494条の要件を満たす限り，供託を受理する取扱いをしています。また，不法行為による損害賠償債務について，債務を免れるため債務者が客観的に相当と認めた賠償額を算定し，債権者に提供したが受領を拒否された場合，弁済拒絶を理由に供託することができるとしています（供託事務担当者会同協議問題決議・昭和38年10月18日付け総第462号佐賀地方法務局長報告，同年12月27日付け民事甲第3373号民事局長認可（供託関係先例要旨集(3)372頁））。

　したがって，不法行為に基づく損害賠償債務を供託する金額は，加害者（債務者）が相当と認める額であるため，賠償額に争いがある場合，損害賠償債務の全額を満たさず，債務の一部を提供・供託したにすぎない結果となることが予想されますが，果たして，有効な提供・供託として認められるのでしょうか。学説と判例を紹介させていただきます。

2　学説及び判例

(1)　学　説

ア　一部弁済提供・供託の効力

　供託原因が存在（民法494条）するだけでは，供託は有効とはなりません。供託原因の存在以外に，供託によって債権者が供託所に対して取得する供託金還付請求権が，債務者に対する債権と同一内容のものである必要があります。金銭債権については，明文の規定はおかれてはいませんが，通説は，債務の一部弁済は債務の消滅という効果を生じず，同様に債務の一部の弁済供託も，債務の同一性が認められないため，供託としての効果

は生じないとされています。したがって，一部弁済の供託は受理すべきではありませんが，誤って受理されても当該供託は無効です。

　なお，例外的に一部の履行の特約がある場合，不足額が僅少であるため一部提供の受領を拒否することが債権者において信義則に反すると考えられる場合などは，一部の提供も債務の本旨に従った提供となり得るとしています。

イ　不法行為に基づく損害賠償債務の弁済提供・供託の効力

　不法行為に基づく損害賠償債務の債務者により，債務の全部としてなされた任意の提供・供託が，結果として債務の一部にすぎなかったときは，債権者（被害者）に不利益を与えない限りで認めるべきとする説と（注1），債務者に任意の分割支払を認めることになることから，債務の全部としてなされた弁済の提供・供託に客観的な根拠があり，債務者に分割の意図がない等の条件下でのみ認めるべきとする説などが存在します（注2）。

(2)　判　例

ア　一部弁済提供・供託の効力

　判例も，弁済提供は債務の本旨に従って現実にすることを要するので，債務の全部を消滅させるのに足りない一部弁済提供は，債権者の承諾がない限り，債務の本旨に従ってする弁済の現実の提供にならず（大判明治44年12月16日民録17輯808頁），元本のほか利息，遅延損害金及び費用等が在するときは，債務者はそれらを含めて全額を提供しなければ債務の本旨に従った提供とならない（大判大正4年12月4日民録21輯2004頁）として，債務の一部の弁済提供は，原則として債務の本旨に従った提供にはならず，供託も有効とならないとしています。もっとも，供託額が債権額に比してごく僅かな不足額があるにすぎない場合には，信義則を適用して弁済・供託の有効性を認めた判例もあります（大判昭和13年6月11日大民集17巻1249頁・最一小判昭和35年12月15日民集14巻14号3060頁等）。また，一部ずつの弁済供託が何回か行われた結果，合計で債務全額に達した場合の供託の効力については，

救済的に，有効な供託と解すべき旨の判例も存在します（最三小判昭和46年9月21日民集25巻6号857頁）。しかし，当該判例によって，債権の一部についての弁済供託を受理してよいということにはなりません。

なお，金額に争いのある債権について，債務者から債権額全額として弁済若しくは供託された場合，債権者は一部弁済として受領する旨を留保して受領すれば，当該債権の一部弁済に充当されますが（最一小判昭和38年9月19日民集17巻981頁），その余の債務消滅を認めることではないため，債権者の債務者に対する残債務の請求を妨げるものではありません。

イ　不法行為に基づく損害賠償債務の弁済提供・供託の効力

不法行為に基づき債務者が任意に算出した損害賠償額を供託した事案において，東京地方裁判所平成17年3月17日判決（判時1917号76頁）では，損害賠償債務の全部としてなした債務の一部の提供・供託について，「有効な弁済の提供といえるためには，債務の本旨に従った提供であることを要するところ（民法493条），債務の本旨に従った提供は，原則として債務の全額，すなわち，元本のほか，履行遅滞にあるときは遅延損害金を併せて提供することを要すると解される。」として判例・学説を示した上で，「このような弁済の提供及び供託を認めるとすれば，被害者は結局，分割弁済を強要されるのと同じであり，一括弁済の合理的期待を奪われることとなり，当事者間の公平にかなうものとはいえないというべきである」として，無効であると判断しています。

一方で，不法行為に基づく損害賠償債務について，第一審判決により支払を命じられた金額を供託した事案において，最高裁判所平成6年7月18日第二小法廷判決（民集48巻5号1165頁）では，「交通事故によって被った損害の賠償を求める訴訟の控訴審係属中に，加害者が被害者に対し，第一審判決によって支払を命じられた損害賠償金の全額を任意に弁済のため提供した場合には，その提供額が損害賠償債務の全額に満たないことが控訴審における審理判断の結果判明したときであっても，原則として，その弁済の提供はその範囲において有効であり，被害者においてその受領を拒絶し

たことを理由にされた弁済のための供託もまた有効なものと解するのが相当である」として，債務の一部の弁済提供及び供託を有効な弁済提供及び供託として認めています。

3　検　討

　不法行為に基づく損害賠償債務は，裁判確定まで，債務の全額を知ることが困難であるという点では，賃料増額請求を受けた賃借人の立場と似ています。しかし，賃料増額請求権が行使された場合は，当事者間で協議が調わないときは，賃借人はその増額を正当とする裁判が確定するまでは，相当と認める賃料を支払っておけばよく，後日裁判によって支払額が適正賃料額に不足することが明らかになっても履行遅滞の責めを負いません。その代わり，不足額に年一割の利息を付して支払わなければならないとして，立法的な解決を図っています（借地借家法11条2項，32条2項）。

　供託官の審査権は，供託書及びその他所定の添付書類の記載内容に基づく形式審査から知り得る実体上の供託要件の範囲であり（形式的要件のみ），供託書に記載された事実の存否・妥当性に関する実質的審査権を有していません（最二小判昭和59年11月26日判時1149号87頁）。供託書に記載された事実等についての判断は，裁判所のなすべきことです。

　同様に，不法行為に基づく損害賠償債務について，供託官は，形式的審査権しか有しないので，上記1(2)で述べたとおり，債務者（加害者）が相当と認める額を供託する場合でも，当該供託金が真の損害金であるかどうか審査することできません。供託書に債務者の相当と考える賠償額の一部である旨の記載がなされない限り，供託官は，不法行為に基づく損害賠償債務について弁済供託を受理する取扱いとなります。

　したがって，上記2(2)イの判例と同様に個別に供託の有効性を判断することになり，実質的な解決については，あくまでも裁判所の判断によることになります。

4　おわりに

　不法行為に基づく損害賠償債務の妥当な金額が，消費貸借に基づく債務などに比して不明確で判断しにくく，債務者の相当と判断した額が裁判所が判断する客観的な金額と異なる可能性が高くても，供託官は，それだけでは当然に無効として供託を拒絶する理由にはなりません。同様に，学説や判例が対立している問題について，ある特定の見解に基づいて供託を拒否することも許されません。供託受理時において，有効であったとしても，実体的には有効な弁済の提供とはならない場合があることになります。そのリスクは供託者である債務者が負うことになりますが，供託手続上の受否の問題と実体法上の効力の問題とは区別すべきものと考えます。

【注】

（注1）西原道雄「先例解説」遠藤浩ほか編「供託先例判例百選（別冊ジュリスト107号）」(有斐閣，1990) 61頁，田中稔
　　　「判批」沖縄法学32号129頁
（注2）池田清治「判批」民商法雑誌114巻1号97頁以下

【参考文献】

石坂次男「供託の理論と実務」(日本加除出版，1979)
前田達明「口述債権総論〔第二版〕」(成文堂，1990)
平井宜雄「債権総論〔第二版〕」(弘文堂，1994)
星野英一「民法概論Ⅲ（債権総論）」(良書普及会，補訂版，1992)
我妻榮「新訂　債権総論（民法講義Ⅳ）」(岩波書店，1964)
法務省民事局第四課職員編「新版　供託事務先例解説」(商事法務研究会，1985)
判例タイムズ347号105頁，882号70頁，1033号218頁。
別冊ジュリスト供託先例百選40頁，別冊ジュリスト交通事故判例百選〔第四版〕184頁，別冊ジュリスト供託先例判例百選〔第二版〕48頁，ジュリスト708号119頁，1058号95頁。

事例 10 | 事業譲渡に基づく債権者不確知供託の可否について

1　はじめに

　供託は，根拠法令に基づいた供託の目的や機能により，弁済供託，担保（保証）供託，執行供託，没取供託，保管供託に分類されます。そのうちの一つである弁済供託は，債務者が債務の目的物を債権者のために供託所に寄託して債務を免れるものですが，弁済供託においては，当事者間に何らかのトラブルが生じている場合が多々あります。供託者・被供託者間のトラブルはもとより，複数の被供託者の間に争いがある場合も多く，供託者に過失がないにもかかわらず真の債権者を確知できないため，債務の弁済ができないことを事由とする債権者不確知供託がなされることもあります。

　供託所では，窓口や電話等で相談を受けていますが，当事者の方々が同時期に相談をされる，という場合も少なくありません。このような場合，供託事務担当者としては，各相談事案について関連性が推測されても，それぞれ個別の相談であるため，回答に当たっては様々な配慮をする必要があると感じています。

　先日，当課において，事業譲渡に関する供託相談がされたところ，事業譲渡について調べている間に，他の当事者ではないかと推測される方から次々に関連性の高い相談がされた事案がありましたので，本稿にまとめてみたいと思います。

2　各相談の内容

(1)　相談の内容

① 　債務者である法人Xからの相談

　当社は，A株式会社に対して運送業務委託契約に基づく請負代金債務を負っていますが，本年1月21日に，Q税務署から「滞納者であるA株式会社が有する運送業務委託契約にかかる請負代金債権」，つまり本請負代金債務を差し押さえる旨の差押命令が送達されました。

　その後，本年1月22日に，B株式会社から「昨年12月1日付けでA株式会社の運送業務を譲り受けたので，未払いの請負代金は当社に支払ってもらいたい」と請負代金の請求がありました。

　当社では，A株式会社が事業を譲渡したことはもちろんのこと，請負代金をB株式会社に支払うという話も，A株式会社からはまったく聞いていませんでした。慌ててA株式会社に連絡したところ「請負代金は受け取れない」というだけで，詳細を聞こうとしても，取り付く島もありませんでした。

　このような状態で，請負代金をどうしたらよいか分からず，差押命令も送達されていることから，Q税務署にも連絡したところ，「A株式会社とB株式会社のいずれに請負代金を支払うべきか確知できない場合には，供託することができる」と言われました。

　当社としては，確かに，A株式会社とB株式会社のいずれに支払うべきか判断できないので，債権者不確知を原因とする供託により債務を弁済したいと考えています。

　なお，未払となっている請負代金は，昨年11月分の請負代金であり，支払期は本年1月末日までとなっています。

② 　Q税務署からの相談

　先日，滞納者である法人の請負代金債権に対して差押えをし，第三債務

者に差押命令を送達したところ，第三債務者から次のような連絡があったので，債権者不確知供託をするよう伝えたところである。
　第三債務者によると，差押債務者である法人は事業譲渡をしたようであり，差押債権である請負代金について，事業譲渡人は受領を拒否しており，一方で，事業譲受人からは請求を受けており，どうしたらよいか分からないということだった。債務者が，債権者を確知できないのであれば，債権者不確知供託が可能であると考え，第三債務者に対して，請負代金を供託するよう伝えた。
　ところで，このような場合には，被供託者を事業譲渡人又は事業譲受人とする債権者不確知供託が受理されるものと考えるが，供託後に，当税務署が供託金を受領するためには，事業譲渡人の還付請求権を差し押さえた上で，払渡請求書に事業譲受人である法人の承諾書を添付すればよいか。

③　事業譲受人である法人（B株式会社）からの相談
　当社は，昨年12月1日付けで，ある法人から事業の一部である運送業務と当該業務にかかる既発生の請負代金債権を，事業譲渡契約により譲り受けた。
　先日，譲り受けた請負代金を請求するため，請負代金債務者である法人に対して，請負代金を当社に支払うよう連絡をしたところ，当該請負代金について税務署からの差押命令が送達されたため供託するとのことだった。
　当社は，事業を譲り受けたのであって，会社の合併をしたのではない。また，事業の全てを譲り受けたわけではなく，譲渡された事業以外の事業及び債務は譲り受けていない。既発生の請負代金債権についても譲渡する旨を契約に登載している。そうであれば，昨年12月1日付けで行われた事業譲渡に対して，本年になってから送達された差押命令は効力がないと考えられ，結果として，税務署が差し押さえることはできず，請負代金は当社に受領権限があるはずである。

したがって，このような請負代金について供託申請があっても受理されないと思うが，いかがだろうか。

なお，事業譲渡に当たり，当社は商号変更をしておらず，また，譲渡人の商号を使用してもいない。

(2) 相談内容のまとめ

①の相談を受けた時点では「事業譲渡」についての知識が不足しており，供託の可否について即答できなかったため，調べてから改めて回答することとしました。その間に②及び③の相談が続けてされたため，いずれの相談者にも，調べてから回答することとしました。

①～③の三者の相談は関連性が高いと思われますので，関係を図にまとめると下図のようになります。

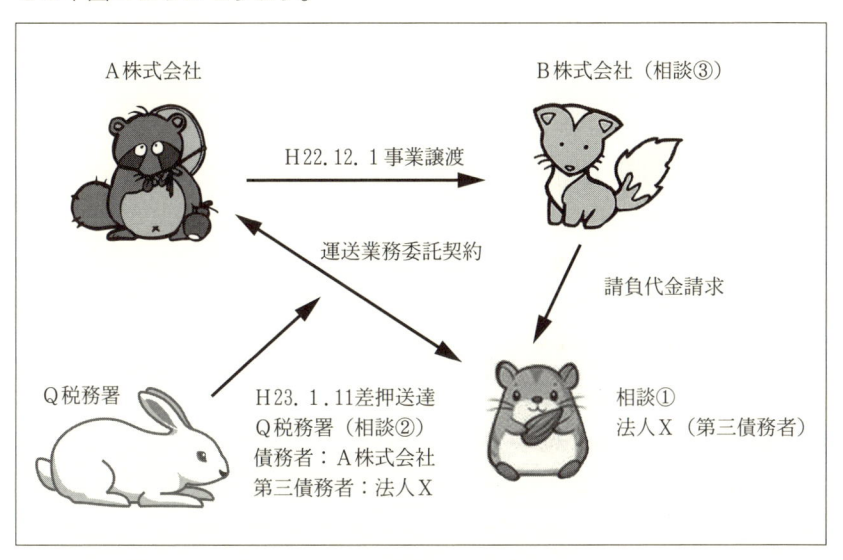

```
A株式会社                    B株式会社（相談③）
      ──H22.12.1 事業譲渡──→

         運送業務委託契約
                              請負代金請求

Q税務署    H23.1.11差押送達    相談①
           Q税務署（相談②）    法人X（第三債務者）
           債務者：A株式会社
           第三債務者：法人X
```

三者に回答するに当たっては，「事業譲渡」を理解した上で回答することとしました。

3 事業譲渡について

(1) 事業譲渡の条文の概要

会社の吸収合併や新設合併の場合には，存続又は新設会社は，消滅する会社の権利義務の全部を承継することとなります（会社法 2 条27号，28号）が，事業譲渡の場合は，譲渡会社と譲受会社との契約によって範囲を定めることができます。

会社の事業譲渡については，競業の禁止や債務責任についてのみ，会社法第21条～第24条に規定されています（なお，商人の営業譲渡については商法第16条～第18条）。

事業の譲受会社が，譲渡会社の商号を使用する場合には，原則として債務を弁済する義務を負う（会社法22条 1 項，商法17条 1 項）（ただし，債権者は譲渡日から 2 年以内に請求又は請求の予告を要す（会社法22条 3 項，商法17条 3 項））とされており，譲受会社が債務を弁済しないのであれば，その旨の登記を要するとされています（会社法22条 2 項，商法17条 2 項）。

これに対して，譲受会社が，譲渡会社の商号を使用しない場合は，原則として債務を引き受けることはなく，譲受会社が債務引受けの広告をした場合のみ，債権者は譲受会社に弁済の請求をすることができる（会社法23条 1 項，商法18条 1 項）（ただし，債権者は広告から 2 年以内に請求又は請求の予告を要す（会社法23条 2 項，商法18条 2 項））とされています。

(2) 事業譲渡による財産権等の移転について

事業譲渡は，譲渡会社及び譲受会社の当事者間において，事業譲渡契約の締結をすることにより，効力が発生するものとされています。

ただし，事業譲渡は，合併とは違い包括的な承継ではないことから，事業の譲渡に際して，一般的に事業譲渡契約に事業を譲渡する旨はもとより，個々の財産等の移転についても，譲受会社に移転する旨を定める必要があると考えられています。これにより，事業譲渡の当事者間においては，個々の

財産権の移転を含む事業譲渡の効力が発生することとなります。

　しかしながら、譲渡会社は個々の財産等の移転の対抗要件を備えなければ、譲渡契約の当事者以外の第三者に対抗することはできません。

　例えば、譲渡契約において、不動産の所有権等を移転する契約となっていれば、第三者に対抗するためには所有権等の移転登記が必要であり（民法177条）、同様に、動産については占有の移転（引渡し）（民法178条）をする必要があります。

　また、譲渡契約において、譲渡会社の有する指名債権を譲渡する旨が約されている場合には、譲渡会社が債務者に通知をし、又は債務者が承諾しなければ、債務者その他の第三者には対抗できない（民法467条）こととなります。

4　相談に対する検討及び相談者に対する回答

(1)　債務者である法人Xからの相談について

　前記3(2)のとおり、事業譲渡契約により、指名債権が譲渡された場合には、譲渡の当事者間では債権譲渡の効力は生じるものの、債務者その他の第三者に対抗するためには、譲渡人からの通知や債務者の承諾が必要となります。

　法人Xは、事業譲渡人であるA株式会社から、当該請負代金債権について譲渡をした旨の通知は受けておらず、また、法人Xが当該請負代金の譲渡を承諾した経緯もないことから、A株式会社とB株式会社の間においては昨年12月1日に事業譲渡及び請負代金の譲渡がなされていると思われるものの、B株式会社は、法人Xに対して対抗要件を具備しておらず、法人Xに対して、請負代金の請求をすることはできないものと考えられます。

　また、同様にB株式会社は、Q税務署の差押えに対しても対抗することができないものと考えられます。

　したがって、法人Xは、A株式会社に対して請負代金を支払う債務を負っていると考えられることから、債権者不確知供託は受理されないと考えま

す。

そこで，債務者である法人Xに対しては，以下のように回答しました。

ご相談の内容から，A株式会社は，運送業務と請負代金をB株式会社に譲渡した可能性はあります。しかし，A株式会社からは請負代金債権の譲渡について通知はなく，貴社（法人X）も譲渡の承諾をしていないということですので，今の段階では，貴社（法人X）は，B株式会社からの請負代金請求に応じる必要はないものと思われます。

したがって，請負代金について法人Xの法的な債権者はA株式会社ということになり，債権者不確知供託はできないことになります。そして貴社（法人X）は，当該請負代金を差押えしたQ税務署の取立てに応じて支払うことになり，それにより債務は消滅することになります。

(2) Q税務署からの相談について

Q税務署の相談内容は供託金還付請求手続についてでしたが，関連すると推測される法人Xからの相談は，債権者不確知には当たらない旨の回答を踏まえ，Q税務署に対しては，まず，事業を譲渡したことのみをもって，当該請負代金債権を譲渡したことにならないこと，仮に，事業譲渡契約による当該請負代金債権の譲渡をしたとしても，当該請負代金の譲渡は指名債権の譲渡となることから，第三者である債務者（法人X）に対する対抗要件を具備しないと事業譲受人は債務者に請負代金の請求ができないことを説明しました。

さらに，当該請負代金債権について，事業譲受人が債権譲渡の対抗要件を具備していないのであれば，債権者は譲渡会社であり，債権者不確知とはならず，請負代金を差押債権者が取立てをすることができることになるので，第三債務者に対して，請負代金を譲渡することについての承諾や譲渡会社からの通知の有無について確認すべきであることを回答しました。

(3) 事業譲受人である法人（B株式会社）からの相談について

　事業譲受人である法人は，当該請負代金債権を譲り受けており，債権者は自社であると考えています。そこで，事業譲渡契約で定められたと思われる債権譲渡について，請負代金を請求するためには対抗要件を具備している必要があることを理解していただく必要があります。

　相談者には，債権譲渡の対抗要件について説明した上で，事業譲渡に当たって，当該請負代金債権の譲渡について債務者の承諾を得ていたり，譲渡人から債務者に対して譲渡通知等がなされていれば，当該請負代金の債権者は事業譲受人となるところ，これらがない場合には，相談内容の状況からは，A株式会社に債権が存在し，税務署の差押えが有効である旨を回答しました。

5　おわりに

　供託所では，結果的に供託申請には至らない，また，時には供託とは全く関係のない相談がされる場合も多くあります。たとえ供託には関係のない相談だったとしても，相談者の話を理解する必要があることから，供託事務担当者としては，供託に関することは当然ですが，供託関係法令以外のことについても知識を高める必要があると感じ，今後も自己研さんしたいと考えています。

【参考文献】

服部榮三編「基本法コンメンタール　商法総則・商行為法」（日本評論社，第4版，1997）

大塚英明ほか「商法総則・商行為法」（有斐閣，第2版，2008）

事例
11 | 集合債権譲渡担保契約における債務者の特定と供託

1　はじめに

　平成17年10月3日に「債権譲渡の対抗要件に関する民法の特例等に関する法律の一部を改正する法律」（平成16年法律第148号）が施行され，これにより債務者の特定していない将来発生債権の譲渡の登記が可能となりましたが，一方，この影響で供託所に当該債権譲渡の通知を受けた債務者から，供託の可否について相談が寄せられることもあります。

　当課での債権譲渡登記制度に関する供託の相談については，供託の案件には該当せず，債務の弁済が可能な事案についての相談が目立ちますので，最近，当課に寄せられた一つの相談事案について御紹介したいと思います。

　なお，本稿中意見にわたる部分は私見であることをあらかじめお断りします。

2　事案の概要（A社からの相談）

　A社とB社は継続的な取引関係にあり，A社はB社に対して売掛債務を負っています。ところが，B社はC銀行との間で，B社の持つ売掛債権（既発生債権及び将来発生債権を含む。）について，C銀行を譲受人とする集合債権譲渡担保契約を締結し，債権譲渡登記を済ませました。その後，C銀行はA社に対して，当該債権譲渡に係る登記事項証明書（後掲）を交付して債権譲渡の通知を行いました。

　A社が登記事項証明書を確認したところ，債権の種類欄に「売掛債権」，債権の発生原因欄に「商品売買契約による売買代金債権」とあるだけで，債務者欄にA社の名称が記載されていませんでした。その代わりに，「債務者

が特定していない債権のため，債務者の記録はありません。」との記載がありました。

　A社としては，B社に対して売掛債務があることは間違いなく，また，当該債権譲渡の通知がなされたことについてB社から特段の異議が述べられているわけでもありませんが，登記事項証明書に自社の名称が明記されていないことから，自社の債務が当該債権譲渡の対象に含まれるのかという点に疑義があり，そのため自社の売掛債務の債権者がC銀行であるとの確信が持てず，B社とC銀行のどちらに弁済すればよいのか判断がつかないため，債権者不確知として供託したいとのことでした。

　このような場合，供託は受理できるでしょうか。

　なお，本稿で検討対象として取り上げる供託の有効要件以外の要件については，問題がないものとします（債権の譲渡性（民法466条）など）。

3　結　論

供託不受理。
登記事項証明書の記載から，債権者はC銀行であると判断できます。

4　検　討

　弁済供託には，受領拒否・受領不能・債権者不確知の3パターンがあり（民法494条），相談者はこのうち，債権者不確知にあたると考えて相談をしたようです。そこで，A社が債権者不確知供託をできるかどうかについて検討したいと思います。

(1)　債権者不確知供託の要件

　債権者不確知を理由として供託するには，①債権債務の発生当初において債権者は特定されていたが，その後何らかの事情で債務者の立場から債権者

を確知することができない状況に陥ったこと，及び②債権者を確知することができないことが債務者の過失によるものではないこと，という要件を満たすことが必要です（民法494条後段）。

本件相談は，債権譲渡登記についての登記事項証明書の登記事項に疑問を持ったことが契機となっていることから，上記要件を満たすかどうかを検討する前に，債権譲渡登記制度について，若干の説明をしたいと思います。

(2) **債権譲渡登記制度（民法467条の特例）**

債権譲渡登記制度とは，法人がする金銭債権の譲渡や金銭債権を目的とする質権の設定について，簡便に債務者以外の第三者に対する対抗要件を備えるための制度です（動産及び債権の譲渡の対抗要件に関する民法の特例等に関する法律（以下「特例法」という。）1条，14条，4条1項）。一方，債務者保護のため，債権譲渡登記のみでは債務者に対抗できない制度となっていますので，債務者以外の第三者ではなく，債務者に対抗するためには，譲渡人若しくは譲受人が当該債権の債務者に当該債権譲渡に係る登記事項証明書を交付して通知をするか，債務者が承諾をする必要があります（特例法4条2項）。そして，この通知や承諾により，それ以降，債務者は譲受人に支払いをすることになるため，債権譲渡担保契約においては，債務者に対する対抗要件を備えることが，事実上，担保権実行の意味を持つことになります。

この債権譲渡登記については「特例法」に規定されていますが，この法律の制定当初は，債務者の特定していない将来発生債権の譲渡の登記ができることまでは規定されていませんでした。

しかし，現実の経済社会では，実効性のある資金調達の一手段として集合債権譲渡担保契約（将来発生債権を含む。）が行われており，この契約に起因した様々な問題が法廷に持ち込まれるようになりました。そこで，企業の資金調達の多様化に対応して資金調達の円滑化を図るため，平成17年10月3日に「債権譲渡の対抗要件に関する民法の特例等に関する法律の一部を改正する

法律」（平成16年法律第148号）が施行され，債務者の特定していない将来発生債権の譲渡についても，登記をすることにより第三者に対する対抗要件を備えることができるようになりました。

(3) 債務者の特定していない将来発生債権の譲渡担保（集合債権譲渡担保）

それでは，債務者の特定していない将来発生債権の譲渡担保とはどのようなものか具体的な事例で説明します。

電力会社などを例にとるとイメージしやすいかもしれません。

電力会社は，電気の供給先である各家庭や企業から電気料金を回収するという債権（将来発生債権を含む。）を持っています。これら一つ一つの小口の債権は5,000円～10,000円程度の担保価値の低いものですが，これらの債権を集合的に捉えた場合，担保価値としては非常に高いものになります。また，仮に債務者が特定していないと債権譲渡できないとなると，電力会社が管轄する地域から個々の債務者が転出したり反対に転入したりするたびに，債権譲渡契約を解除したり改めて契約したりする必要性がありますが，債務者を特定しなくてもよいとなると，そのような煩わしさからも解放されます。

つまり，既に債務者が特定されている既発生の債権のみならず，いまだ債務者を特定していない将来にわたって継続的に発生する債権をも含んで債権譲渡担保契約ができるとなれば，継続的安定的に大きな価値を把握することができ，譲受人から見れば，取りはぐれのない担保ということができます（譲受人側メリット）。

また，伝統的に大きな担保価値があるとされている不動産などの資産を持たない企業にとっては，集合債権譲渡担保は資金調達の手段の一つとして，非常に利用価値の高い担保となり得ます（譲渡人側メリット）。

しかし，一方で，集合債権譲渡担保契約をするということは，不動産などの伝統的に担保価値のある資産を持たない企業であるというレッテルを張られる可能性も危惧されるため，譲渡人である企業としては，集合債権譲渡担保契約によって資金調達をしたいが，当該契約を締結していることはできる

だけ知られたくないと考えることも推察されます（譲渡人側の都合）。

そして，譲受人としては，譲渡人である企業の経営が立ち行かなくなったときに初めて債務者に対し譲受人であることを対抗できればよく，それまでは，譲渡人である企業の経営状態を良好に保つためにも，譲渡人である企業に通常業務を遂行してもらい，従来どおり，譲渡人から債務者に対し，取立てをしてもらった方が都合が良いことになります（譲受人側の都合）。

では，このような背景を持つ集合債権譲渡担保契約とは具体的にどのような形態でなされることが多いのでしょう。一つのケースを御紹介します。

まず，契約当事者が，債務者の特定していない債権（将来発生債権を含む。）について，譲渡担保契約を締結します。しかし，譲渡担保契約では，債権が確定的に譲受人に譲渡されることとなり，担保であることについては，譲渡人と譲受人の内部的取決めとして留保されるにすぎません。そのため，前述したような契約当事者の希望に沿った担保形態にはなりません。

そこで，集合債権譲渡担保契約に付随して，譲受人は譲渡人に債権の取立委任（民法643条）を行い，かつ取り立てた金銭について，引渡不要特約を付けます。そしてその後，譲渡人である企業の経営が立ち行かなくなり，担保権実行の必要性が生じたときに，譲受人は債務者に前述の登記事項証明書を交付して債権譲渡の通知を行えば，債務者に対し自らが譲受人であることを対抗できるようになり（特例法4条2項），債務者としても，事後，譲受人を債権者として扱えばよいことになります。

このようにすることによって，譲渡人と譲受人の双方がメリットを享受でき，双方にとって都合の良い状態になるのです。

しかし，例えば，債権譲渡登記を経由した後，特例法4条2項の通知を行わないうちに，債権が二重譲渡され，第二譲渡について先に債権譲渡通知（民法467条）がされた場合や，債権譲渡登記を経由し，特例法4条2項の通知がなされたような場合について考えると，この段階では，事実上，債務者は第一譲渡の存在すら知らないので，通常，第二譲受人に弁済することにな

りますし，法律上も債務者対抗要件を備えた第二譲受人に債務を弁済することにより当該債務が免責されることになります。このような場合，第一譲受人は，債権譲渡登記により債務者以外の第三者に対する対抗要件を備えていても，特例法4条2項の通知や承諾による債務者対抗要件を備えていないため，当該債権を回収するためには，弁済を受けた第二譲受人に対し，不当利得返還請求権（民法703条）を行使するという迂遠な方法を採らざるを得なくなるリスクを負う可能性がありますので注意が必要です。

(4) 本事案へのあてはめ

　相談者（A社）は，C銀行から債権譲渡通知として交付された登記事項証明書の債務者欄に自社の名称が記載されていないことから，自社の売掛債務が当該債権譲渡の対象に含まれるのかという点に疑問を持ち，そのため，債権者を確知することができないと考えていますが，集合債権譲渡担保契約を登記することの趣旨から考えると，債務者欄に債務者の記載のないことの方が，むしろ自然ということができます。そして，実務上もこのような登記が行われています。

　よって，B社に対し売掛債務のあるA社は，当該債権譲渡登記がされた集合債権譲渡担保契約の債務者に含まれることとなり，その結果，債権者を確知することができないとはいえないことから，債権者不確知供託の①の要件を満たさず，供託は受理できないことになります。

【参　考】

最高裁第一小法廷判決・平成13年11月22日・民集55巻6号1056頁
立花宣男（監）・福岡法務局ブロック管内供託実務研究会編「実務解説　供託の知識167問」（日本加除出版，2006）
判例時報2072号183頁「債権譲渡につき動産及び債権の譲渡の対抗要件に関する民法の特例等に関する法律4条1項の譲渡登記を経由した譲受人が，同条2項の通知がされなかったため，その後に第三債務者がした供託にお

いて被供託者として記載されていなかった場合と，右供託金の還付請求権の取得の可否」

事例11　集合債権譲渡担保契約における債務者の特定と供託

登記事項証明書

概要事項

【登記の目的】：債権譲渡登記
【譲渡人】
　　【本店等】：横浜市中区北仲通五丁目××番地
　　【商号等】：Ｂ株式会社
　　【会社法人番号等】：－
　　【取扱店】：－
　　【日本における営業所等】：－
【譲受人】
　　【本店等】：東京都千代田区九段南一丁目××番××号
　　【商号等】：株式会社Ｃ銀行
　　【会社法人番号等】：－
　　【取扱店】：－
　　【日本における営業所等】：－

【登記原因日付】：平成２２年４月２７日
【登記原因（契約の名称）】：**譲渡担保**

【債権の総額】：－
【被担保債権額】：－
【登記の存続期間の満了年月日】：平成３２年４月２７日
【備考】：－

【申請区分】：送付
【登記番号】：第２０１０－××××号
【登記年月日日時】：平成２２年５月６日　８時３０分

（1／3）証明番号×××××××××（1／1）

85

登記事項証明書

	債権個別事項

【債権通番】：××××××　【債権の管理番号】：－

【原債権者】
　　【本店等】：横浜市中区北仲通五丁目××番地
　　【商号等】：Ｂ株式会社
　　【会社法人番号等】：×××××××××××
　　【取扱店】：－

【債務者】　※　債務者が特定していない債権のため，
　　　　　　　債務者の記録はありません。
　　【本店等】：－
　　【商号等】：－
　　【会社法人番号等】：－
　　【取扱店】：－

【債権の種類】：売掛債権
【契約年月日】：－
【債権の発生年月日（始期）】：平成２２年５月１日
【債権の発生年月日（終期）】：平成２４年４月３０日
【債権の発生原因】：商品売買契約による売買代金債権

【発生時債権額】：－
【譲渡時債権額】：－
【弁済期】：－

（２／３）証明番号×××××××××（１／１）

事例11　集合債権譲渡担保契約における債務者の特定と供託

```
【外貨建債権の表示】：－

【備考】：対象となる譲渡債権は，譲渡人が債務者に対し始期から終期までに取
　　　　得する売掛債権のうち，譲受人が債務者対抗要件を具備したときに現
　　　　存する売掛債権。但し，限度額（見込額）金５億円の範囲内において
　　　　債権発生日の古い順による。

【登記番号】：－                                        一部抹消事項
【登記年月日日時】：－
【登記原因日付】：－
【登記原因（契約の名称）】：－
```

【検索の対象となった記録】平成２３年８月１日現在
上記のとおり債権譲渡登記ファイル（除く閉鎖分）に記録されていることを証明する。

　　　平成２３年８月４日
　　　　　　　東京法務局　登記官　法務　太郎　　印

（注）この証明書は，債権の存否を証明するものではありません。

（３／３）証明番号××××××××　（１／１）

事例 12 振替国債による供託物の差替えについて

1 はじめに

先日，とある会社から電話があり，振替国債による供託物の差替えについて照会を受けました。

具体的には，その会社は宅地建物取引業法による営業保証供託を振替国債により行っており，その振替国債の償還期限が到来したため，新しい振替国債に差し替えたいということでした。

2 振替国債とは

国債とは，国が発行し，利子及び元本の支払（償還）を行う債権です。

振替国債とは，平成15年1月6日に施行された「社債等の振替に関する法律」（現在は，「社債，株式等の振替に関する法律」。以下「社振法」という。）の適用を受けるものとして財務大臣が指定した国債のことをいいます。振替国債は，証券が発行されないため，ペーパーレス国債や電子国債といわれることもあります。社振法では，国債をペーパーレス化し，券面（国債証券）を発行しないことや，購入・売却といった国債の取引が口座への記録によって管理されることなどが明確にされています。

社振法第129条（現在は社振法278条）に振替社債等の供託に関する規定が設けられ，これを受けて，供託規則の一部を改正する省令（平成15年法務省令第1号）が施行され，振替国債を供託物として供託することができるとされました。なお，振替国債は金融商品であり，証券会社，銀行等の金融機関などで購入することができます。初めて振替国債を購入しようとする場合は購入しようとする証券会社，銀行等の金融機関に振替国債専用の口座を開設して

いただく必要があります。

参考までに，供託物を分類すると次のとおりです（いずれが供託物になるかは，供託の原因となる契約あるいは根拠法令により定まります。）。

> 供託物の種類　①金銭
> 　　　　　　　②有価証券（外貨債（外貨をもって表示された有価証券）を含む。）
> 　　　　　　　③振替国債
> 　　　　　　　④その他の物（動産，不動産）

3　供託物の差替えとは

　供託物の差替えとは，裁判上の担保供託又は営業保証供託において，裁判所又は監督官庁の承認を得て，新たな供託をして従前の供託物を取り戻す手続をいいます。

　供託物として金銭，有価証券又は振替国債を供託している場合に，①金銭を有価証券又は振替国債に，②有価証券又は振替国債を金銭に，③有価証券又は振替国債を他の有価証券又は振替国債に差し替えるといった，交換的な供託物の受払手続をいいます。

　根拠としては，供託事務取扱手続準則第30条に「供託物の変換のため供託するときは，供託書の備考欄に変換される供託物及び供託物変換の原因を記載させるものとする。」と規定するのみですが，供託実務では，営業保証の供託物の差替えについては，その禁止規定がない限り，これを認める取扱いをしています。

　一般的要件として，供託物の差替えは，保証の裏付けが継続して維持される必要があるため，先に新たな供託をした後，従前の供託物を取り戻すことによって行われます。

　差替えにおける裁判所又は監督官庁の承認の要否等については，裁判上の

保証供託においては，裁判所の事前承認を要するとされ，営業保証供託においては，その取戻しに監督官庁の事前承認を要するとする場合もありますが，一般的には監督官庁の承認を要しないとされています。

　宅地建物取引業法の一部改正に伴う運用通達（昭34・4・30民事甲第862号民事局長通達）によれば，供託中の金銭を有価証券に，供託中の有価証券を他の有価証券又は金銭に差し替える場合，まず新たな供託をし，その後に新たな供託に係る供託書正本の写しを添付して以前の供託に係る金銭又は有価証券の取戻しをするものとする旨定められ，監督官庁の承認は不要であるとしています。

4　振替国債による差替供託の手続方法

　実際の手続は次のとおりとなります。

①振替国債の供託をします。（注1）
　　★必要なもの
　　　Ⅰ　ＯＣＲ用供託書（供託規則13条3項）
　　　Ⅱ　振替国債の銘柄，利息の支払期及び償還期限を確認できる資料（供託規則14条の2）
　　　Ⅲ　資格証明書（供託者が会社・法人の場合，作成後3か月以内のもの）
　　　（供託規則14条1項，2項，3項）
　　　Ⅳ　委任状（代理人が申請する場合）（供託規則14条4項）
　　　Ⅴ　郵便切手（供託書正本を郵送で受け取る場合）（供託規則50条）

②供託所から交付を受けた「受理決定通知書」を振替国債を購入した銀行又は証券会社に提示して振替申請します。（注2）

③納入期限内に振替国債を受け入れたことを供託所が確認すると，供託

書正本を郵送又は供託所において交付します。

④従前の供託物を取り戻します。
　　★必要なもの
　　　Ⅰ　供託金（供託有価証券）払渡請求書又は供託振替国債払渡請求書（供託規則22条1項）
　　　Ⅱ　供託書正本（注3）
　　　Ⅲ　印鑑証明書（作成後3か月以内のもの）（供託規則26条）
　　　Ⅳ　資格証明書（供託者が会社・法人の場合，作成後3か月以内のもの）（供託規則27条）
　　　Ⅴ　変更証明書（本店・商号・住所・氏名に変更がある場合）（供託規則25条）
　　　Ⅵ　委任状（代理人が申請する場合）（供託規則27条）

⑤振替国債の場合には，請求者の指定する口座管理機関の請求者名義の口座に増額の記録がされ，有価証券の場合には，日本銀行で受領することになります。金銭の場合には，小切手で受領するか又は請求者の口座に振り込まれることになります。

（注1）
　新たな供託の供託書の「供託の原因たる事実」欄に，①従前の供託の供託番号（ただし，新たな供託をした供託所と従前の供託所が異なるときは，「従前の供託所」も表示する必要があります。）及び②差替えによる供託である旨を明らかにする必要があるほかは，一般の供託手続に準じます。

（注2）
　振替申請の手続をしてから供託所の口座への振替が完了するまでに，

数日を要する場合がありますので,供託者にはすぐに手続をしていただく必要があります。

（注3）
　新たな供託をした供託所と従前の供託所が異なるときは,供託者は,払渡請求書に新たな供託書正本（写しとともに提出し,原本還付の手続が可能。）又は供託証明書を添付する必要があります。しかし,同一の供託所の場合は,払渡請求書の備考欄に「新たな供託の供託番号及び差替えによる取戻しである」旨を記載することにより,供託所の内部手続によって新たな供託が確認できることから,当該供託書正本の添付は不要となります。

5　おわりに

　補足として,今回の事案では振替国債の償還期が既に到来し,償還金が代供託として金銭供託となっていましたので関係ありませんでしたが,振替国債の払渡請求において,その償還期限の8営業日（日銀の）前を経過しているときは,その払渡しを請求することができない（供託規則23条の2）ので注意が必要です。

【参考文献】
立花宣男（監）・福岡法務局ブロック管内供託実務研究会編「実務解説　供託の知識167問」（日本加除出版,2006）

事例 13 │ 執行供託における根拠条項の考え方について

1 はじめに

　会社の従業員の給与債権について，次の順で差押命令が送達されたので，供託したいとの相談がされた場合，供託する際の根拠条項はどう記載すればよいでしょうか。供託申請の仕方も含めつつ，検討していきたいと思います。
　なお，本稿中意見にわたる部分は私見であることをあらかじめお断りします。

【問　題】
差押えの内容等
従業員の給与額24万円，法定控除額4万円
① 　強制執行による差押え：法定控除後の残額の4分の1（ただし，前記残額が44万円超のときは，その残額から33万円を控除した額）のうち，差押えに満つるため2万円
② 　滞納処分による差押え：国税徴収法（以下「徴収法」という。）76条1項各号に掲げる金額を除いた額（10万円）のうち毎月9万円。ただし，9万円に満たない場合は，徴収法76条1項各号に掲げる金額を除いた額

2 差押えの競合及び差押効の拡張について

　まず，金銭債権に対し複数の差押えがされたときに検討すべき，差押えの競合及び差押えの拡張について考えてみます。
　差押えの競合とは，同一の金銭債権に対して，二以上の差押え又は仮差押えの執行がされた場合において，差押金額の合計額が差し押さえられた債権

額を超える場合をいいます。

また，差押効の拡張とは，債権の一部差押えがされた場合において，その残余の部分を超えて差押えがされて競合が生じた場合や，又は債権の全部に差押えがされた場合において，その債権の一部について差押えがされて競合が生じたとき，そのいずれの一部差押え等の効力もその債権の全部に及ぶことをいいます（民事執行法（以下「民執法」という。）149条）。

例えば下記事例1の場合，100万円の債権について，80万円の強制執行による差押えがされ，続いて50万円の滞納処分による差押えがされると，差押えが競合することになります。

【事例1】　債権額100万　　　　　　　　　　　（円は省略，以下同じ）

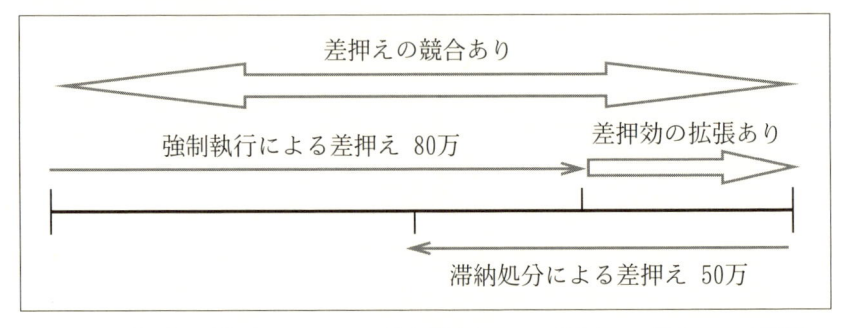

```
          ←―――― 差押えの競合あり ――――→

  ――――― 強制執行による差押え 80万 ―――→  差押効の拡張あり →
  |―――――――――――――――――――――――――|
                        ←― 滞納処分による差押え 50万
```

なお，差押効の拡張において，強制執行による差押えの効力は100万円の全部について及ぶことになり，差押効の拡張が生じますが，もう一方の滞納処分による差押えについては，差押効の拡張は生じません。この理由として，強制執行による差押えの場合には，強制執行が先行する場合に滞納処分も含めて配当手続を行う必要があることなどの理由から差押効の拡張が生じるためとされています。一方，滞納処分による差押えについては，滞納処分によって徴収される租税債権は，実体法上私的債権に優先する関係にあり（徴収法8条，地方税法14条），例えば，滞納処分が先行するときは，後行の強制執行による差押えの存在に関係なく取立てができる（滞納処分と強制執行等との手続の調整に関する法律（以下「滞調法」という。）逐条通達20条の6関係1の注1）などの優先性があることから，差押効の拡張を認める必要がないことからとさ

れています。なお，この事例においては，強制執行が先行していることから，滞納処分も含めて配当手続を行う必要があるなどの理由から，差押えの全額100万円を供託しなければならず，根拠条項は滞調法36条の6第1項となります。

3　執行供託における差押えの競合について

次に給与債権について，滞納処分による差押えと強制執行による差押えがされた執行供託の事例について考えてみます。下記の事例2で，法定控除差し引き後の給与債権20万円に対し，強制執行による5万円の差押えがされ，続いて，滞納処分による3万円（徴収法76条の規定に基づく差押禁止額を控除した額）の差押えがされた場合，第三債務者は滞調法36条の6第1項及び民執法156条1項により5万円を供託する場合が多いかと思われます。

【事例2】　法定控除後の給与総額20万

差押えの内容
①　強制執行による差押え：法定控除後の残額の4分の1（ただし，前記残額が44万円超のときは，その残額から33万円を控除した額）である5万円
②　滞納処分による差押え：徴収法76条1項各号に掲げる金額を除いた額（17万円）である3万円

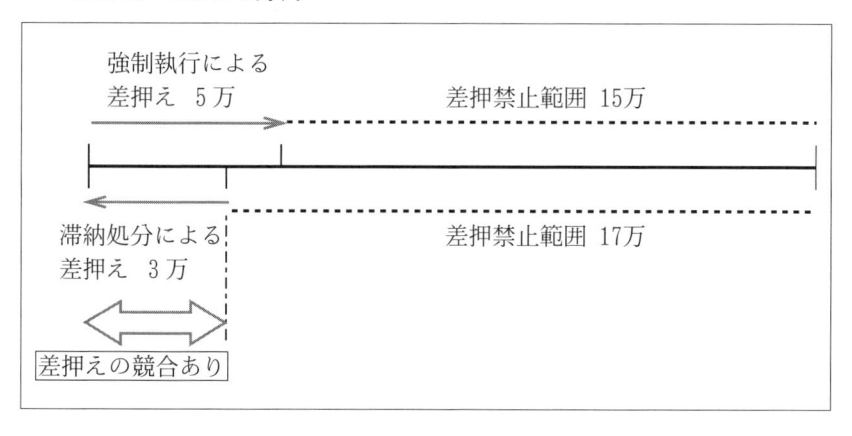

```
強制執行による
差押え　5万　　　　　　差押禁止範囲　15万
─────────────→├──────────────────
├──────────────┼──────────────────┤
←─────────────┤┈┈┈┈┈┈┈┈┈┈┈┈┈┈┈┈┈┈
滞納処分による　　　　　差押禁止範囲　17万
差押え　3万
 ←─→
┌─────────┐
│差押えの競合あり│
└─────────┘
```

95

ここで，先の事例1と異なり，供託の根拠条項は2つを記載することが分かりづらいという方もいるかと思いますが，これは差押えが競合する部分が事例1と2では異なるためです。この解説として，登記インターネット109号104頁以下「供託所の窓」に，「差押えが競合する部分とは，それぞれの差押禁止範囲を除いた部分であり，差押可能額について強制執行と滞納処分のどちらが多い場合であっても，その重なる部分のみが競合しており，差額の部分については，片方の差押えのみが及んでいると解するのが妥当であろう。」とあり，さらに，「そして，滞調法が強制執行と滞納処分の調整を定めた法律であることから，20条の6第1項の場合であっても，36条の6第1項の場合であっても，その対象となるのは，強制執行と滞納処分の差押可能額の重なる部分のみで競合すると考えるべきであろう。」との記述がされています。

　つまり，事例1で供託の根拠条項が1つしか記載されない理由は，両差押えの差押禁止範囲が同一（差押禁止範囲がない）であるため，それぞれ差押えの可能額は100万円と同一であり，かつ，差押えの競合により強制執行による差押部分につき差押効の拡張があるため（ただし，滞納処分による差押部分については差押効の拡張はない。），滞調法36条の6第1項のみが供託の根拠条項となるためです。なお，事例1では，供託をしなくてはならない（義務供託）事案となります。

　一方，事例2では両差押えの差押禁止範囲が異なっており，2つの差押え禁止範囲を除いた3万円については差押えが競合しており，滞調法36条の6第1項で供託をしなければならない（義務供託）部分ですが，残りの2万円については，民執法156条1項により供託することができる（権利供託）部分となっていることから，差押えに係る全額を供託する場合は，根拠条文を併記する必要があるといえます。

4　民執法156条1項と156条2項の供託

　事例2と同様の問題は，執行供託において，扶養料に基づく差押えと強制執行による差押えとが競合する場合にも当てはまります。下記の事例3につき差押えの全額を供託する場合の根拠条項は，民執法156条1項と156条2項とを記載しますが，これは2つの差押えの禁止範囲を除いた部分である5万円が差押えの競合が生じており（こちらは民執法156条2項の義務供託部分），競合しない5万円（こちらは民執法156条1項の権利供託部分）と併せて供託する場合は，法令条項を併記することになります。

【事例3】　法定控除後の給与総額20万

差押えの内容
　①　強制執行による差押え：法定控除後の残額の4分の1（ただし，前記残額が44万円超のときは，その残額から33万円を控除した額）である5万円
　②　扶養料に基づく差押え：法定控除後の残額の2分の1（ただし，前記残額が66万円超のときは，その残額から33万円を控除した額）である10万円

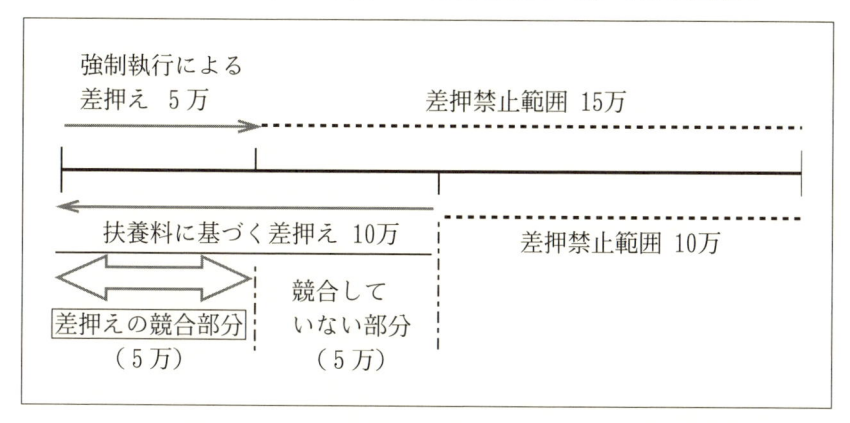

```
　　強制執行による
　　差押え　5万　　　　　差押禁止範囲　15万
  ───────────→
  ├─────────┼─────────────┤
  ←─────────────
  　　扶養料に基づく差押え　10万　　　差押禁止範囲　10万
  ⇔
  差押えの競合部分　競合して
  　（5万）　　　　いない部分
  　　　　　　　　　（5万）
```

　なお，扶養差押えと強制執行差押えが競合する場合，常に根拠条項は併記されるものではなく，差押えの対象となる給与から法定控除額を除いた額が66万円以上となる場合には，両差押えの差押禁止範囲は同じとなるため，この場合の供託の根拠条項は民執法156条2項のみを記載することになります。

5 問題の事案について

　ここで，はじめに掲げた問題について，供託申請はどのようにすべきでしょうか。先に述べた差押えの競合及び差押効の拡張の考え方から，差押えが競合する部分は，それぞれの差押禁止範囲を除いた部分である，強制執行の差押えが可能な額の5万円部分となります。また，強制執行による差押額は2万円ですが，差押効の拡張により，強制執行による差押可能額の5万円全部に差押えの競合が生じます。なお，差押えの競合が発生していない滞納処分による差押えのみに係る部分は4万円となります。よって，滞納処分による差押えのみに係る競合していない4万円は滞納処分庁に直接払うこととなり，強制執行による差押えの額は2万円ですが，差押えの競合があり，差押効の拡張が生じているため，強制執行による差押え可能額の5万円部分は，滞調法36条の6第1項で供託しなければならない部分となると考えられます。

【事例4】 法定控除後の給与総額20万

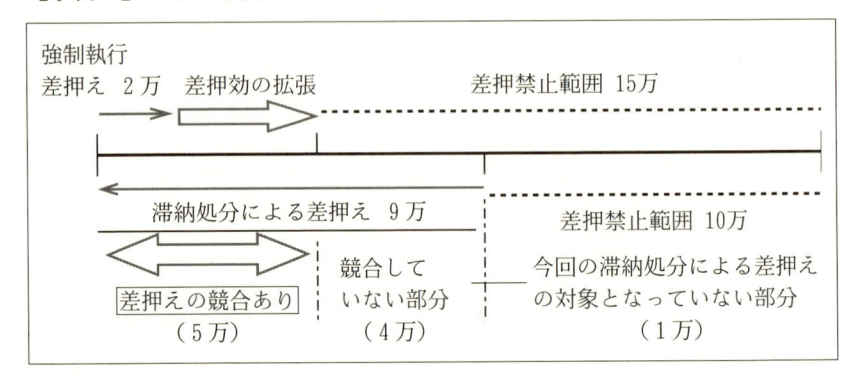

```
強制執行
差押え 2万    差押効の拡張         差押禁止範囲 15万
  ───▶ ━━━━▶    ┄┄┄┄┄┄┄┄┄┄┄┄┄┄┄┄
◀───────────────────────────────────────────▶
◀───────────────────────
   滞納処分による差押え 9万          差押禁止範囲 10万
  ◀━━━━▶      競合して       今回の滞納処分による差押え
  差押えの競合あり  いない部分    の対象となっていない部分
    （5万）       （4万）            （1万）
```

【参考資料】

　本文に掲げたもののほか，

立花宣男（監）・福岡法務局ブロック管内供託実務研究会編「実務解説　供託の知識167問」（日本加除出版，2006）Q73

事例13　執行供託における根拠条項の考え方について

登記インターネット81号14頁以下
立花宣男編著「全訂　執行供託の理論と実務」（きんざい，2012）182頁以下

事例 14 預金債権に対する差押えに基づく執行供託について

1 はじめに

　これまでは，供託といえば地代・家賃の弁済供託が多くの割合を占めていましたが，近年の社会情勢を反映して，執行供託の割合が増加している状況にあります。その中でも，給与債権の差押えや地代・家賃の賃料債権の差押えが事案としては大半を占めますが，最近では，預金債権を被差押債権とする執行供託も多く見受けられるようになりました。
　そこで，最近相談のあった事案を基に，銀行を第三債務者，預金者を債務者として差し押さえられた預金債権の供託について検討してみたいと思います。

2 事案の概要

　第三債務者である銀行から，預金債権に対する差押命令が相次いで送達されたため，供託をしたいとの相談がありました。なお，元本債権については，定期的に預金口座へ入金されるため，差押命令送達日によって変動するということでした。

平成21年3月10日　預金残高100万円
平成21年3月15日　差押債権者　甲　差押債権額60万円とする差押命令①送達
平成21年3月20日　10万円入金（預金残高110万円）
平成21年3月25日　差押債権者　乙　差押債権額70万円とする差押命令②送達

3　供託申請についての検討

(1) 預金債権に対する差押えの効力の及ぶ範囲について

　預金債権に対する差押えの効力は，差押命令が第三債務者である銀行に送達された時点で，そのとき存在する預金について及ぶとされ（民事執行法（以下「民執法」という。）145条4項），差押命令送達後に入金されたもの，すなわち将来債権には及ばないと解されています。

　したがって，差押命令の第三債務者への送達と預金口座への入金という日付の前後によって差押えの効力の及ぶ範囲に差異が生じることになります。

　本件では，差押命令①は，当初の預金債権である100万円のうち差押債権額の60万円にその効力を及ぼしています。差押命令②の効力は，平成21年3月20日に①の送達日の後に入金された10万円についても及ぶことになりますが，差押命令①の効力は，入金された10万円にまで及ぶことはありません。

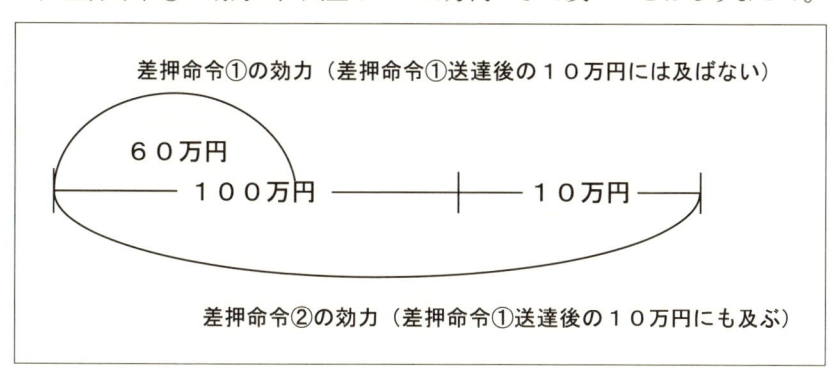

```
差押命令①の効力（差押命令①送達後の10万円には及ばない）
            60万円
    ├─────100万円─────┼─── 10万円 ───┤
差押命令②の効力（差押命令①送達後の10万円にも及ぶ）
```

(2) 元本債権に対する差押えの効力が利息債権に及ぶ範囲について

　次に，元本債権である預金債権から発生する利息債権に対する差押えの効力について，検討してみることとします。

　差押えの効力については，元本債権だけではなく，従たる債権である利息債権にも及ぶと解されていることから，差押命令送達後に発生する利息にも及ぶことになります。しかし，利息債権は元本債権とは別の独立した債権で

あるため，差押命令の送達前に発生した既発生の利息にまでは，当然には及びません。

ここで一つ注意しておかなければならないことが，民執法第149条前段に規定されている「差押効の拡張」です。規定によれば，債権の一部が差し押さえられ，又は仮差押えの執行を受けた場合，その残余部分を超えて差押命令が発せられたときには，各差押え（仮差押え）の効力は，その債権全部に及ぶこととされています。

元本債権である預金債権に対する差押えの効力は，上記(1)のとおりであり，差押命令①の効力が，その送達日以降に入金された10万円にまで及ぶことはありません。しかし，「差押効の拡張」により，差押えの効果は差押命令①が送達された以降に入金された10万円にも及ぶことになるため，差押命令が競合した平成21年3月25日以降に発生した利息についても，その効力が及ぶことになります。

これを本件に当てはめてみると，差押命令①の効力は，その送達日から供託日までの差押債権額の60万円に対する預金利息にその効力を及ぼしています。その後，差押命令②の送達により差押えの競合が生じていますが，これについては，差押命令①の差押債権額である60万円に対する，その差押命令送達日から平成21年3月24日までの利息(ア)，及び10万円の入金後の預金残高110万円に対する差押えの競合時である平成21年3月25日以降から供託日までの利息(イ)について，差押えの効力が及ぶと解されますので，預金残高110万円と利息(ア)及び(イ)の合計額を供託させるものとするとされています。

なお，預金残高110万円及び(イ)の利息の合計額について供託の申請があった場合にも，受理して差し支えないとされています。

また，預入日から先行する差押命令送達日までの既発生利息を含んだ供託申請についても，民執法第156条第1項及び第2項を根拠として申請があった場合には受理して差し支えないとされています。

これは，第三債務者に2度に分けて免責行為（差押えの効力の及んでいる部分を供託し，又は差押債権者に支払い，差押えの効力の及んでいない残部を執行債務者に支

払う）をしなければならなくなるという不利益を回避させるためであると考えられます。この場合の供託がなされたときは，差押えの効力の及んでいない既発生利息の供託部分は，弁済供託の性質を有するものであるため，執行裁判所の配当原資とはならず，執行債務者が払渡請求をすることになります。

(3) 供託書の記載について

上記(1)のとおり，平成21年3月20日に入金された10万円分に対しては，差押命令②の効力しか及ばないとすれば，10万円分の供託は義務供託ではなく権利供託であり，供託書に記載すべき法令条項は「民事執行法第156条第1項及び第2項」となります。

また，供託の原因たる事実欄の記載については，裁判所が配当手続をする上で差押えの効力を判別できるようにするために，それぞれの差押命令が第三債務者に送達された年月日とともに，差押命令送達後に当該預金口座に入金がされた金額に変更が生じた年月日と入金額を明記しておく必要があると思われます。

4 おわりに

実際の事案としては，第三債務者である銀行に対し差押命令が20件以上送達され，また，入金も定期的に10回以上繰り返されている事案でした。預金債権の差押えについては，差押命令の効力がどの範囲で利息に及ぶかについて，別の角度から検討するよい機会であったと思います。

【参考文献】

立花宣男（監）・福岡法務局ブロック管内供託実務研究会編「実務解説　供託の知識167問」（日本加除出版，2006）

登記インターネット6巻5号

遠藤浩ほか編「供託先例判例百選〔第二版〕（別冊ジュリスト158号）」（有斐閣，2011）

立花宣男編著「全訂　執行供託の理論と実務」（きんざい，2012）

事例15 銀行預金に付する差押えの執行供託を受理するには

1 はじめに

　民事執行法に基づく供託は、供託事件総数が減少傾向の中で、近年の不況を反映してか増加傾向にあり、また供託の内容も複雑化してきております。

　今回はその中で、金融機関が有している預金（以下、「銀行預金」という。）を差押えの対象とした執行供託について考えてみたいと思います。

　銀行預金に対して送達された差押命令に基づき、供託をする場合、一般的な債権（例えば売掛金等）では考慮しない事項にも注意しながら受理しなければなりません。

　銀行預金は、通常、普通預金であれば預けている人が自由に出入金を行えるので、そのたびに元金に変動が生じます。差押命令が送達された後は、その差押えの効力が及ぶ範囲で出金の制限を受けることとなりますが、その効力の及んでいない預金に関しては、差押命令送達後も自由に出金することができます。

　さらに、銀行預金は、銀行のお客様に対する「債務」であるため、一定期間預け入れをしていれば利息が発生するものがほとんどです。

　これらのことを考えながら、供託申請を受理する上で以下の点に注意する必要があります。

(1)　差押えの効力は、差押命令送達時の預金残高元金とそれ以後に発生する利息に対しても及ぶ。
(2)　差押命令送達時前に発生した利息（以下、「既発生利息」という。）については、原則差押えの効力は及ばない。ただし、差押命令書に預金債権とともに既発生利息についても差し押さえる旨の記載があれば差押えの効力が及ぶ。

(3) 差押えが競合した場合，各差押えの効力がその債権全部（利息も含む。）に及ぶ（拡張効）。
(4) 差押え後に入金された預金には，既に送達された差押えの効力は及ばず，各差押命令送達時の預金残高についてのみ差押えの効力が及ぶ。
(5) 第三債務者である銀行の事務手続により，預金債権を普通預金口座から別段預金口座に移し替えたとしても差押えの効力に影響はない。
((1)～(5)の注意点も含めて，債権執行の差押えの効力発生時期，範囲等については，民事執行法143条から158条までを参照してください。)

以上の点に注意しながら，具体的事例をあげて検討してみます。

なお，本稿中意見にわたる部分は私見であることをあらかじめお断りします。

2　事　例

丙が甲銀行株式会社に有している銀行預金債権に対して，横浜地方裁判所から強制執行に基づく差押命令が送達されました。甲銀行株式会社は，差押命令に基づき出金の制限をかけるため，差押命令送達時の預金残高を普通預金口座から別段預金口座に移し替えています。その後，丙の普通預金口座への入金と差押命令の送達が下記のように繰り返され，現在の預金残高は金300万円（元金）となっています。また，預金債権には最初に預け入れされた時から現在まで利息が発生しています。

このような状況で，どのような供託をするのが相当でしょうか。

差押えの表示（概略）
①債権者　A　　　　　　　　　②債権者　B
　債務者　丙　　　　　　　　　　債務者　丙
　第三債務者　甲銀行株式会社　　第三債務者　甲銀行株式会社
　請求債権額　金100万円　　　　請求債権額　金200万円

差押債権額　金100万円　　　　差押債権額　金200万円
　　送達年月日　平成22年2月1日　　送達年月日　平成22年3月1日

③債権者　C
　債務者　丙
　第三債務者　甲銀行株式会社
　請求債権額　金200万円
　差押債権額　金200万円
　送達年月日　平成22年4月1日
　既発生利息についても併せて差し押さえる旨あり

預金債権の変動経過
　①差押命令送達時　金100万円（平成22年1月1日に入金）
　②差押命令送達時　金200万円（平成22年2月15日に金100万円入金）
　③差押命令送達時　金300万円（平成22年3月15日に金100万円入金）

預金債権に対する利息の発生状況
　①平成22年1月1日入金の元金に対する利息
　　金40円（前記①の差押当時の既発生利息10円）
　②平成22年2月15日入金の元金に対する利息
　　金25円（前記②の差押当時の既発生利息5円）
　③平成22年3月15日入金の元金に対する利息
　　金15円（前記③の差押当時の既発生利息5円）
　　　　　　　　　　　　　　　　　　合計　金80円

　以上の事例について，元金と利息の内訳を別紙1に図示したので，前記注意点(1)～(5)を踏まえながら，それぞれの差押えの効力が及ぶ範囲を確認します。

①の差押命令は，2月1日に送達されているので，元金（あ）と送達時以降に発生した利息30円（イ，ウ，エ）に効力が及ぶ。既発生利息10円（ア）には及ばない。

②の差押命令は，3月1日に送達されているので，元金（あ），（い）と①，②の差押命令送達時以降に発生した利息50円（イ，ウ，エ，カ，キ）に効力が及ぶ。元金（あ）の既発生利息10円（ア）と元金（い）の既発生利息5円（オ）には及ばない。

③の差押命令は，4月1日に送達されているので，元金（あ），（い），（う）と①，②，③の差押命令送達時以降に発生した利息60円（イ，ウ，エ，カ，キ，ケ）に効力が及ぶ。また，③の差押命令については，既発生利息を押さえる旨明示されているため，元金（あ）の既発生利息10円（ア），元金（い）の既発生利息5円（オ），元金（う）の既発生利息5円（ク）についても効力が及ぶ。

（なお，東京地方裁判所の配当実務では，②の差押命令の効力は，利息（イ）には及ばないと解されているようです。）

3　供託の原因たる事実欄について

以上をもとに，供託を申請する際の記載例を別紙2のとおり作成しました。

記載例の作成にあたっては，今回の事例にかかわらず，どのような事案に対しても使用することが可能となるよう，文章は極力簡素化し，競合関係を明確にするため預金残高，利息については図に表した上で記載するのが良いと考えました。

4　法令条項について

供託申請の際，法令条項の記載が必要となりますが，今回の場合，1月1

日及び2月15日に入金された元金及び差押命令送達後に発生した利息については，差押えが競合しているため民事執行法156条2項が適用となります。

これに対して3月15日に入金された元金及び差押命令送達後に発生した利息については③の差押えの効力しか及んでいないので民事執行法156条1項が適用になります。

また，既発生利息については，原則的に，差押えの効力が及ぶことはありませんが，③の差押えについては，その利息についても差し押さえる旨明示されているため差押えの効力が及びます。ただし，効力の及ぶ差押えは③の差押えのみであるため，これを供託する場合は民事執行法156条1項が適用されることになります。

したがって，今回の事案に関しての法令条項は，「民事執行法156条1項2項」とする必要があります。

なお，既発生利息を押さえない差押えが競合した場合，民事執行法156条1項を併記することにより既発生利息も併せて供託することは可能ですが，この場合，既発生利息については弁済供託の性質をも有することになるため，供託書被供託者欄に記載を要します。

5　おわりに

今回は，強制執行の差押えの競合のみを事例として扱いましたが，滞納処分による差押えや仮差押命令が競合する申請もあります。また，差押命令が第三債務者である銀行等に送達されると，その預金を別段預金口座に移し替えて，それ以後その元金には利息を付さないとする金融機関もあります。さらに，差押えの効力の及ぶ範囲外の預金が出金してしまう場合も想定されます。このような場合でも，差押えの及ぶ範囲等に注意すれば基本的な考え方はほとんど変わりはないと思います。

なお，それぞれの元金及びそれについて発生している利息について，民事執行法149条の解釈によって若干差押えの効力の範囲が相違する場合もあり

ますが，それぞれの元金の入金日及び利息の発生日を供託書に明記することにより，裁判所で競合関係を把握できるため問題は少ないかと思います。

【参考文献】
門田稔永「銀行預金に対して一部差押えが競合した場合の供託すべき時期および利息の範囲」法務省民事局第四課職員編「供託実務相談　執行供託を中心として」(商事法務研究会，1990) 98頁
園部厚「銀行預金に対して差押え等が競合した場合の供託」別冊ジュリスト「供託先例判例百選〔第二版〕(別冊ジュリスト158号)」(有斐閣，2001) 94頁
東京地方裁判所民事執行センター「債権執行書記官室の紹介(その3) 債権配当係(上)」金融法務事情1852号(きんざい) 44頁

事例15　銀行預金に付する差押えの執行供託を受理するには

別紙1

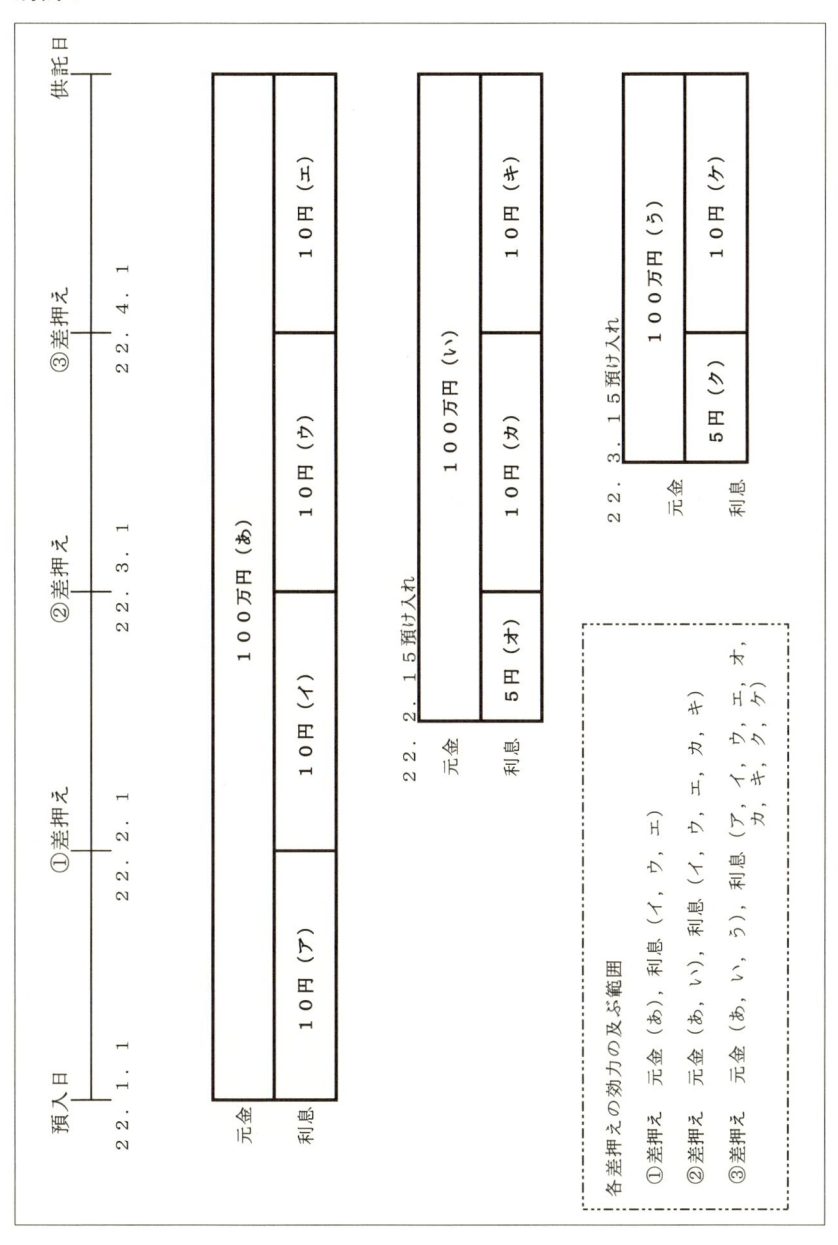

預入日	①差押え	②差押え	③差押え	供託日
22.1.1	22.2.1	22.3.1	22.4.1	

元金　100万円（あ）

元金	10円（ア）	10円（イ）	10円（ウ）	10円（エ）
利息				

22.2.15預け入れ　元金100万円（い）

元金		5円（オ）	10円（カ）	10円（キ）
利息				

22.3.15預け入れ　元金100万円（う）

元金			5円（ク）	10円（ケ）
利息				

各差押えの効力の及ぶ範囲
①差押え　元金（あ）、利息（イ、ウ、エ）
②差押え　元金（あ、い）、利息（イ、ウ、エ、カ、キ）
③差押え　元金（あ、い、う）、利息（ア、イ、ウ、エ、オ、カ、キ、ク、ケ）

111

別紙2

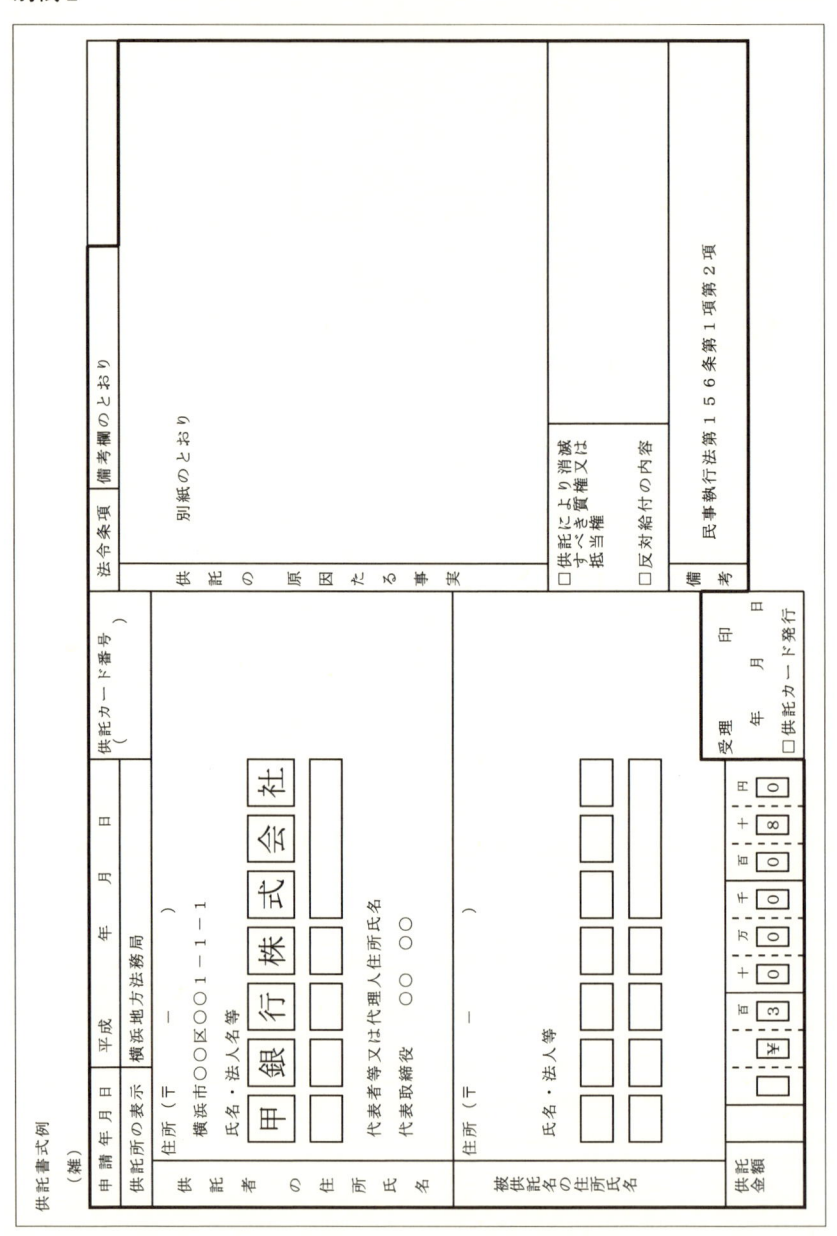

供託書式例
(雑)

申請年月日	平成　　年　　月　　日	供託所の表示	横浜地方法務局	供託カード番号（　　　）

供託者の住所氏名
- 住所（〒　　－　　）横浜市○○区○○1-1-1
- 氏名・法人名等　甲銀行株式会社
- 代表者等又は代理人住所氏名　代表取締役　○○　○○

被供託者の住所氏名
- 住所（〒　　－　　）
- 氏名・法人等

供託金額	￥	百	十	万	千	百	十	円
		3	0	0	0	0	8	0

法令条項：別紙のとおり
備考欄のとおり

供託の原因たる事実

□供託により消滅すべき質権又は抵当権
□反対給付の内容

備考：民事執行法第156条第1項第2項

受理　印
年　月　日
□供託カード発行

事例15　銀行預金に付する差押えの執行供託を受理するには

(継続用紙)

供託者は、横浜市○○区○○５-５-５・丙に対して普通預金債務金３,０００,０００円を負っているところ（支払場所・甲銀行株式会社○○支店・横浜市○○区所在）、これについて下記差押命令が相次いで送達されたので、債権の全額に相当する金３,０００,０００円と預入日までの利息金８０円、合計金３,０００,０８０円を供託する。
なお、預入日から供託日までの預金残高の経緯、付利の状況は別紙記載のとおりである。

差押の表示

① 横浜地方裁判所　平成２２年（ル）第１号
　債権者名　横浜市○○区○○２-２-２　A
　債務者名　横浜市○○区○○５-５-５　丙
　差押債権命令、請求債権額　金１,０００,０００円、差押債権額　金１,０００,０００円
　送達年月日　平成２２年２月１日

② 横浜地方裁判所　平成２２年（ル）第２号
　債権者名　横浜市○○区○○３-３-３　B
　債務者名　横浜市○○区○○５-５-５　丙
　差押債権命令、請求債権額　金２,０００,０００円、差押債権額　金２,０００,０００円
　送達年月日　平成２２年３月１日

③ 横浜地方裁判所　平成２２年（ル）第３号
　債権者名　横浜市○○区○○４-４-４　C
　債務者名　横浜市○○区○○５-５-５　丙
　差押債権命令、請求債権額　金２,０００,０００円、差押債権額　金２,０００,０００円
　送達年月日　平成２２年４月１日
　既発生利息についても併せて差し押さえる旨あり

113

(別紙　継続用紙)

(預入日から供託日までの預金残高の経緯)

預入年月日	入金額	
平成22年1月1日	￥1,000,000円	(あ)
平成22年2月15日	￥1,000,000円	(い)
平成22年3月15日	￥1,000,000円	(う)
合計	￥3,000,000円	

(付利状況)

	(あ)	(い)	(う)
平成22年1月1日から平成22年1月31日までの利息	￥10円		
平成22年2月1日から平成22年2月28日までの利息	￥10円	￥5円	
平成22年3月1日から平成22年3月31日までの利息	￥10円	￥10円	￥5円
平成22年4月1日から供託日までの利息	￥10円	￥10円	￥10円
各元金に対する利息の合計	￥40円	￥25円	￥15円

事例 16 賃料債権に対する差押えに基づく執行供託と相殺について

1 はじめに

　賃借人が賃貸人に対して債権を持っている場合に，賃料債権と相殺適状にあるときは，賃借人は当該債権と賃料債権とを相殺することができますが，この賃料債権について差押えがされた場合に，賃借人が民事執行法第156条により第三債務者として供託するに当たって，相殺した後の金額で供託申請が可能なのか，事案ごとに整理し検討してみたいと思います。
　なお，意見にわたる部分は私見であることをあらかじめお断りしておきます。

2 相殺について

　相殺とは，債権者と債務者とが相互に同種の債権・債務を有する場合に，その債権と債務とを対等額において消滅させるもので，相殺が認められる趣旨は，当事者相互間の履行手続の簡略化，債権担保的機能の保護並びに公平にあるといわれています。
　そして，相殺をなし得るためには民法第505条による次の要件を具備し相殺適状になっていることを要します。また，相殺の方法は当事者の一方から相手方に対する意思表示によって行い，相手方の同意を要せず，一方的な意思表示だけで両債権の消滅という効果が発生します（民法第506条第1項）。

(1) 対立する債権が存在すること

　相殺の意思表示をなす者の債権を「自働債権」，相手方の債権を「受働債権」といい，当事者間において相対立する債権があることが必要です。

115

賃貸借の関係では、賃借人が賃貸人に対して有している貸金債権等を、賃貸人の賃料債権と相殺する場合、貸金債権等を「自働債権」、賃料債権を「受働債権」といいます。

(2) 双方の債権が同種の目的を有すること
　原則として金銭債権又は代替物を目的とする種類債権に限られますが、目的が同種であることを必要とするだけで、原因や額の同一性、履行期・履行地の同一性は必要とされていません。

(3) 双方の債権が弁済期にあること
　判例・通説によれば、相殺をなすには、自働債権は必ず弁済期にあることを要しますが、受働債権については必ずしも弁済期にある必要はありません。その理由として、自働債権の弁済期前に相殺を許すと、相手方に弁済期前に弁済を要求してこれを実現させる結果となって不当となりますが、受働債権は弁済期前でも、債務者自らが期限の利益を放棄して相殺できるからです。
　ただし、賃料の弁済供託手続において、賃借人は将来の賃料債務については期限の利益を放棄して供託できないとされていますから（昭和37年5月31日民事甲第1485号民事局長認可・先例集(3)109頁）、賃借人が賃貸人の賃料債権を受働債権として相殺して供託するには、賃料の支払期限が到来していることが必要でしょう。

(4) 双方の債権が有効に存在すること
　自働債権及び受働債権が有効に存在しなければならず、一方の債権が不存在又は無効であるときは相殺も無効となります。

(5) 相殺を許す債務であること
　債務の性質が相殺を許すものでなければならず（民法第505条第1項ただし

書),例えば,不作為債務や労務の提供を目的とする「なす債務」は,その性質上相殺できません。

3 賃料債権に強制執行による差押えがされた場合の相殺について

(1) 第三債務者が差押命令送達後に自働債権を取得した場合

差押命令の送達を受けた後,賃借人(第三債務者)が賃貸人(差押債務者)に対して債権(貸金債権,修繕代金等)を取得し,これを自働債権として賃料と相殺しても,民法第511条により差押債権者に対して対抗することはできません。この場合に相殺を認めてしまうと,差押制度の実効性を失わしめ,差押債権者を害することになるからです。

したがって,相殺した後の金額による供託申請はできません。

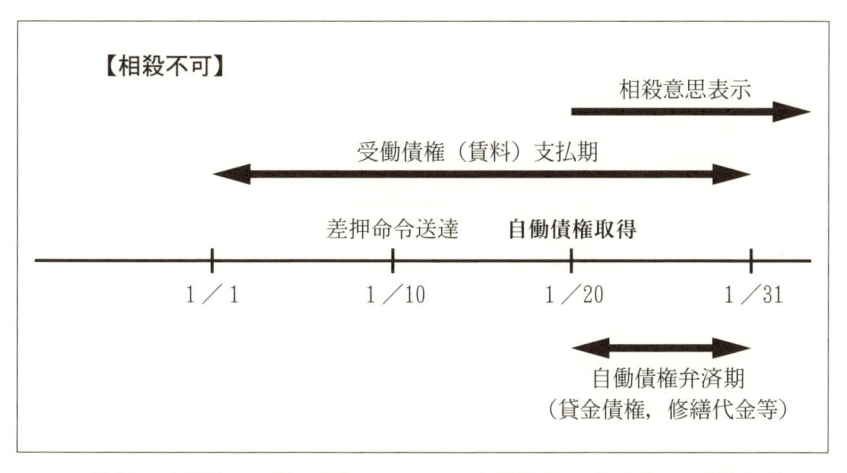

```
【相殺不可】
                                            相殺意思表示
                                          ────────→
                ←──── 受働債権(賃料)支払期 ────→
                    差押命令送達  自働債権取得
        ├──────┼──────┼──────┼──────┤
        1/1      1/10     1/20     1/31
                                   ←──→
                                 自働債権弁済期
                                (貸金債権,修繕代金等)
```

※ 賃料の支払期は「毎月末日まで」,自働債権の弁済期は受働債権(賃料)の支払期中に到来すると仮定します(以下各ケースについて同じ)。

(2) 第三債務者が差押命令送達前に自働債権を取得している場合

差押命令送達前に,賃借人(第三債務者)が賃貸人(差押債務者)に対する自働債権を取得している場合は,最大判昭45・6・24(民集24巻6号587頁)では,

「第三債務者は，自働債権が受働債権の差押え後に生じたものでないかぎり，自働債権及び受働債権の弁済期の前後を問わず，無制限に相殺適状に達しさえすれば，差押え後においても相殺をなしうる。」と判断しており，これを認めています。

したがって，相殺適状が生じていれば，第三債務者たる賃借人は，相殺した後の賃料相当額により供託することができます。

なお，この場合の相殺の意思表示の相手方は，差押債権者が転付命令を取得していれば，被差押債権の移転を受けた差押債権者であり（最判昭32・7・19民集11巻7号1297頁），差押債権者が取立命令（旧民事訴訟法第602条。ただし現行の民事執行法第155条では，取立権が与えられている。）を取得した場合も，債権の帰属が変わらないにもかかわらず，差押債権者にされた意思表示は有効とされています（最判昭39・10・27民集18巻8号1801頁）。また，その後の判例では，差押債務者に対しても相殺の意思表示ができるとされています（最判昭40・7・20判例タイムズ179号187頁）。

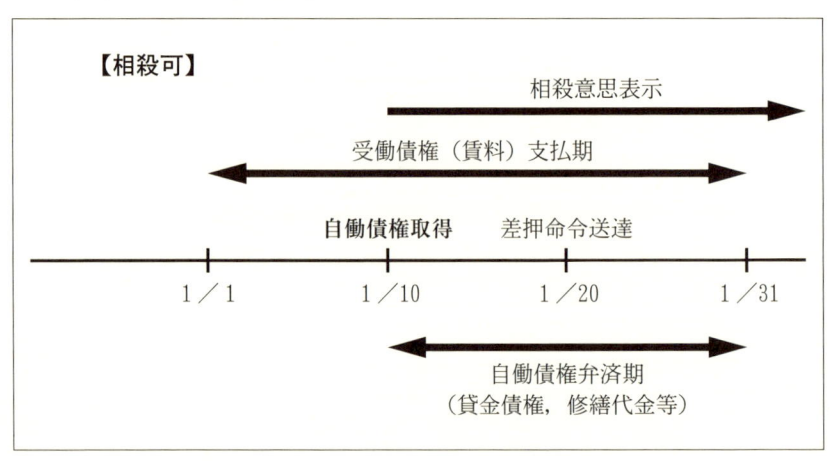

【相殺可】

相殺意思表示

受働債権（賃料）支払期

自働債権取得　差押命令送達

1/1　　　1/10　　　1/20　　　1/31

自働債権弁済期
（貸金債権，修繕代金等）

4 賃料債権に抵当権の物上代位による差押えがされた場合の相殺について

(1) 貸金債権・修繕代金等を自働債権とする相殺の場合

　賃料債権が差し押えられる場合としては，当該賃借物である土地や建物の抵当権者が物上代位権を行使して差し押さえるケースが多いと思われます。

　これについて最三小判平13・3・13（民集55巻2号363頁）では，「抵当権者が物上代位権を行使して賃料債権の差押えをした後は，抵当不動産の賃借人は，抵当権設定登記の後に賃貸人に対して取得した債権を自働債権とする賃料債権との相殺をもって，抵当権者に対抗することはできない。」と判示していますので，抵当権設定登記前に取得した債権を自働債権とする相殺は可能ですが，抵当権設定登記後に取得した債権を自働債権とする相殺は，物上代位に劣後すると解されています。

　したがって，第三債務者たる賃借人は，相殺した後の賃料相当額をもって供託することはできません。

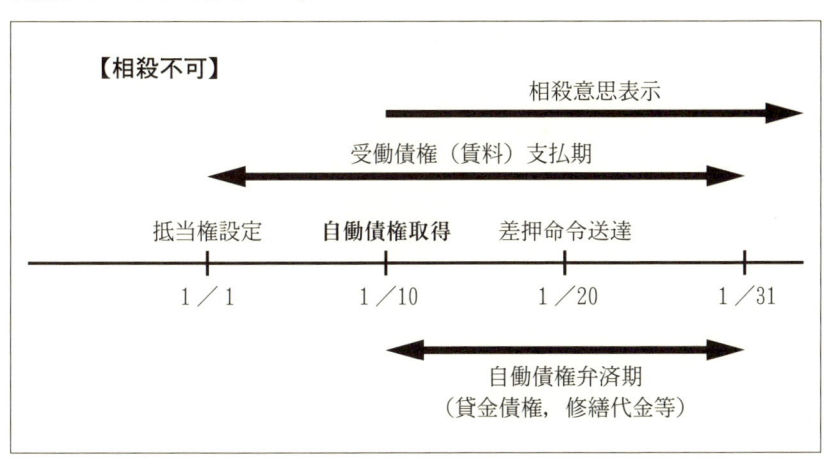

【相殺不可】

抵当権設定	自働債権取得	差押命令送達	
1/1	1/10	1/20	1/31

- 相殺意思表示：1/20 → 1/31
- 受働債権（賃料）支払期：1/10 ← → 1/31
- 自働債権弁済期（貸金債権，修繕代金等）：1/20 ← → 1/31

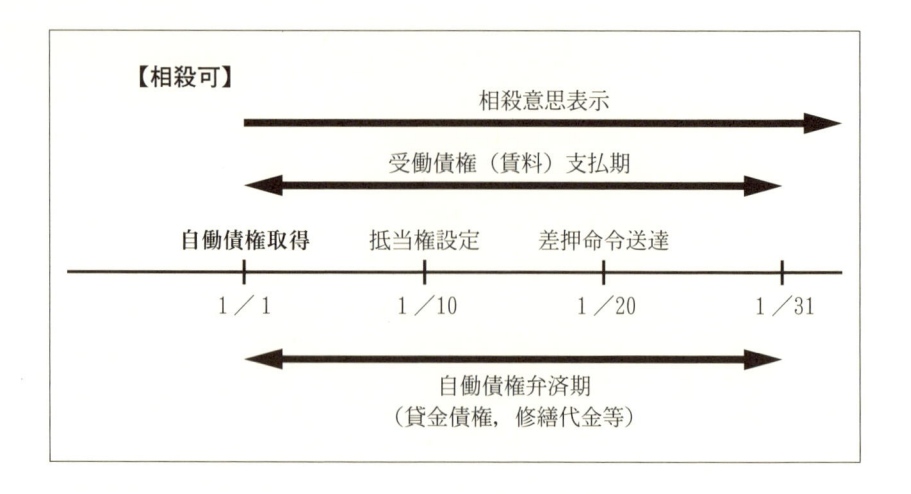

```
┌─────────────────────────────────────────────────────────┐
│ 【相殺可】                                                │
│              ←―――――― 相殺意思表示 ――――――――→              │
│           ←――――― 受働債権（賃料）支払期 ―――――→             │
│                                                         │
│   自働債権取得    抵当権設定    差押命令送達                  │
│   ├―――――――――┼―――――――――┼―――――――――┤              │
│      1／1        1／10        1／20        1／31          │
│           ←――――――――――――――――――――――→                     │
│                  自働債権弁済期                           │
│               （貸金債権，修繕代金等）                       │
└─────────────────────────────────────────────────────────┘

## (2) いわゆる建設協力金を自働債権とする相殺の場合

　建設協力金とは，テナントビル等の賃貸借契約締結時あるいは予約時に，賃貸人が入居予定の賃借人から建設協力金という名目で金銭の預託を受け，当該ビルの建設費に充てるもので，契約期間内に全額償却するリースバック方式を採用し，賃貸人の賃料債権を受働債権，賃借人の預託金返還債権を自働債権として相殺するケースが一般的なものです。

　相殺は，相対立する債権が相殺適状にあり，相手方に相殺の意思表示をすることで相殺の効果が生じますが，建設協力金のケースでは，建物完成前の賃貸借契約時あるいは予約時に，将来発生する賃料と返還する預託金を相殺することを予め当事者間で合意（契約）するもので，相殺の予約がされているものと考えられます。

　そして，相殺の予約について，前記最大判昭45・6・24において，「……この制度によって保護される当事者の地位は，できるかぎり尊重すべきものであって，当事者の一方の債権について差押えが行われた場合においても，明文の根拠なくして，たやすくこれを否定すべきものではない」として，相殺制度の目的，機能を重視すべきことを判示したうえ，差押えの効力は，債務者に被差押債権の処分を禁止するにとどまり，「第三債務者としては，右
```

制約に反しないかぎり、債務者に対するあらゆる抗弁をもって差押債権者に対抗することができるものと解すべきであり、民法第511条は、その文言および前示相殺の制度の本質に鑑みれば、「差押後に発生した債権または差押後に他から取得した債権を自働債権とする相殺のみを例外的に禁止することによって、その限度において、差押債権者と第三債務者の間の利益の調整を図ったものと解するのが相当である。」と判示しており、相殺が認められているところです。

また、建設協力金を募るような建物については、建物完成後抵当権が設定され、賃料債権への差押えはこの設定されている抵当権の物上代位による差押えが多いものと思われます。前記(1)のとおり、自働債権は抵当権設定よりも前に取得していなければなりませんが、建設協力金のケースでは、賃借人は建物完成前に建設協力金を支払うことにより、預託金返還債権を取得しており、また、入居後の毎月の返還額についても合意し予約されるものと解されることから、預託金返還債権と賃料債権を相殺する旨の相殺の予約がされたと考えます。

したがって、抵当権設定よりも前に相殺の予約がされたと解されるので、第三債務者たる賃借人は、相殺適状が生じていれば、相殺した後の賃料相当額をもって供託することができます。

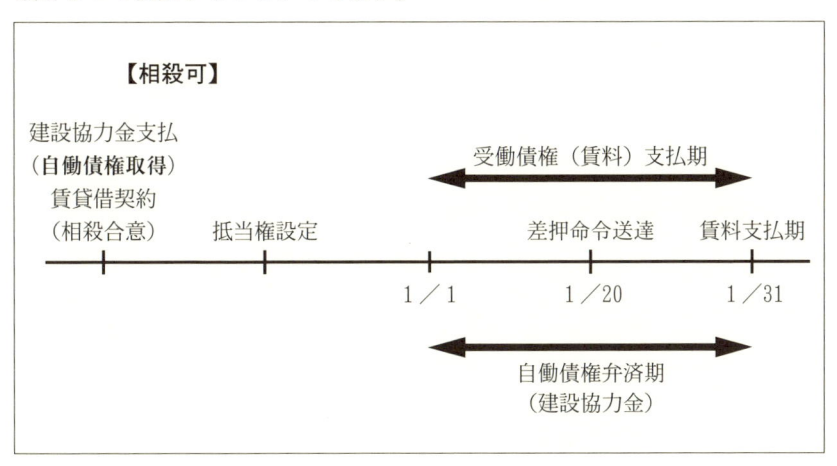

【相殺可】

建設協力金支払
（自働債権取得）
賃貸借契約
（相殺合意）　　　抵当権設定　　　　　　差押命令送達　　賃料支払期
　　　　　　　　　　　　　　1／1　　　1／20　　　1／31

受働債権（賃料）支払期

自働債権弁済期
（建設協力金）

(3) 敷金（保証金）を自働債権として相殺する場合

　敷金は，家賃の滞納や退去時に修理が必要な場合に差し引かれ，賃貸借契約が終了した際には賃借人に返還されるのが一般的で，関東方面では敷金といわれ，関西方面では保証金といわれているようです。

　しかし，この敷金の返還について，テナントビル等で保証金が高額である場合には，敷金返還債権を月々の分割払とし，賃料を受働債権，分割した敷金返還債権を自働債権として相殺するケースもあるようです。この場合の相殺については前記(2)と同様，賃貸借契約の際，賃借人は敷金の支払により敷金返還債権を取得し，その返還方法についても合意することで，相殺の予約がされていると考えます。

　なお，建設協力金のケースとは違い，抵当権設定後の物件について賃貸借契約を締結しているケースも多いと思われます。この場合に抵当権の物上代位による差押えがされると，相殺の予約を差押債権者に対抗することはできないと考えますので，注意が必要と思います。第三債務者たる賃借人が供託する金額は，賃貸借契約で定めた約定どおりの賃料ということになります。

5　おわりに

　以上のとおり，賃料債権について差押えがされた場合，当該差押えが強制執行による場合と抵当権の物上代位による場合で，差押権者に対する第三債務者の相殺の対抗力が異なることになります。

　ちなみに，ご存知の方も多いと思いますが，差押命令の事件番号の符号は，強制執行の場合は(ル)で，担保権の実行又は物上代位権行使による場合は(ケ)となっていますので，当該供託の相談又は申請がされた際は十分な注意が必要です。

【参考文献】
立花宣男（監）・福岡法務局ブロック管内供託実務研究会編「実務解説　供

託の知識167問」（日本加除出版，2006）
遠藤浩「基本法コンメンタール　債権総論〔第四版〕」（日本評論社，2005）
金融法務事情584号（きんざい）
判例タイムズ1103号
ジュリスト1220号（有斐閣）

事例17 金銭債権に対して質権設定と差押えが競合した場合の供託の可否について

　質権に関する供託については余り例がなく，そのため先例・文献等が乏しく，どのように処理してよいか頭を悩ませるところです。

　そこで，本稿において，金銭債権に対して質権が設定された場合の供託の可否について検討してみました。

　なお，本稿中意見にわたる部分については私見でありますので，あらかじめお断りしておきます。

「照会内容1」

　当市は，議員Aに対して議員報酬債務（支払期：毎月15日，議員報酬月額：35万円）を負っているところ，議員Aが平成22年4月22日に来庁し，自己の議員報酬債権について，質権者をBとする質権設定契約（質権額金3,000万円）を締結した旨の質権設定通知書を持参してきて，当市はこれに日付入りの受領印を押して受領しました（なお，被担保債権の弁済期は到来済み，残存債権額は2,000万円）。

　そして，この質権設定通知書を受け取った以後は，質権者Bに議員Aの議員報酬を支払っていたところ，差押債権者C，差押債務者A，第三債務者を当市とする債権差押命令が5月25日に送達されました。

　当該差押命令を受けて，当市（以下，説明文中においては「甲市」という。）としては，質権者B，差押債権者Cのいずれに支払ってよいか不明となったので供託をしたいと考えていますが，債権者不確知の供託をすることは可能ですか。

「回　答」

　質権が差押えより優先していることから，質権者に弁済すれば足りるの

事例17　金銭債権に対して質権設定と差押えが競合した場合の供託の可否について

で，債権者不確知の供託はできないものと考えます。また，民事執行法156条1項に基づく執行供託についても，差押えに優先する質権が存在する限り，供託できません。

「説　明」
1　議員報酬債権に対する質権設定の可否

債権質の設定は，①法律上担保に供することを禁止された債権，②譲渡性のない債権（ア．性質上譲渡できない債権（民法466条1項ただし書），イ．法律上譲渡を禁止された債権，ウ．譲渡禁止の特約のある債権（ただし，善意の質権者は有効に質権を取得することができるとされている（大判大13・6・12大民集3巻272頁）。）以外については自由に設定することができるとされています（民法343条，362条）。

議員報酬債権に質権を設定できるか否かですが，判例は，地方議会の議員報酬請求権は，条例に譲渡禁止の規定がない限り譲渡することができるとしています（最判昭53・2・23民集32巻1号11頁）。そうすると，条例に譲渡禁止の規定がなければ，議員報酬は譲渡性があるということになりますので，甲市の条例に譲渡禁止の規定がなければ，質権を設定することは可能であるといえます。

そこで，甲市に対して，条例に譲渡禁止の規定，質入禁止の規定の有無について確認したところ，当該禁止規定はないとのことから，甲市の議員報酬に質権を設定することは可能であり，したがって，本件質権設定は有効に成立したということになります。

2　議員報酬債権の差押範囲

債権執行手続においては，債務者及びその家族の生活保障等の社会政策的配慮その他の目的から，差押えが禁止される債権があり，民事執行法152条に規定されています。

そして，給料，賃金，俸給，退職年金及び賞与並びにこれらの性質を有する給与に係る債権については，その4分の3を差し押さえることが禁止されているところ（民事執行法152条1項2号），議員報酬がこれに該当するか否かで

125

すが，議員報酬は，委任的要素が強く，かつ，収入によって生活の大部分が維持されているとは考えにくいとの理由から，これには該当せず，執行実務上，その全額について差押えが認められています。同様に，国会議員の歳費，取締役の役員報酬についても全額について差押えが認められています（東京地方裁判所民事執行センター実務研究会編著「民事執行の実務　債権執行編（上）」（金融財政事情研究会，第3版，2012）165頁）。

したがって，差押債権者Cは議員Aの議員報酬債権の全額について差し押さえることができます。

3　第三者対抗要件の具備

第三者とは，譲渡ないし質入された債権そのものに対し，法律上の利益を有する者に限るとされ（大判大4・3・27民録21輯444頁），債権の二重譲受人，譲渡債権の差押債権者，質入債権の差押債権者などがこれに該当します。

そして，第三者に対する対抗要件は，第三債務者に対する確定日付のある通知の到達の先後によって決せられるとされています（最一小判昭49・3・7民集28巻2号174頁（譲受人相互間の優劣及び債権譲渡と仮差押命令の優劣につき），最三小判昭58・10・4裁判集民140号1頁（債権譲渡と強制執行による差押えの優劣につき），最三小判平5・3・30民集47巻4号3334頁（債権譲渡と滞納処分による差押えの優劣につき））。なお，差押命令の第三債務者への送達は，確定日付のある証書による通知・承諾とされています。

本件においては，議員Aが質権設定通知書を持参してきて，甲市はこれを4月22日の日付入り受領印を押して受領したものであるところ，官庁又は公署において私署証書に受け付けた事項を記入し，これに日付を記載したときは，その証書が民法施行法5条1項5号の確定日付ある証書に該当する（最判昭43・10・24民集22巻10号2245頁）ことから，甲市が受領した4月22日に質権者Bは第三者対抗要件を具備したことになります。

一方，差押命令は5月25日に甲市に送達されたので，差押債権者Cは同日に第三者対抗要件を具備したことになります。

事例17　金銭債権に対して質権設定と差押えが競合した場合の供託の可否について

4　検　討

　質権設定と差押命令は，共に債務者に対する対抗要件を具備しているので，債務者は質権設定と差押命令のどちらが優先しているかを判断すればよいということになりますが，質権設定と差押命令の優先劣後は，前記3のとおり，確定日付のある通知の到達の先後によって決せられるところ，質権の第三者対抗要件具備日は4月22日，差押命令の第三者対抗要件具備日は5月25日であることから，質権が差押命令より優先していることは明白です。したがって，質権の効力についてＡＢ間に争いがあれば格別，本件においてはその争いはなく，質権は有効に成立しているのですから，甲市としては，質権者Ｂに残存債権額2,000万円を弁済すれば足りるということになります。

　そして，供託先例においても，本件のように質権が設定されている金銭債権に対して，差押命令が送達された場合の執行供託の可否について，質権が消滅しない限り，受理することができないとされています（昭62・3・24民四第1439号回答・先例集7巻166頁，別冊ジュリスト158号「供託先例判例百選」（2001年）132頁）。

　また，本事案とは異なりますが，質権者の債権の弁済期よりも，質入債権の弁済期のほうが早く到来した場合においては，質権者から民法366条3項に基づき供託請求があれば，民法366条3項及び民事執行法156条1項を事由とする混合供託することができます（法務省民事局第四課職員編「供託実務相談　執行供託を中心として」（商事法務研究会，1990）142頁）。しかし，質権者から民法366条3項の供託請求がされない場合には，民法366条3項及び民事執行法156条1項を事由とする混合供託はできないとされています（前掲書151頁）。

「照会内容2」
　照会内容1で，質権の被担保債権の弁済期が6か月後の場合において，差押債権者Ｃが，本件質権設定は詐害行為であるとして，質権者Ｂを被告とする詐害行為取消訴訟を提起したとの通知書が送達されまし

た。
　当市としては，Ａ，Ｂ，Ｃのいずれに対しても債務免責の効果を主張できるようにしたいと考えていますが，どのように対処したらよいでしょうか。
　なお，質権者Ｂからの供託請求はされていません。

「回　答」
　質権者からの供託請求がなくても，民法366条3項及び民事執行法156条1項を事由とする混合供託をすることができるものと考えます。

「説　明」

1　詐害行為取消訴訟の性質

　本件の事実関係としては，ＡＢ間において質権の効力について法律上の争いがあるというわけではなく，Ａの債権者であるＣがＢを被告として，ＡＢ間の質権設定が詐害行為であるとして，詐害行為取消訴訟を提起しているというものです。

　詐害行為取消権は，民法424条1項に規定されており，その行使方法としては，必ず裁判所に訴えを提起しなければならないとされています。そして，取消しの効力は，取消しを命ずる判決の確定を待って発生し，その効果として遡及効を有するとされています。すなわち，詐害行為取消訴訟の判決が確定すると，当該質権設定は当初にさかのぼって無効となります。

　そうすると，詐害行為取消訴訟の帰すうによっては，質権はさかのぼって無効となる可能性があり，質権が無効となれば，差押命令送達以後の議員報酬は差し押さえられていたということになります。

2　供託の可否

　詐害行為取消権は遡及効を有するとはいえ，取消しの効力は，取消しを命ずる判決の確定によって初めて発生するとされていることから，詐害行為取消訴訟が提起されたということだけでは，いまだ取消しによる新たな法律関

係が形成されていないので，現時点においては，質権を質権者Bが有していることに変わりはありません。

しかしながら，詐害行為取消訴訟の帰すうによっては，差押命令送達以後の議員報酬が差し押さえられていたことになることは，前記1で述べたとおりであり，そうすると，弁済者である甲市の保護の見地から，A，B，Cの全員を当事者とする供託をすることができれば，債務免責の効果を全員に対して主張することができるので，甲市にとって最良な方法ということになります。

そこで，甲市が供託することができるかですが，供託実務において，金銭債権の債権譲渡後，当該譲渡は詐害行為であるとして，詐害行為取消訴訟が提起されるとともに，譲渡の対象となった債権に対して差押えがされた場合には，民法494条による債権者不確知供託及び民事執行法156条1項による執行供託の混合供託をすることができるとされています（法務省民事局第四課職員編「供託実務相談　執行供託を中心として」（商事法務研究会，1990）52頁）。この供託実務と本件とでは，取消しの対象となった法律行為（前者は債権譲渡，後者は質権設定）は相違していますが，それ以外の事実関係は同一であるので，この供託実務の考え方は本件にも当てはまるものと考えます。したがって，本件は，A，B，Cの全員を当事者とする供託をすることができるものと考えます。

3　供託の根拠条文

A，B，Cの全員を当事者とする供託の根拠条文としては，民法494条による債権者不確知供託及び民事執行法156条1項による執行供託の混合供託，民法366条3項及び民事執行法156条1項を事由とする混合供託の二つが考えられます。本件について，以下に検討してみます。

(1)　民法494条による債権者不確知供託及び民事執行法156条1項による執行供託の混合供託の可否

まず，民法494条による場合ですが，この場合には，質権者が民法494条

後段にいう「債権者」に該当するかどうか疑問であること，質権者が被供託者となるとする供託先例は見当たらないこと等から，質権者を被供託者とすることに疑義があるところです。

　質権者は自己の債権額に限って取り立てることができるとされているところ（民法366条2項），質権はあくまでも担保権であるので，弁済や放棄等によって消滅している場合もあれば，一部弁済により債権額が縮減している場合もあります。そうすると，質権者は供託金全額について権利を有しているとは限らない場合があります。これに対し，債権の譲受人は，譲渡人の債権を同一性を保ちながら一切の権利義務を包括的に譲り受けることから，供託金全額について権利を有していることになります。

　このように，質権者は債権譲受人と違って，供託金全額について権利を有しているとは限りません。質権者はあくまでも担保権者であり，被担保債権の限度において取立権や担保権実行による等の還付請求権を有するにすぎず，供託金の全額について直接還付請求権を行使し得るものではないという点で，民法494条後段の「債権者」とは異なるので，被供託者とするにはやはり無理があるといわざるを得ません。

　したがって，民法494条による債権者不確知供託及び民事執行法156条1項による執行供託の混合供託とすることは適当ではないものと考えます。

(2)　民法366条3項及び民事執行法156条1項を事由とする混合供託の可否

　次に，民法366条による場合ですが，質権者Bからの供託請求はされていませんので，同条を根拠条文とする供託はできないのではないかと思われるところです。

　確かに，供託実務の考え方としては，質権者からの供託請求がない場合には，照会内容1の4で述べたとおり，消極説を採っているようですので，この考え方をそのまま当てはめれば供託はできないとの結論が導かれそうです。

　しかし，質権者からの供託請求がないことをもって供託を認めないとすると，議員報酬の弁済期は到来していることから，甲市としては質権の被

事例17　金銭債権に対して質権設定と差押えが競合した場合の供託の可否について

　担保債権の弁済期が到来してから，残存債権の金額を議員Aと質権者Bに確認した上で質権者Bに支払うことになりますが，その後，詐害行為取消訴訟の原告が勝訴した場合，その弁済の効力について，詐害行為取消訴訟が提起されていることを弁済者（第三債務者）である甲市が知っていたという場合に，甲市が常に保護を与えられることになるのか疑問です。

　そして，詐害行為取消訴訟が提起されたことにより，当該判決の帰すうによっては，質権が当初にさかのぼって無効となる可能性があることは既述のとおりであり，質権の効力としては，いわば暫定的であると評価することができ，詐害行為取消訴訟の原告勝訴が確定すると，差押命令送達以後の議員報酬は差し押さえられていたことになります。そうすると，質権者に対して弁済していたとしても，その弁済の効力を差押債権者には対抗することができませんので，差押債権者Cからの取立てがあればこれに応じざるを得ず，第三債務者である甲市としては二重払いの危険があるということになります。

　このようなことからすると，詐害行為取消訴訟が提起されたという場合には，第三債務者としては，質権者に弁済することをちゅうちょせざるを得ない状況になります。そうかといって，原告勝訴が確定するまでは差押えは質権に劣後しているのですから，差押債権者の取立てに応じることもできず，第三債務者はいずれに弁済すべきか分からない不安定な状態に立たされることになってしまいます。そして，この不安定な状態は訴訟が落着するまで続くわけですが，その間ずっとこの不安定な状態を第三債務者に甘受させ続けることは，余りに酷であるといわざるを得ません。なぜなら，その間，遅延損害金が発生してしまうことになるなど，第三債務者にとって極めて理不尽な結果となってしまうからです。

　このようなことから，第三債務者の保護の見地に立ち，質権者からの供託請求がなくても，民法366条3項及び民事執行法156条1項の混合供託を認める必要性があるものと思われます。また，民法366条3項は義務供託の形で規定されていますが，この規定は，質権者からの供託請求がない場

合においても第三債務者が供託することができることを当然の前提としているものと解され，この権利供託ともいうべき場合でも，同項の適用があるという考え方もあります（法務省民事局第四課職員編「供託実務相談　執行供託を中心として」（商事法務研究会，1990）150頁）。

　平成19年度東京法務局管内地方法務局供託課長会同においては，金銭債権に対して，仮差押命令，質権設定，差押命令の順に送達された事案について，たとえ質権者からの供託請求がなくても，民法366条3項及び民事保全法50条5項で準用する民事執行法156条2項を事由とする混合供託をすることができると決議されています。この理由としては，当事者全員に対する債務免責の効果の主張，遅延損害金発生からの回避という第三債務者の保護を図ることが必要であること，民法366条3項について前述のような解釈もとり得ることによるものと思われます。本件の事実関係と，この会同決議の事実関係は全く同一というものではありませんが，第三債務者の保護を図る点では同一であること，その理由づけも上記で検討したものとほぼ同一であると思われること等から，質権者からの供託請求がなくても，民法366条3項を根拠条文とすることができるとするこの解釈は，本件にも当てはまるものと考えます。

　以上のことから，詐害行為取消訴訟が提起されたという本件事情の下においては，質権者からの供託請求がなくても，第三債務者の保護の見地から，民法366条3項及び民事執行法156条1項を事由とする混合供託をすることができるものと考えます。

　ちなみに，供託書には，被供託者として質権設定者である議員Aを記載し，質権者B及び差押債権者Cは供託の原因たる事実欄に記載することになります。

4　供託金額について（議員報酬の遅延損害金について）

　一般的な債務（持参債務）の遅延損害金の発生の可能性については前述のとおりですが，議員報酬については給与と同様の性質を有する債務（取立債

事例17　金銭債権に対して質権設定と差押えが競合した場合の供託の可否について

務)と解されているので，たとえ弁済期を経過していたとしても，特段の事情のない限り（特段の事情としては，例えば，当事者間の特約，債権者（本件では質権者）からの取立てないし取立てに類する行為などが考えられる。)，供託時までの遅延損害金を付すことを要しないとされています（昭57・10・28民四第6478号回答・先例集7巻32頁，別冊ジュリスト158号「供託先例判例百選」(2001年)96頁)。したがって，本件においては，弁済期を経過していたとしても，前記で示した特段の事情等がない場合には，供託時までの遅延損害金を付さなくてもよいということになります。

　なお，給与及びこれと同様の性質を有する債務以外の金銭債務については，遅延損害金を付して供託しないと債務の本旨に従った弁済とはならないので，弁済期を経過しているのであれば，供託時までの遅延損害金を付さなければならないことはいうまでもありません。

5　おわりに

　本稿の事案の検討については，文頭のとおり私見であり，照会内容2については，確立した統一的な見解がないことから，類似事案などで実際に供託請求があった場合には，供託官の判断に委ねられることを再度，お断りしておきます。

133

事例18 滞納処分による差押えと第三債務者の供託について

　ある日,「当社が借りている土地の賃料100万円に対して甲税務署から差押債権額50万円,続いて裁判所から差押債権額40万円の差押通知が届きました。以前に裁判所から差押債権額50万円の差押通知が届いたことがありまして賃料の全額100万円を供託しましたが,今回も賃料の全額の供託ができるのでしょうか?」と電話相談がありました。

　最近担当となった善光寺君は『前回は民事執行法第156条第1項により被差押債権である賃料全額の供託をしたということかな……。今回は差押債権額の合計が90万円で被差押債権額である賃料の100万円を超えていないから競合状態にはないので,民事執行法第156条第1項で供託できると考えてよいのでは?』と思いました。

　そして,善光寺君は「民事執行法第156条第1項によって被差押債権である賃料全額100万円の供託ができますので,窓口へお越しください。」と回答しました。

　さて,善光寺君の回答は正しかったのでしょうか?

　そこで,第三債務者に対して滞納処分による差押通知と民事執行法による差押通知が送達された場合について,第三債務者の供託等を中心にケース分けをして検討してみましょう。

ケース1

　第三債務者が有する債務100万円に対して滞納処分による差押通知のみが送達された場合

事例18　滞納処分による差押えと第三債務者の供託について

ケース1－1
滞納処分による差押通知1件（差押債権額50万円）が送達された場合

↓

第三債務者は滞納処分庁へ50万円を支払うこととなり供託はできない。

ケース1－2
　①滞納処分（国税）による差押え（差押債権額50万円）
　②滞納処分（国税）による差押え（差押債権額60万円）
の順に差押通知が送達された場合
（①②の差押債権額の合計が被差押債権額を超えており競合状態となった場合。）

↓

第三債務者は
　①の滞納処分庁へ差押債権額50万円を支払う。
　①の残余部分50万円を②の滞納処分庁に支払う。

　第三債務者は被差押債権額を先行している滞納処分庁の取立てに応じて支払うことになり，供託することはできません。これは，二重差押え（滞納処分による差押えがされている債権に対する滞納処分庁による差押え）をした滞納処分庁が，先行して差押えをした滞納処分庁に対して通知（交付要求）するなど，滞納処分庁間において適正に分配されることが制度上保証されているため，被差押債権について供託の必要性はなく（供託の権利及び義務は発生しない），したがって供託することはできません。
　なお，ケース1－2は滞納処分がいずれも国税の場合を想定しましたが，国税と地方税の場合には優劣関係があるので注意が必要です。

ケース2
第三債務者が有する債務100万円に対して
　①滞納処分による差押え

135

②強制執行による差押え

の順に差押通知が送達された場合

ケース2－1

競合しない場合
　①滞納処分による差押え（差押債権額40万円）
　②強制執行による差押え（差押債権額50万円）
の順に差押通知が送達された場合
（①②差押債権額の合計が被差押債権額を超えない場合）

↓

第三債務者は……ＡＢＣのいずれかを選択する。
　Ａ　①の債権額40万円を滞納処分庁に支払う。
　　　②の債権額50万円を強制執行による差押債権者に支払う。
　　　残額10万円は差押債務者（賃貸人）へ支払う。
　Ｂ　①の債権額40万円を滞納処分庁に支払う。
　　　②の債権額50万円を供託する（民事執行法第156条第１項による権利供託）。
　　　残額10万円は差押債務者（賃貸人）へ支払う。
　Ｃ　①の債権額40万円を滞納処分庁に支払う。
　　　残額60万円を供託する（民事執行法第156条第１項による権利供託）。

　また、被差押債権額全額100万円（滞納処分による差押額も含む。）を供託（民事執行法第156条第１項による権利供託）することもできますが、この執行供託をもって滞納処分庁に対抗できないため、この供託後に滞納処分庁から支払請求がされた場合は拒めないこととなってしまいます。また、滞納処分と強制執行等との手続の調整に関する法律（以下「滞調法」という。）第20条の６第１項は競合する場合の供託規定のため、本ケースのように競合しない場合は供託はできません。

ケース2-2

競合する場合

　①滞納処分による差押え（差押債権額50万円）

　②強制執行による差押え（差押債権額60万円）

の順に差押通知が送達された場合

（①の差押債権額は被差押債権額を超えないが②の送達によって①②の合計が被差押債権額を超えた場合）

↓

第三債務者はＡＢＣのいずれかを選択する。

　A　被差押債権全額100万円を供託する。
　　　（滞調法第20条の6第1項による権利供託）
　B　①の債権額50万円を滞納処分庁に支払う。
　　　残額50万円を②強制執行による差押債権者へ支払う。
　C　①の債権額50万円を滞納処分庁へ支払う。
　　　残額50万円を供託をする。
　　　（民事執行法第156条第1項による権利供託）

　第三債務者は民事執行法第156条第1項による全額の供託もできますが、この執行供託をもって滞納処分庁に対抗できないため、この供託後に滞納処分庁から支払請求がされた場合は拒めないこととなってしまいます。

　なお、①の滞納処分による差押債権額が被差押債権額を既に超えている場合は、Ｂ、Ｃはあり得ません。

ケース2-3

競合する場合

　①滞納処分による差押え（差押債権額50万円）

　②強制執行による差押え（差押債権額60万円）

　③強制執行による差押え（差押債権額50万円）

の順に差押通知が送達された場合

(①の差押債権額は被差押債権額を超えないが②の送達によって①②の合計が被差押債権額を超えた場合)

↓

第三債務者はＡＢのいずれかを選択する。
 Ａ 被差押債権全額100万円を供託する。
  （滞調法第20条の6第1項による権利供託）
 Ｂ ①債権額50万円を滞納処分庁へ支払う。
  残額50万円（複数の強制執行による差押部分）を供託する。
  （民事執行法第156条第2項による義務供託）

※ ①の差押債権額が被差押債権額を既に超えている場合は，Ｂはあり得ません。

ケース2－4

競合する場合
 ①滞納処分による差押え（差押債権額50万円）
 ②強制執行による差押え（差押債権額60万円）
 ③滞納処分による差押え（差押債権額50万円）
の順に差押通知が送達された場合
(①の差押債権額は被差押債権額を超えないが②の送達によって①②の合計が被差押債権額を超えた場合)

↓

第三債務者は……ＡＢのいずれかを選択する。
 Ａ 被差押債権全額100万円を供託する。（「滞調法第20条の6第1項による権利供託」又は「同項による権利供託及び同法第36条の6第1項による義務供託」)
 Ｂ ①の債権額50万円を滞納処分庁に支払う。
  残額50万円を供託する（滞調法第36条の6第1項による義務供託，①の滞納処分庁への支払分を除くと「①強制執行による差押え②滞納処分による差押

え」が競合している状態と同じになるため滞調法第36条の6第1項による供託義務が生ずる。)。

①の差押債権額が被差押債権額を既に超えている場合は，Bはあり得ません。

ケース3

第三債務者が有する債務100万円に対して
 ①強制執行による差押え
 ②滞納処分による差押え
の順に差押通知が送達された場合

ケース3－1

競合しない場合
 ①強制執行による差押え（差押債権額50万円）
 ②滞納処分による差押え（差押債権額40万円）
の順に差押通知が送達された場合
（①②差押債権額の合計が被差押債権額を超えない場合）
      ↓
第三債務者は……前記ケース2－1と同じ。

ケース3－2

競合する場合
 ①強制執行による差押え（差押債権額50万円）
 ④滞納処分による差押え（差押債権額60万円）
の順に差押通知が送達された場合
（①②差押債権額の合計が被差押債権額を超えている場合）
      ↓
第三債務者は……被差押債権全額100万円を供託する（滞調法第36条の6第1

項による義務供託）。

ケース3－3
競合する場合
　①強制執行による差押え（差押債権額40万円）
　②滞納処分による差押え（差押債権額40万円）
　③強制執行による差押え又は滞納処分による差押え（差押債権額40万円）
の順に差押通知が送達された場合
（①②差押債権額の合計は被差押債権額を超えないが，③の送達によって①②③の合計が被差押債権額を超えた場合）

↓

第三債務者は……被差押債権全額100万円を供託する（滞調法第36条の6第1項による義務供託）。

おわりに
以上，簡単に整理してみました。

本件はケース2－1に該当し，相談者は以下のＡＢＣのいずれかを選択することになります。

　Ａ　滞納処分による差押債権額50万円を甲税務署へ支払う。
　　　強制執行による差押債権額40万円差押債権者へ支払う。
　　　残額10万円は差押債務者（賃貸人）へ支払う。
　Ｂ　滞納処分による差押債権額50万円を甲税務署へ支払う。
　　　強制執行による差押債権額40万円を供託する（民事執行法第156条第1項による権利供託）。
　　　残額10万円は差押債務者（賃貸人）へ支払う。
　Ｃ　滞納処分による差押債権額50万円を甲税務署へ支払う。
　　　残額50万円を供託する（民事執行法第156条第1項による権利供託）。

また，相談者は被差押債権である賃料の全額を供託（民事執行法第156条第1

項による権利供託)をすることは可能ですが、その後に滞納処分庁である甲税務署から支払請求がされた場合に第三債務者はそれを拒むことはできない(免責の効果を主張できない)ため、二重に支払うこととなってしまいます。

「賃料全額の供託ができますか？」に対する善光寺君の「民事執行法第156条第1項によって被差押債権である賃料全額の供託ができます。」との回答は、『全額の供託ができる。』という点では必ずしも間違ってはいませんが、その後の滞納処分庁からの請求の可能性等について説明をしなければ十分な回答とは言えず、トラブルの原因となることが考えられます。

民事執行法、滞調法等各法律によって、また、差押通知の送達順や金額などによって第三債務者の供託手続等が異なりますので、注意しましょう。

【参考法令・通達】
民事執行法
滞納処分と強制執行等との手続の調整に関する法律
昭和55年9月6日付け法務省民第5333号民事局長通達
国税徴収法基本通達

【参考図書】
債権執行実務研究会編「債権執行手続の実務」(新日本法規出版)
吉戒修一(監)「民事執行法・民事保全法と供託実務」(商事法務研究会, 1992)

事例 19 供託官のする事情届について

1 はじめに

　事情届とは，差押命令を受けた第三債務者が，差押えに係る債権について供託したことを，執行裁判所に届け出ることをいいます（民事執行法156条3項）。
　執行裁判所は，この事情届により，供託の事実を知ることができ，配当等の実施手続に入ります。
　では，供託金払渡請求権に対し差押命令等が送達された場合，供託官は第三債務者として民事執行法（以下「法」という。）156条1項又は2項の供託をし，その事情を届け出なければならないのでしょうか。
　法には，そのことについて何ら触れられていませんが，法の施行に伴い「民事執行法等の施行に伴う供託事務の取扱いについて」（昭55・9・6民四第5333号民事局長通達（以下「民執通達」という。））という通達が発出され，その中で事情届について記載されています。

2 事情届を執行裁判所へ届け出るケースについて

　民執通達第四の二1㈠(2)では，「供託金払渡請求権が差し押さえられた場合，差押えが競合しない限り，供託官は，執行裁判所に事情の届出をする必要はなく，差押債権者の取立権に基づく払渡請求に応じて差し支えない。」とされています。
　また，同通達第四の二1㈡(1)では，「供託金払渡請求権について，差押えと差押え若しくは仮差押えの執行とが競合し，又は配当要求がされた場合において，供託金払渡請求に応ずることができるときは，供託官は，法156条

2項・3項（法178条5項において準用する場合を含む。）に基づき，その事情を執行裁判所に届け出るものとする。」とされています。
　つまり，供託官は，下記(1)かつ(3)のとき，又は(2)かつ(3)のときには，事情届を提出することになります。
(1)　「差押え」と「差押え」若しくは「仮差押え」の執行とが競合したとき
(2)　配当要求がされたとき
(3)　供託金払渡請求に応ずることができるとき
　また，上記(3)の「供託金払渡請求に応ずることができるとき」とは次のような場合とされています（民執通達第四の二1㈡⑵）。
(1)　裁判上の担保供託の取戻請求権にあっては担保取消決定が確定したとき
(2)　弁済供託の還付請求権にあっては差押債権者又は債務者から，供託所に対し供託を受諾する旨を記載した書面の提出若しくは供託を有効と宣言した確定判決の謄本が提出されたとき，又は受諾による還付請求権行使の申出（払渡請求）があったとき
(3)　弁済供託の取戻請求権にあっては差押債権者又は債務者から不受諾による取戻請求権行使の申出（払渡請求）があったとき
　そこで(1)～(3)の，それぞれについて検討してみます。
上記(1)のケースについて
裁判上の保証供託の取戻請求権
　→担保取消決定が確定したとき＝供託原因が消滅したとき
　供託金取戻請求権の上に他の債権者の差押えが競合してもその供託金に対して担保権利者の権利行使（還付請求）の可能性がある限り，供託金取戻請求権の差押債権者の取立権の行使（取戻請求）による払渡しは「応じることができるとき」には当たらないことになるため，供託官は事情届をしません。
　したがって，この裁判上の保証供託の取戻請求が払渡可能になるのは，還付請求権者の権利行使の可能性がなくなったとき，すなわち通達でいう「担保取消決定が確定したとき」ということになります。

しかし，供託官は，担保取消決定が確定してもそれを確認することはできません。事実上，ほとんどの場合，供託官は，供託者から供託原因消滅証明書を添付して取戻請求されたときに払渡請求に応ずることが可能であると判断できることになります。

上記(2)のケースについて

弁済供託の還付請求権

→差押債権者又は債務者から供託所に対し供託を受諾する旨を記載した書面若しくは供託を有効と宣言した確定判決の謄本が提出されたとき，又は受諾による還付請求権行使の申出（払渡請求）があったとき

弁済供託が受理されたことにより債務は消滅しますが，その効果は確定的ではなく，供託者は，「債権者が供託を受諾せず，又は供託を有効とした判決が確定しない間は，供託物を取り戻すことができる。」とされています（民法496条）（以下このような権利関係を「浮動的権利関係」という。）。

この弁済供託における浮動的権利関係は，供託金払渡請求権に対する差押えが競合しても変わりません。

したがって，供託金還付請求権に対する差押えが競合しても，まだ，取り戻すことができる状態が継続している間については，供託官は，直ちに配当が可能であるとして，事情届をすることはできません。浮動的権利関係が解消され，取戻請求権を行使できないことが確定したときに「払渡請求に応ずることができる」として，事情届をすることになります。

浮動的権利関係を解消する手続としては，供託を受諾する旨を記載した書面又は供託を有効と宣告した確定判決の謄本の提出や，還付請求権の行使があります。この受諾や払渡請求ができるのは，被供託者，還付請求権譲受人，差押債権者，転付債権者及び債権者代位を行使する一般債権者とされています。ただし，仮差押債権者は供託物払渡請求権の処分を禁止する地位に留まるため，これには当たらないとされています。

なお，弁済供託の払渡請求権に差押えが競合し，被供託者から還付請求がされた場合，浮動的権利関係は解消されることから供託官は事情届をし，当

該還付請求を却下することになりますが，この場合，事情届は払渡請求を却下してすべきであり，払渡請求が撤回された場合には事情届の必要はないとしています（昭和55年度全国供託課長会同決議・供託関係先例集(6)360頁）。

上記(3)のケースについて

弁済供託の取戻請求権

　→差押債権者又は債務者から不受諾による取戻請求権行使の申出（払渡請求）があったとき

(2)弁済供託の還付請求権と同様に，差押債権者又は債務者から不受諾による取戻請求がされたときも，浮動的権利関係は解消されるので，供託官は事情届をすることになります。

3　仮差押解放金とみなし解放金について

　次に，仮差押解放金又はみなし解放金について差押えがされた場合の事情届について考えてみます。

　これについては，民事保全法の施行に伴い「民事保全法等の施行に伴う供託事務の取扱いについて」という通達（平2・11・13民四第5002号民事局長通達（以下「民保通達」という。））が発出されており，この中で事情届についても記載されています。

(1)　仮差押解放金の場合

　仮差押解放金を供託した場合は，供託者（債務者）の有する供託金取戻請求権には，仮差押解放金の限度で仮差押執行の効力が及び，これに対して，他の債権者も差押え等をすることができます（民保通達第二の六(2)ア）。

　そして，供託金取戻請求権に対して，他の債権者が差押えをした場合，及び他の債権者の仮差押えの執行がされた取戻請求権に対して仮差押債権者が本執行の差押えをした場合には，供託官に供託義務が生じるので供託官は直ちに事情届をすることを要しますが，他の債権者の仮差押えの執行のみがさ

れた場合には事情届をすることを要しません（民保通達第二の六(2)イ）。

　また，仮差押債権者が本執行としての差押えであることが明らかな場合で他に競合する債権者がいないときは，仮差押解放金については本案勝訴判決を債務名義として取戻請求権に対する強制執行により払渡請求をするというのが通説的見解であることから，差押債権者は本執行移行の差押えが差押債務者に送達されてから一週間経過後に取立権に基づき払渡請求をすることが可能です。（民保通達第二の六(2)ア）。したがって，この場合は競合状態が生じないことから供託官の供託義務も生じないので事情届をする必要はありません。ただし，本執行であることが明らかではない場合には事情届を要します（昭57・6・4民四第3662号通達）。

(2) みなし解放金の場合

　第三債務者が，法156条1項を準用する民事保全法50条5項の規定に基づき，仮差押えの執行がされた債権の額に相当する金銭を供託したときは，供託金のうち民事保全法22条1項の規定により仮差押命令に記載された金額（仮差押解放金額）に相当する部分は，債務者が仮差押解放金額に相当する金銭を供託したものとみなされ（民事保全法50条3項），本来の債権者たる仮差押債務者が有する供託金還付請求権には仮差押解放金額の限度で仮差押執行の効力が及び，これに対して，当該仮差押債権者が本執行としての差押えができるほか，他の債権者も差押え等をすることができます（民保通達第二の三(1)ウ(ア)）。

　そして，供託金還付請求権について他の債権者の差押えが送達され競合した場合，供託官は直ちに事情届をする必要がありますが，他の債権者から仮差押えの執行のみがあった場合には事情届をする必要はありません（民保通達第二の三(1)ウ(イ)なお書き前段）。

　また，当該仮差押債権者からの差押えが，供託の原因たる仮差押えの本執行としての差押えであることが明らかであり，他に競合する債権者がいない場合には，競合の問題は生じないことから，供託官の供託義務も生じないの

で，仮差押解放金の供託の場合と同様に事情届をする必要はありません（民保通達第二の三(1)ウ(イ)なお書き後段）。

なお，この場合，仮差押解放金の供託とは異なり，差押債権者は取立権に基づき払渡請求をすることはできません。

なぜなら，この供託金還付請求権に対して本執行としての差押えがされると，この供託は民事保全法50条5項（法156条を準用）の供託から，純然たる法156条1項の供託に転化し，その時点で配当加入遮断効が生じ（法165条1号），配当手続を始めることとなり（法166条1項1号），供託金の払渡しは執行裁判所の支払委託によることになるからです（なお，仮差押解放金（民事保全法22条，同51条）の場合は，法156条を準用していないので配当加入遮断効は発生しません。）。

しかし，供託所が事情届をしなければ，執行裁判所としては，いつ差押えがされたか知る手段がないため，配当等を実施する契機として，供託官に事情届をしてもらいたいとの要望があるようです。実務上もこれを考慮し，供託所には仮差押命令書がないため，仮差押えの請求債権と本執行と思われる差押えの請求債権の同一性が判断できないことなどを理由として事情届をする取扱いをしています。

(3) 本執行としての差押えがされた場合の仮差押解放金とみなし解放金の取扱上の違い

みなし解放金の場合，その還付請求権について本執行としての差押えがされたとしても，他に競合する差押え等がない限り，供託官の供託義務は生じないため事情届をする必要はありません。しかしながら上記(2)のとおり，配当加入遮断効が発生し，配当手続が開始されていることから，供託金は配当原資として既に執行裁判所の管理下にあり，その払渡しは執行裁判所の支払委託によることになります（民保通達第二の三(1)ウ(イ)）。

これに対し，仮差押解放金の場合は，供託したとしても上記(2)のとおり，配当加入遮断効は生じず，配当手続に移ることもないため，その取戻請求権に対して本執行としての差押えがされた場合，他に競合する差押え等がなけ

147

れば，差押債権者の取立権に基づく払渡請求に応じることが可能です。

4　おわりに

　以上，供託官のする事情届における基本的な部分について考えてきましたが，実務上は単純なものばかりではなく複雑な事案も多々あります。
　したがって，供託事務担当者としては事情届の記載にも注意が必要です。
　裁判例においても，いくつもの差押えが競合した場合の供託官の事情届に関し，仮差押債権者一名の記載を遺漏したために配当を受けられなかったとする当該仮差押債権者からの国家賠償請求事件で，供託官の過失が認定されたケースがあります（東京地判平5・5・24判時1473号91頁）。
　この判決は，民事執行規則138条には差押債権者を記載すべきものとされているのであるから，当該仮差押債権者の記載遺漏は過失であり，同債権者に損害を与えた場合には原則的に不法行為を構成するというべきであるとし，その過失と損害の因果関係についても認められたというものですが，注目すべきは，事情届に（仮）差押債権者の記載を遺漏した場合には，その記載のない（仮）差押債権者については，基本的に配当手続に加わる者には当たらないという取扱いになってしまうということです。
　このような誤った処理をすることのないよう，事情届の記載に当たっては，調査票の裏面記載の権利変動にかかる事項について再チェックするなどして，十分注意していただきたいと思います。

【参考文献】

及川まさえ「供託事務における民事執行サブノート」法務通信644・646〜656号

立花宣男（監）・福岡法務局ブロック管内供託実務研究会「実務解説　供託の知識167問」（日本加除出版，2006）

事例 20 供託金の配当手続について

1 はじめに

供託の窓口では，近年，執行供託が増加傾向にあります。

執行供託をした場合には，裁判所の配当手続が行われ，債権者からの払渡請求書の提出によって，供託所で配当等の払渡しが行われます。

今回は，配当実施方法及び配当手続はどのような場合に実施されるのかについて考察してみたいと思います。

2 民事執行の意義・目的

民事執行手続とは，債務者（所有者）が有する財産（不動産・動産・債権等）を国家権力（例えば，差押え，換価，配当）により，債権者の債権回収を強制的に実現することを目的とする手続をいう。

民事執行は執行の目的財産により，「不動産執行」「動産執行」「債権執行」に大別される。

「不動産執行」「動産執行」の配当は，換価され，買受人から売却代金を直接裁判所が受領し，その売却代金を「配当」することになる。

「債権執行」の配当は，ほとんどが「供託金」の配当となる。

3 配当実施方法

供託金以外の配当は，裁判所により，直接債権者等に配当金を交付することにより行われるが，供託金の配当は，法務局に対する支払委託の方法により行われる。

この場合，差押債権者を「払渡しを受ける者」として，支払委託する。

複数の債権者へ供託金及び供託利息を配当する場合には，まず，優先権を有する債権者にその順位に従って配当し，その後，優先権のない一般債権者間で各債権者の債権額に応じて按分し配当する。利息については最後の債権者へ配分する。

4 供託金について配当手続が開始される場合

① **差押えを受けた第三債務者が供託し，事情届を執行裁判所に提出した場合**（民事執行法156条3項，166条1項）

供託所に申請される執行供託（民事執行法156条2項）の主なものが，これに該当する。第三債務者の供託者が供託申請し，供託書正本及び事情届を裁判所に提出する。この事情届に基づき，裁判所では供託の事実を確認する。

民事執行法第166条1項により，執行供託による供託金の払渡しは，原則，執行裁判所の支払委託の方法によってのみ行われる。

ア 権利供託（民事執行法156条1項）
　　差押えが競合していない場合に，第三債務者が権利として行う供託
イ 義務供託（民事執行法156条2項）
　　差押えが競合した場合に，義務として差押えにかかる金銭債権の額に相当する金銭を供託する。
ウ 混合供託（民事執行法156条と民法494条）
　　民事執行法第156条と民法494条双方を供託根拠条文として行う供託

② **供託金払渡請求権に対する差押命令を受けた第三債務者（供託官）が事情届を執行裁判所に提出した場合**（国（供託官）を第三債務者とする供託金払渡請求権に対する差押え）

ア 供託金払渡請求権に対する差押えがなされた場合

事例20　供託金の配当手続について

差押えの競合が生じている＝差押えと差押え（仮差押えを含む）の競合が生じている。

競合しない場合には，事情届の必要はなく，差押債権者の取立権に基づく払渡請求に応じても差し支えない。

イ　仮差押解放金に対する差押えがなされた場合

債務者が仮差押えの執行停止又はすでにした仮差押えの執行の取消しを得るために供託するものであり，これも，差押えの競合が生じない場合には事情届の必要はない。

仮差押債権者による本執行移行としての差押えの場合には，仮差押えの執行の効果は，債務者の有する供託金還付（取戻）請求権の上に生じることとなり，裁判所は，この供託金還付（取戻）請求権について，供託官を第三債務者として債権執行の手続をとるべきとされている。

＊　本執行移行の判断について

実務の取扱いとしては，債権者，債務者，請求債権額，差押債権額が全く同じであれば，本執行移行の差押えであると認めて差し支えないものと解されているが，判断が難しい。

したがって，差押命令に「本執行移行文言」があるかないかで判断している。

本執行移行としての差押えであることが明らかである場合には，供託官は事情届をすることを要しない。（昭和57・4・13民四2591号第四課長回答，先例集(7)10頁）

ウ　「みなし解放金」に対する差押えがなされた場合

「みなし解放金」とは，債権の仮差押命令を受けた第三債務者が仮差押えを受けた金銭債権を供託した場合の供託金のことで（民事保全法50条3項），債務者が民事保全法22条第1項の規定により定められた金銭の額（仮

151

差押解放金）を供託したものとみなされるもの。

- 他の債権者が差押えをした場合
  差押えの競合が生じるので供託官は執行裁判所に事情届を出す。
- 仮差押債権者による本執行としての差押えについても，解放金の差押えと同じく，本執行移行としての差押えであることが明らかである場合には，供託官は事情届をすることを要しない（前掲先例集(7)10頁）とあるが，実務上，執行供託による供託金の払渡しは，裁判所の支払委託によらなければできないため，「みなし解放金」の本執行移行による差押えについては，事情届を提出している。

③ 滞納処分庁から一定の書面等が執行裁判所に提出される場合

　滞納処分による差押えがなされている債権について，民事執行法による差押えがなされ，滞納処分による差押えと民事執行法による差押えが競合した場合に，第三債務者が滞納処分による差押えの額を超えて供託した場合には，執行裁判所は供託金額と滞納処分により差し押さえられた額の差額について配当手続を実施する（滞納処分と強制執行等との手続の調整に関する法律（以下「滞調法」という。）20条の6，20条の7）。

　この場合，滞納処分庁から執行裁判所に事情届及び「供託書正本の保管を証する書面」が提出される（滞納処分と強制執行等との手続の調整に関する政令12条の6）。

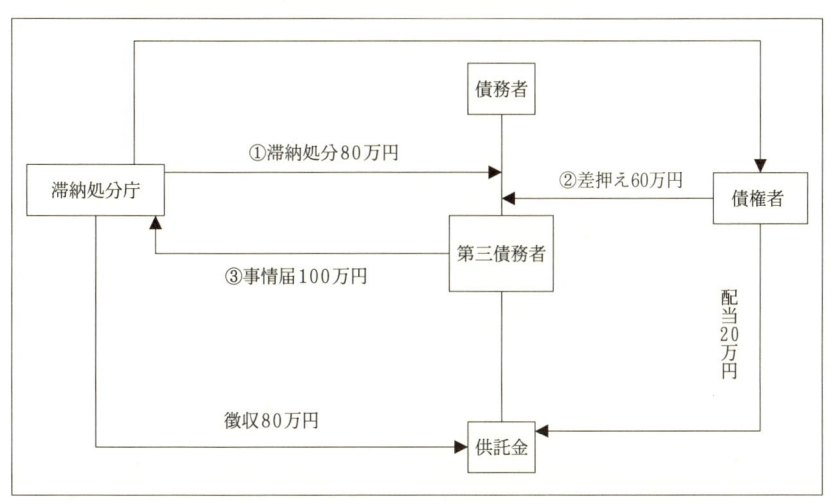

④ 事情届通知書及び供託書正本の保管を証する書面

```
                              債務者
                               │
                ①滞納処分80万円  │
         ┌─────────────────────▶│◀──②差押え60万円──┐
         │                      │                   │
    滞納処分庁                 第三債務者            債権者
         ▲                      │                   │
         │  ③事情届100万円       │                  配
         └──────────────────────┤                   当
                                │                  20
                                │                  万
                                │                   円
         徴収80万円              ▼                   │
         ◀─────────────────── 供託金 ───────────────┘
```

　滞納処分による差押えがなされている債権について，民事執行法による差押えがなされ，第三債務者が差し押さえられた債権を供託し，事情届を滞納処分庁に提出したが，滞納処分庁が滞納処分による差押えを解除した場合には，滞納処分庁から執行裁判所に解除通知及び供託書正本（全部解除）又は供託書正本を保管する書面（一部解除）を提出する。この場合に，執行裁判所は解除された供託金額について配当手続を実施することになる。

＊　民事執行による差押えが先行する場合（滞調法36条の4），民事執行による差押えと滞納処分による差押えが競合する場合は，民事執行による差押えの効力は債権全体に及ぶことになる（滞調法20条の4）ので，執行裁判所により配当手続が実施される。

5　おわりに

　以上，簡単ではありますが，執行供託の供託金の配当手続について検討してみました。
　配当手続については，事情届ごとに裁判所で行われることになり，支払委

託書が法務局に届いてから，債権者からの払渡請求書提出に基づいて，配当及び利息の払渡しが行われます。

　事情届はどのような場合に提出されるのか等，第三債務者からの供託及び事情届に関する問合せも多いかと思いますが，少しでも皆様の執務の参考になれば幸いです。

【参考文献】

立花宣男編著「全訂　執行供託の理論と実務」（きんざい，2012）

東京地裁民事執行実務研究会「債権執行の実務」（社団法人民事法情報センター）

東京地方裁判所民事執行センター実務研究会編著「民事執行の実務　債権執行編（上）（下）」（金融財政事情研究会，第3版，2012）

東京地方裁判所民事執行センター「債権執行書記官室の紹介（その3）債権配当係（上）（下）」金融法務事情1852・1853号

事例21 仮差押解放金の払渡請求について

1 はじめに

　仮差押えは，金銭債権又は金銭債権に代えることのできる請求権について，債権者が将来行うべき強制執行を保全するために，債務者の現在の財産を差し押さえることによって，その処分権を一時剥奪しておくことを目的とする執行保全の手続です。そして，仮差押命令において，仮差押えの執行を停止し，又は同執行を取り消すことを得るために，債務者が供託すべき金額を仮差押解放金といいます。今回は，よく問合せのある仮差押解放金の払渡請求について，事例別にまとめてみました。

2 仮差押解放金の意義と目的

　裁判所は，仮差押命令を発令する場合，職権で，「仮差押えの執行の停止を得るため，又は既にした仮差押えの執行の取消しを得るために債務者が供託すべき金銭の額」を定めなければならないとされています（民事保全法22条1項）。この供託すべき金額を「仮差押解放金」といいます。債務者が仮差押解放金を供託したことを証明したとき，保全執行裁判所において，仮差押えの執行が取り消されます（民事保全法51条1項）。ここで注意を要するのは，取消決定により取り消されるのは，仮差押えの執行のみであり，仮差押命令そのものは取り消されることなくそのまま存続するため，仮差押えの効力は，債務者の有する供託金取戻請求権の上に移行し，当該供託金が仮差押えの目的物に代わることになると解されています。この債務者の有する仮差押解放金の供託金払渡請求権には，仮差押解放金の限度で仮差押えの執行の効力が及びますが，債権者が当該供託金について優先権を有するものではない

155

ので，供託金取戻請求権に対しては，他の債権者もこれを差押え又は仮差押えの執行をすることができます。

なお，仮差押解放金は担保ではなく，仮差押えの執行の目的物に代わるものであるということを主たる理由として，供託物は金銭に限られ，有価証券で供託することはできません（民事保全法51条1項）。また第三者による仮差押解放金の供託の可否については，供託実務の先例として，第三者による仮差押解放金の供託は受理できないとしています（昭和42年度全国供託課長会同決議・受入3問）。

3 払渡手続方法の検討

> **事例1**
>
> Bは，Aに対して有する請負代金を被担保債権として，A所有の不動産の仮差押えをしたが，Aが仮差押債権者Bとして民事保全法22条による仮差押解放金を供託した。この場合，仮差押債権者Bが供託金の払渡請求をするにはどのようにすればよいか。

回 答

仮差押債権者Bが，本案訴訟の勝訴の確定判決を得て，それを債務名義として本執行としての差押命令をなした場合には，他に差押命令がなされていない限り，取立権の行使として払渡請求をすることができます（平成2・11・13民四第5002号通達第二・六(2)ア）。この場合，供託原因消滅証明書及び送達証明書（転付命令の場合は確定証明書）が必要な添付書面となりますが，払渡請求は，差押命令が債務者に送達後1週間経過した時（転付命令の場合は確定後）に可能となります。

事例21　仮差押解放金の払渡請求について

> 事例2
> 　事例1の仮差押解放金の取戻請求権にC税務署が滞納処分による差押えをした場合，C税務署からの払渡請求に応じられるか。

回　答

　滞納処分は仮差押えによってその執行を妨げられない（国税徴収法140条）から，徴収職員は差押債権の取立てをすることができます。この場合，仮差押えの効力が失われるものではないので，仮差押えが失効したことを証する書面を要しません（昭和57年度全国供託課長会同決議18）。

> 事例3
> 　事例1の仮差押解放金の取戻請求権にC税務署の滞納処分による差押えが送達された後，さらに，債権者Bから取戻請求権に対して上記仮差押えの本執行である差押えが送達された場合，Bからの払渡請求に応じられるか。

回　答

　滞納処分の差押えがあるため，Bからの払渡請求には応じられません。
　ただし，滞納処分庁が払渡請求をした後に，債権者Bから本執行である差押えが送達された場合，供託金に残金があり，滞納処分庁から差押えの解除がされれば，債権者Bは，取立権の行使としての取戻請求をすることができます（前掲第5002号通達第二・六(2)ア）。

> 事例4
> 　事例1の仮差押解放金の取戻請求権について，債権者Dから差押命令が送達された場合，債権者Dが払渡しをするにはどのようにすればよいか。

157

回　答

　仮差押えの被保全債権と差押えの請求債権が異なる場合には，差押えが仮差押債権者によってなされたか第三者によってなされたかを問わず，取戻請求権について仮差押えの執行と差押えの競合を生じることとなり，第三債務者たる供託官はこれにより供託義務を負うことになります。

　しかし，この場合は既に供託されていることから，供託官が改めて供託することは無意味なことですので，そのまま供託を持続して直ちに差押命令を発した執行裁判所に対して事情届をしなければならないとされています。この場合における払渡しは，配当の実施により行われます。

　よって，Dは，支払委託実施後に配当の証明書を添付して払渡請求をすることとなります。

> 事例5
> 　事例1の仮差押解放金をAが供託金の払渡請求をするにはどのようにすればよいか。

回　答

　債権者Bが仮差押執行の申立てを取り下げた場合や債務者Aが仮差押決定に対する異議申立てを行い取消決定を得てこれが確定した場合，又は，本案において債権者Bが敗訴する等の事情により仮差押決定が取り消された時には，供託金取戻請求権の上に及んでいる仮差押えの執行がその効力を失って，供託原因が消滅します。この場合，供託者である債務者Aは当該仮差押解放金を取り戻すことができます。債務者Aは，裁判所から発行される，供託原因消滅証明書を添付して供託金払渡請求をすることになります。

4　おわりに

　以上簡単ではありますが，仮差押解放金の取戻請求について，電話等でよ

く聞かれる事案についてまとめてみました。仮差押解放金は供託の払渡手続の中でも多い案件です。少しでも皆様の執務の参考になれば幸いです。

【参考文献】

立花宣男（監）・福岡法務局ブロック管内供託実務研究会編「実務解説　供託の知識167問」（日本加除出版，2006）

立花宣男・田原昭男編著「新訂　執行供託の理論と実務」（民事法情報センター，2009）

法務省民事局第四課職員編「供託実務相談　執行供託を中心として」（商事法務研究会，1990）

吉戒修一（監）「民事執行法・民事保全法と供託実務」（商事法務研究会，1992）

法務省民事局参事官室（編）「一問一答　新民事保全法」（商事法務研究会，1990）

遠藤浩ほか「供託先例判例百選〔第二版〕（別冊ジュリスト158）」（有斐閣，2001）

事例 22 | みなし解放金の供託の還付請求権が和解により債権譲渡された場合の払渡請求の可否について

設問1
　下記(1)の供託に対して，平成22年8月20日に下記(2)の和解調書を添付し，仮差押債権者Cから払渡請求がありました。払渡しの可否について検討してください。

(1) 供託の内容
　供託年月日　平成21年5月25日
　供 託 番 号　平成21年度金第100号
　供　託　者　A
　被 供 託 者　B
　供 託 金 額　5,000,000円
　法 令 条 項　民事保全法第50条第5項　民事執行法第156条第1項
　供託の原因たる事実
　　供託者は，被供託者に対し，平成20年7月1日付けで締結した工事請負契約に基づく請負代金5,000,000円の債務（弁済期：平成21年5月31日まで，支払場所B本店所在地）を負っているところ，上記債務について下記のとおり仮差押命令が送達されたので，債権の全額に相当する金5,000,000円を供託する。
　仮差押命令の表示
　　M地方裁判所平成21年(ヨ)第60号，債権者C，債務者B，第三債務者供託者とする債権仮差押命令，執行債権額金5,000,000円，仮差押債権額金5,000,000円，平成21年5月12日送達

(2) 和解調書の内容

期　　　　日　平成22年8月10日

原　　　　告　C

被　　　　告　B

被告補助参加人　D

和　解　条　項

1　被告は，本日，原告に対し，被告が有する平成21年度金第100号の供託金の還付請求権のうち，300万円を譲渡し，原告はこれを譲り受ける。

2　被告は，本日，被告補助参加人に対し，本件供託金の還付請求権のうち，200万円を譲渡し，被告補助参加人はこれを譲り受ける。

3　原告は，本件仮差押事件を取り下げる。

1　はじめに

近年の厳しい経済状況を反映して，供託事件全体に占める執行供託の割合は年々増加し，その内容，そしてその債権回収方法は多様化，複雑化の一途をたどっています。今回は，その中から，みなし解放金として供託された供託金に係る供託金還付請求権について和解による複数の債権譲渡がされた事案を取り上げ，みなし解放金の意義，和解による債権譲渡の有効性，利息の計算方法等について解説します。

2　みなし解放金の供託とは

みなし解放金とは，金銭債権に対して仮差押えの執行がされたため，第三債務者が民事保全法第50条第5項で準用する民事執行法第156条第1項の規

定により仮差押えの執行がされた金銭債権の額に相当する金銭を供託した場合に，当該仮差押債務者が民事保全法第22条第1項の仮差押解放金を供託したものとみなされる部分のことを言います（民事保全法50条3項）。第三債務者がこの供託をしたときは，仮差押債務者が取得する供託金還付請求権の上に仮差押えの執行の効力が移行します。「みなし解放金」の供託と「仮差押解放金」の供託とは，前者が第三債務者が供託した供託金に係る供託金還付請求権の上に仮差押えの効力が移行するのに対し，後者は同供託金に係る供託金取戻請求権の上に仮差押えの効力が移行する点で違いがあります。

3　本件払渡請求の可否について

　まず，本件について，別途，譲渡人から供託所に対する債権譲渡通知が必要になるのか否かについて検討します。

　供託金の払渡請求権を譲渡した場合は，譲渡人から債権譲渡通知書（民法467条）が供託所に送付された後に，譲受人から払渡請求の手続を行う方法が一般的です。

　そして，譲受人が払渡請求をする場合は，譲渡人が利害関係人に当たると解されていることから，承諾書（債権譲渡通知書）に押印された譲渡人の印鑑につき，印鑑証明書を添付しなければならない（供託規則24条2項1号）こととされています。

　本件和解調書を添付して払渡請求がなされた場合，和解調書の記載から債権譲渡がなされたことは明らかであり，裁判上の和解が確定判決と同様の効力を有する（民事訴訟法267条）ことから，本件債権譲渡契約が有効に成立したと判断することができます。

　その結果，供託官は有効な債権譲渡の存在を知り得る状態になるので，譲渡人から債権譲渡通知が送達されたと同一の効果を認めても問題はないものと考えられます。したがって，別途譲渡人が債権譲渡通知書を供託所に送付することなく，本件和解調書をもって債権譲渡通知が送達されたと同一の効

事例22　みなし解放金の供託の還付請求権が和解により債権譲渡された場合の払渡請求の可否について

果が認められることから，本件和解調書を供託規則第24条第2項の「承諾書（印鑑証明書つき）」の内容を含んだ「還付を受ける権利を有することを証する書面」として払渡請求に応じることが可能であると考えます。先例では，調停調書正本を添付して譲受人から払渡請求があった場合に，譲渡人から通知がなくとも，払渡しに応じて差し支えないとし，譲渡人からの印鑑証明書も不要としています（昭和46年度全国供託課長会同決議第22問）。なお，供託実務では債権譲渡通知を供託所に送付する際に，将来の払渡請求に備え，譲渡人の印鑑証明書も（法人の場合は資格証明書も）共に送付してもらう方法を勧めています。

　また，債権譲渡通知の送達日とみなされる日は，和解が成立した平成22年8月10日ではなく，供託官が債権譲渡が存在を知り得る状態となった払渡請求日の平成22年8月20日が相当です。

　次に，他の添付書面について検討します。

　Cは，被供託者Bから債権譲渡を受けているので，被供託者の承継人として払渡請求をすることになりますが，みなし解放金の供託において被供託者Bの承継人が還付請求をするためには，その前提として，仮差押命令が取り下げられる必要があります。仮差押命令の申立てが取り下げられると，被供託者の承継人が有する供託金還付請求権は，仮差押えの拘束力から解放され，同承継人は直接還付請求をすることができ，その場合，還付を受ける権利を有する書面として，仮差押えの効力が取下げ・取消決定により失われたことを証する書面の添付が必要です。

　なお，仮に，金銭債権の一部に対して仮差押えの執行がされ，金銭債権の全額について供託がされた場合には，仮差押金額を超える部分については仮差押えの効力が及ばず，弁済供託の性質を有する部分となりますので，この部分については，被供託者（の承継人）は仮差押えの取下げ・取消決定の添付を要せず，還付請求をすることができます（平2・11・13民四5002号通達第二・三・(1)・イ・(ア)）。

163

4　譲受人Cに払い渡すことのできる供託金利息について

　本件和解調書には，利息請求権の譲渡について明記されていません。供託金の払渡請求権の譲渡通知書に，利息請求権の譲渡について明記されていないときは，譲渡通知書が供託所に送達された日の前日までの利息は譲渡人に，送達の日以降の利息は譲受人に払い渡すこととされています（昭33・3・18民事甲592号通達）。したがって，本件においては，送達日である8月20日の前日までの利息は譲渡人であるBに，20日以降の利息はCに支払うことになりますが，供託金利息は，供託金の払渡しの月については付さないことから（供託法3条，供託規則33条2項），平成22年8月分の供託金利息は発生しないので，Cの請求できる利息は0円になります。

　では，以下の設問の場合はどうでしょうか。

設問2
　平成22年9月10日に，譲受人Dから払渡請求がありました。Dに払い渡すことのできる供託金利息はいくらになるでしょうか。

5　譲受人Dに払い渡すことのできる供託金利息について

　Cの払渡請求日である8月20日を，BからC及びDへの債権譲渡通知が送達された日とみなしています。払渡請求は9月にされているので，平成22年8月分の供託金利息は発生しているため，8月20日以降の利息はDに支払います。その際，利息債権の主体に変動を生ずる場合ですので，日割計算をしなければならないことに注意を要します。具体的な金額は以下のとおりです。

$$2{,}000{,}000 \times 0.00024 \times \frac{1}{12} \times \frac{12}{31} = 15.4838 \fallingdotseq 15円$$

6 譲渡人（被供託者）Ｂが請求できる供託金利息について

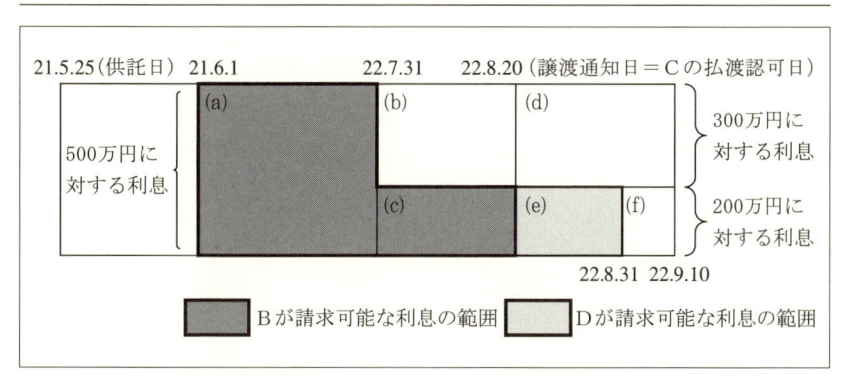

```
21.5.25(供託日) 21.6.1        22.7.31   22.8.20(譲渡通知日＝Ｃの払渡認可日)

        |        (a)           (b)       (d)   |
500万円に |                                    | 300万円に
対する利息|                                    | 対する利息
        |                    (c)       (e) (f)| 200万円に
                                              | 対する利息
                                    22.8.31 22.9.10

  ■ Ｂが請求可能な利息の範囲   □ Ｄが請求可能な利息の範囲
```

　本件和解調書では，利息請求権については債権譲渡されていませんので，８月20日の前日までの利息については被供託者Ｂが請求することができます。それでは，具体的な金額はいくらになるでしょうか。

　まず，供託金受入月の翌月の平成21年６月から平成22年７月までの元金500万円の利息【図の(a)の部分】はＢに支払います。次に，平成22年８月分の利息は，元金300万円に対する利息と元金200万円に対する利息に分けて考える必要があります。

　元金300万円に対する利息については，８月20日に債権譲渡通知が送達されたと考えるので，債権譲渡通知の前日である８月19日までの利息はＢに，８月20日以降の利息はＣに帰属します。しかし，供託金（元本）の払渡月には利息を付さないため，元金300万円に対する８月分の利息はそもそも発生しないこととなります。したがって，８月１日から８月19日までの元金300万円に対する利息【図の(b)の部分】は０円ということになります。

　一方，元金200万円に対する利息については，Ｄの払渡請求が９月10日に認可されているため，供託金（元本）の払渡月の前月である平成22年８月分の利息が発生します。そして，８月分の利息は，債権譲渡通知の前日までの利息とそれ以降の利息に分かれて帰属することになりますので，８月19日までの元金200万円に対する利息【図の(c)の部分】はＢに，８月20日から８月

31日までの利息【図の(e)の部分】はDに，それぞれ払い渡します。

以上のことから，仮に，Bが利息の払渡請求をした場合，払い渡すことのできる利息は図の(a)(c)部分となります。具体的な金額は以下のとおりです。

(a)　$5,000,000 \times 0.00024 \times \dfrac{14}{12} = 1,400$

(c)　$2,000,000 \times 0.00024 \times \dfrac{1}{12} \times \dfrac{19}{31} = 24.5161$

(a)+(c)=$1,400+24.5161=1,424.5161 \fallingdotseq 1,424$円

7　おわりに

みなし解放金の供託については，仮差押債権者が被供託者の還付請求権を仮差押えの本執行としての差押えをするのが一般的と思われます。しかし，差押債務者の同意（和解）が得られる状況であれば，簡便な債権回収方法として本件のような和解による仮差押債権者への債権譲渡が有効な手段と考えられます。そのような事案が発生した際に，本稿が事務処理の参考になれば幸いかと存じます。

【参考文献】

立花宣男（監）・福岡法務局ブロック管内供託実務研究会編「実務解説　供託の知識167問」（日本加除出版，2006）329～336頁，760～763頁

法務省民事局編「供託関係先例集」（法曹界，1958）850～852頁

法務省民事局編「供託関係先例集」（法曹界，1958）(5)215～216頁

事例23 仮差押えの執行が競合した供託後に，仮差押命令の申立てが取下げ等により失効した場合の供託金の払渡しについて

事例 23 | 仮差押えの執行が競合した供託後に，仮差押命令の申立てが取下げ等により失効した場合の供託金の払渡しについて

1 はじめに

　先日，仮差押えの執行が競合した供託について，その後一方の仮差押えの執行の効力が取下げ等により失われた場合の，被供託者による還付請求について相談がありました。

　仮差押えの執行を原因とする供託は，同じく第三債務者のする執行供託である強制執行による差押えの場合の供託とはその性質が全く異なります。そこで，その処理に当たって留意すべき点について，検討してみたいと思います。

2 事 例

　債権額100万円の金銭債権に対して，仮差押債権額がそれぞれ70万円と60万円の二つの仮差押命令が相次いで第三債務者に送達され，民事保全法（以下「保全法」という。）50条5項及び民事執行法（以下「執行法」という。）156条1項を根拠条文として権利供託がされた（図1参照）。その後，仮差押えの申立ての一方（60万円の仮差押え）が取下げ又は取消決定により失効した場合に，被供託者である仮差押債務者は還付請求が可能か。また，可能であるならば，還付を受けることができる金額はいくらか。

3 仮差押えの執行を原因とする供託の性質

　金銭債権に対して仮差押えの執行がされた場合（仮差押えの執行が競合した場合も含む。），第三債務者は，保全法50条5項の準用する執行法156条1項によ

167

り，金銭債権の全額又は仮差押金額に相当する金銭を債務の履行地の供託所に供託することができます（平成2年11月13日民四第5002号通達（以下「基本通達」という。）第二・三・(1)・ア）。

仮差押えの執行を原因とする供託については，執行の目的物の供託であることから執行供託の類型に含まれ，供託者は，供託後に保全執行裁判所に事情の届出をする必要があります（保全法50条5項，執行法156条3項）。しかし，差押えによる供託とは異なり，この供託によって配当加入遮断効は生じず，配当等の実施のきっかけ（執行法166条1項1号）にもならないため，具体的な配当等は，仮差押債権者の本執行としての差押え又は他の債権者による差押えがされたことを契機として実施されることになります。

したがって，仮差押えの執行を原因とする供託は，本来の債権者である仮差押債務者を被供託者とする弁済供託としての性質を有し，その仮差押債務者の有する供託金還付請求権の上に仮差押えの効力が移行すると考えられています（基本通達第二・三・(1)・ウ・(ア)）。

4 みなし解放金

第三債務者による仮差押えの執行を原因とする供託がされた場合，保全法22条1項の規定により仮差押命令に記載された金額（仮差押解放金額）に相当する部分は，債務者が仮差押解放金額に相当する金銭を供託したものとみなされます（保全法50条3項）。これを「みなし解放金」と呼んでいます。

仮差押債務者による「仮差押解放金」の供託と，第三債務者による「みなし解放金」の供託との相違点は，前者は，仮差押債務者自らが供託者となるため，供託金取戻請求権の上に仮差押えの効力が移行する一方，後者は，第三債務者が仮差押債務者を被供託者として供託をするため，仮差押債務者の有する供託金還付請求権の上に仮差押解放金の額の限度で仮差押えの執行の効力が移行する点にあります。

事例23　仮差押えの執行が競合した供託後に，仮差押命令の申立てが取下げ等により失効した場合の供託金の払渡しについて

5　差押えの効力の拡張効

　一つの金銭債権に対し，複数の差押え又は仮差押えの執行（以下「差押え等」という。）がされ，これらの差押債権額又は仮差押債権額の合計金額が差し押さえられた債権金額を超える場合，差押え等が競合することになり，たとえ差押え等が債権の一部に対するものであっても，各差押え等の効力は債権全額に及びます。これを「拡張効」とか，「執行の効力の拡大効」といいます。

　この拡張効については，本件事案のように，仮差押えが競合する場合であっても生じます（保全法50条5項，執行法149条）。

　そして，供託実務においては，一旦差押え等の効力が拡張した後，差押え等が失効して競合状態が解消された場合（供託の前後を問わない）であっても，差押え等の効力の拡張効は維持される取扱いです（昭和57年度全国決議7問・先例集(7)37ページ，昭和59年度全国決議8問・先例集(7)106ページ）。

【図1】

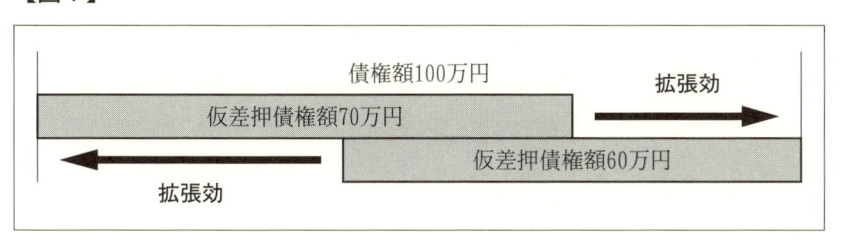

```
                債権額100万円
    ←───────────────────────────────→
         仮差押債権額70万円           拡張効 →
    ←─────────────────────
                    仮差押債権額60万円
                ─────────────────────→
    ←
      拡張効
```

6　被供託者からの還付請求

　仮差押えの執行を原因とする供託の被供託者からの還付請求については，以下の3通りに分けて考える必要があります。

(1) 仮差押債権額を超える供託金額（弁済供託部分）の還付請求

　金銭債権の一部に対して仮差押えの執行がされ，仮差押えに係る金銭債権

の全額に相当する金銭の供託がされた場合における、仮差押金額を超える部分については、仮差押えの執行を受けていない、純然たる弁済供託としての性質を有する部分であり、仮差押債務者（被供託者）は供託を受諾して還付請求することができます（基本通達第二・三・(1)・イ・(ア)）。

(2) **仮差押解放金の額を超える供託金額の還付請求**

　前述のとおり、仮差押えの執行の効力は、供託金還付請求権の上に仮差押解放金の額の限度で移行すると解されています。したがって、供託金のうち、仮差押解放金の額を超える部分については仮差押えの執行の効力が及んでいないことになりますので、債務者は還付請求することができます。ただし、仮差押解放金の額は仮差押金額と当然に一致するものではなく、また供託書上からはその額を知り得ないため、供託金払渡請求書に「仮差押解放金の額を証する書面」（仮差押命令正本が該当する。）を添付する必要があります（基本通達第二・三・(1)・イ・(イ)・b）。

(3) **仮差押解放金とみなされる供託金額の還付請求**

　仮差押命令が単発（重複するが競合しない場合も含む。）の場合、供託後に当該仮差押えの執行の効力が失効（取下げ、取消決定）すると、仮差押債務者の有する供託金還付請求権は、仮差押えの拘束力から解放されるため、当該仮差押えの効力が取下げ、取消決定により失われたことを証する書面（供託規則24条1項1号）を添付して、供託金の還付請求をすることができます（基本通達第二・三・(1)・エ）。

7　事案の検討

　本件事案の場合、仮差押命令が重複して競合していますので、残存する方の仮差押えの執行の効力は、他方の仮差押命令の失効後においてもなお拡張効は維持されるため、仮差押えの効力は100万円の債権全額に及んでいます。

事例23　仮差押えの執行が競合した供託後に，仮差押命令の申立てが取下げ等により失効した場合の供託金の払渡しについて

したがって，一方の仮差押え失効後の供託の構造は，100万円の債権全額に対して仮差押えの執行がなされた場合と同様に考えることができます（図2参照）。

当該仮差押えが100万円の債権のうちの一部である70万円に対する仮差押えであるからといって，単に30万円を弁済供託部分（前記6(1)）として還付する場合とは異なることに，留意すべきです。

本件事案の回答としては，被供託者（仮差押債務者）は，債権額100万円から仮差押解放金の額を差し引いた金額について還付請求することが可能ですが，仮差押解放金の額を証する書面（仮差押命令の正本又は謄本）及び仮差押えの効力が取下げ・取消決定により失われたことを証する書面（供託規則24条1項1号）の添付を要することになります。

【図2】

債権額100万円	
仮差押解放金	仮差押えの効力が及んでいない部分 →還付を受けられる部分

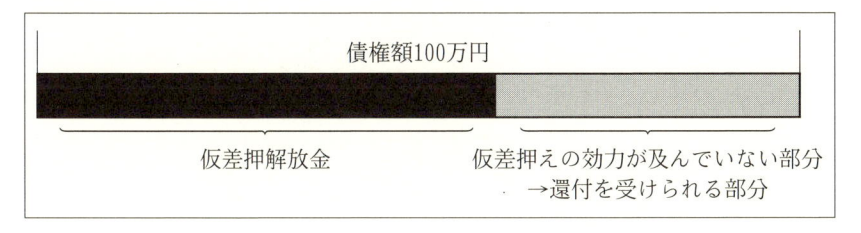

8　おわりに

今回の事案では，「みなし解放金」や「差押えの拡張効」といった，関連するテーマについてまとめてみました。私自身，理解している気になっていて，聞かれると実はよく分かっていないテーマであったため，とても勉強になった事例でした。

最後に，本稿が執務の参考になれば幸いです。

【参考文献】
吉戒修一（監）「民事執行法・民事保全法と供託実務」（商事法務研究会，1992）

立花宣男・田原昭男編著「新訂　執行供託の理論と実務」（民事法情報センター，2010）

立花宣男（監）・福岡法務局ブロック管内供託実務研究会編「実務解説　供託の知識167問」（日本加除出版，2006）

事例24 仮差押命令に基づいて供託された議員報酬債権に対して，仮差押禁止債権の範囲の変更（拡張）決定に基づき還付請求がされた事例

事例 24 | 仮差押命令に基づいて供託された議員報酬債権に対して，仮差押禁止債権の範囲の変更（拡張）決定に基づき還付請求がされた事例

1 はじめに

　本年1月5日の仕事始めの日，仮差押命令に基づいて供託された議員報酬債権に対して，仮差押禁止債権の範囲の変更（拡張）の「決定書」（後記5参照）を持参した被供託者から，第三債務者が供託している供託金の一部払渡請求を行いたい旨の相談が寄せられました。あまりなじみのない払渡請求ではないかと思われますので，執務の参考に紹介したいと思います。なお，文中意見にわたる部分は私見であることをお断りします。

2 供託書副本情報の概略

　供託書副本情報の概略は次のとおりです。

　茨城県□□市を管轄する供託所（支局）に，下記仮差押命令により第三債務者□□市が平成20年12月10日金727,569円，同月19日金313,300円の議員報酬（報酬額から法定控除額を控除した残額全額）の供託を行っている。

　　　　　　　　　　　　　記

仮差押の表示

水戸地方裁判所○○支部　平成20年（ヨ）第××号

　　　茨城県△△市大字△△555番地
債権者　△△信用金庫

代表者代表理事　　甲野　太郎

　　債務者　丙川　一郎

第三債務者を供託者とする債権仮差押命令，執行債権額金2,995,328円

仮差押債権額金2,995,328円　　平成20年12月3日送達

3　事案の概要

　被供託者は，□□市の市議会議員であるが，議員報酬支払債務者である□□市に水戸地方裁判所○○支部から，債権者△△信用金庫，債務者丙川一郎，第三債務者□□市，執行債権額・仮差押債権額ともに金2,995,328円とする仮差押命令が平成20年12月3日送達された。

　被供託者には，議員報酬以外に主立った収入がなく，議員報酬を全額仮差し押さえられると（注1）たちまち生活困窮に陥るため，水戸地方裁判所○○支部に「仮差押禁止債権の範囲の変更申立て」を行ったところ，平成20年12月25日申立てに基づく決定がなされ，期間経過により平成21年1月6日本決定が確定したものである。

　ところで，□□市は，前記仮差押命令により被供託者に支払うべき12月分議員報酬及び期末手当金全額をそれぞれ平成20年12月10日に金727,569円，同月19日に金313,300円を第三債務者として供託を行っていた。

　そこで，被供託者は，上記決定が確定した平成21年1月6日以後に，平成20年12月10日及び同月19日に供託された供託金の一部（変更決定により仮差押えを禁止された部分）について還付請求を行いたいとして来庁したものである。

（注1）

　　民事執行法第152条第1項では，給料等差押禁止債権について規定され

事例24　仮差押命令に基づいて供託された議員報酬債権に対して，仮差押禁止債権の範囲の変更（拡張）決定に基づき還付請求がされた事例

ているが，市議会議員報酬は，兼業の禁止もなく，それだけが生活の基礎となるわけではないので，労働の対価としての給与とは異なり，同条の規定する差押禁止債権には当たらないものと解されている。

4　本件の問題点等と処理について

　本件の問題点は，民事保全法第50条第5項で準用する民事執行法第153条第1項による仮差押禁止債権の範囲の変更決定前に第三債務者が供託した供託金に，仮差押禁止債権の範囲の変更決定の効力が遡及するのか，言い換えれば，仮差押命令に基づいて供託された議員報酬債権に対し，その供託後に仮差押禁止債権の範囲の変更決定（範囲の拡張の決定）がなされた場合，その変更決定に基づいて，変更前の仮差押命令に基づいて供託された議員報酬債権のうち，変更後の決定によれば仮差押禁止債権の範囲を超えることとなる部分の供託金について被供託者からの還付請求に応じることができるかどうかということである。

　供託金の払渡しの可否については，当然供託官が判断すればよいのであるが，将来予想される供託金を原資としての配当等を考えれば，供託金の実質的管理は保全執行裁判所にあるのではないかと考えられることから，裁判所との連携は不可避であると判断し，変更決定を行った裁判所裁判官に書記官を通じて意見を伺ったところ，「本仮差押禁止債権の範囲の変更決定については，決定後の議員報酬支払債務から適用され，決定前の支払債務については，仮差押禁止債権の範囲の変更の効力は及ばないのではないか。」とのことであった。つまり，仮差押禁止債権の範囲の変更前の議員報酬である支払債務は，変更前の仮差押命令によって全額供託されたものであり，範囲の変更の効力は及ばないという見解もある，とするものであった。

　ところで，民事執行法第152条に該当しない債権については全部の差押えが可能であるが，執行裁判所は，申立てにより債務者及び債権者の具体的な状況（生活の状況その他の事情を考慮）によっては，その差押えの範囲を変更す

る必要が生じる場合があり，具体的に妥当な変更措置がとれるように規定しているのが民事執行法第153条第1項である。被供託者は，平成20年12月3日執行裁判所からの送達をもって，仮差押命令が発せられたことを認知し，結果的に12月分報酬及び期末手当全額が□□市により供託されたことから，収入を絶たれたことになり，今後の生活困窮回避のために，民事保全法第50条第5項で準用する民事執行法第153条第1項による仮差押禁止債権の範囲の変更（拡張）申立てを行ったものと推察される。

そこで，まず，決定書の変更後の仮差押債権目録を確認すると，「債務者が第三債務者から平成20年12月10日以降支払を受ける報酬及び期末手当にして，……」とある。そして，決定書主文においては，「別紙仮差押債権目録記載の範囲を超える部分を取り消す。」となっている。

民事執行法第153条第1項では，差押禁止債権の範囲の変更（拡張）については「差押命令の全部若しくは一部を取り消し，」と定められているが，取消しの効果は民法第121条の規定からも当初から無効なものと考えられる。また，これを差押禁止債権の範囲の変更決定の効果ととらえれば，遡及しないようにも思えるが，あくまで仮差押命令の取消し（一部）であるので，本件仮差押禁止債権の範囲の変更の決定の効果は，目録記載にあるとおり，平成20年12月10日以降の支払報酬すべてに効果が及ぶものと判断し，被供託者からの還付請求に応じることができるとの結論に至った。

そこで，裁判所書記官に当方の結論を伝えたところ，「供託金の還付の可否については，まさに供託官の判断であり，裁判所が意見を言う立場にない。しかし，将来の配当等を考えると，規定はないが還付した旨の通知をいただけるとありがたい。裁判官に通知の旨を伝えると同時に事件記録につづりたい。」とのことであったため，仮差押命令及び仮差押禁止債権の範囲変更申立事件名を明記して還付した旨の通知書を発出することとした。

なお，還付した金額は，平成20年12月10日分が金330,000円，同月19日分が金156,650円であり，念のため第三債務者である□□市担当者にも還付した旨を伝え，供託金の累積金額の管理に注意を促した。

事例24　仮差押命令に基づいて供託された議員報酬債権に対して，仮差押禁止債権の範囲の変更（拡張）決定に基づき還付請求がされた事例

5　本件決定書について

本件決定書の概要は次のとおりです。

平成20年(ヲ)第××××号仮差押禁止債権の範囲変更申立事件（基本事件　同年(ヨ)第××号債権仮差押命令申立事件）

決　　　定

茨城県△△市大字△△555番地
　　債権者　　　　　　　△△信用金庫
　　代表者代表理事　　　甲野　太郎
　　代理人弁護士　　　　乙野　次郎
茨城県□□市■■1111番地2
　　債務者　　　　　　　丙川　一郎
茨城県□□市▲▲4444番地
　　第三債務者　　　　　□□市
　　代表者市長　　　　　丁山　二郎

主　　　文

1　水戸地方裁判所○○支部平成20年(ヨ)第××号債権仮差押命令申立事件について，同裁判所が平成20年12月3日にした仮差押決定のうち，別紙仮差押債権目録記載の範囲を超える部分を取り消す。
2　この裁判が効力を生ずるまでの間，第三債務者は，債権者に対し，前項により仮差押えが取り消された部分について，支払その他の給付をしてはならない。
3　債務者のその余の申立てを却下する。

理　　　由

1　本件記録によれば，次のような事実を認めることができる。

　…（略）…

2 以上によれば，…（略）…債務者の申立てはその限度で理由があるから，民事保全法第50条第5項において準用する民事執行法第153条第1項の規定に基づいて，仮差押債権の範囲を別紙仮差押債権目録記載のとおりとするとともに，民事保全法第50条第5項において準用する民事執行法第153条第3項の規定に基づいて，この裁判が効力を生ずるまでの間，担保を立てさせないで，第三債務者に対し，支払その他の給付の禁止を命ずることとする。

　　平成20年12月25日
　　　　水戸地方裁判所〇〇支部
　　　　　　裁　判　官　　戌　田　三　郎

　　　　　　これは正本である。
　　　　　　平成20年12月25日
　　　　　　水戸地方裁判所〇〇支部
　　　　　　　裁判所書記官　　司　法　五　郎　印

別紙

仮差押債権目録

金299万5328円

　ただし，債務者が第三債務者から平成20年12月10日以降支払を受ける報酬及び期末手当にして，各支払期に受ける金額から所得税，住民税，□□市議会議員共済掛金を控除した残額の2分の1（当該残額が月額66万円を超える場合にあっては，当該残額から33万円を控除した金額）にして，頭書金額に満つるまで。

　　　　　　　　　　　　　　　　　　　　　　　　以　上

事例 25 執行供託後における錯誤を原因とする取戻請求手続について

1 はじめに

　執行供託は，弁済供託と並んで申請件数の多い供託の一つであり，当局管内の執行供託の受入件数は，ここ数年全体の約4割を超えている状況にあります。
　つい最近，賃貸マンションの所有者が負債を抱えたため，債権者からの申立てにより，賃貸人が賃借人に対して有する賃料債権の差押えを内容とする債権差押命令が執行裁判所から第三債務者（賃借人）あてに送達され，当該賃貸マンションの賃借人が執行供託の申請に一度に多数供託所に来ました。
　その後，何人かの賃借人から，次のような相談がありました。

　相談者Ａ：「私は，第三債務者として民事執行法第156条第2項の供託をした者ですが，その供託内容に誤りがあったため，供託金の取戻しをしに行きたいのですが，可能でしょうか。ちなみに，事情届及び供託書正本は既に裁判所に提出してしまいました。供託金の取戻請求手続を伺いたいのですが。」

　相談者Ｂ：「私は，第三債務者として民事執行法第156条第2項の供託をした者ですが，執行裁判所の書記官から平成18年10月分の賃料債務には差押えの効力が及んでいないので，供託所において供託金の取戻しをしてくださいと言われました。ちなみに，事情届及び供託書正本は裁判所に提出していません。供託金の取戻請求手続を伺いたいのですが。」

そこで，今回，執行供託後において，錯誤による供託金の取戻請求手続について考察することにします。

2　錯誤による供託金の取戻しの可否

　供託金の取戻しとは，供託者（又はその承継人）が供託の本来の目的を達しないまま供託金の払渡請求をすることをいいますが，錯誤によって供託金を取り戻すには，当該供託が錯誤の供託であって無効であることを要します。

　民事執行法第156条第2項の供託は，供託後に供託者である第三債務者が，執行裁判所に供託書正本と共に事情届を提出することにより（民事執行法156条3項），配当事件として立件され，その供託金は，配当原資として執行裁判所の管理下に置かれます。その後，執行裁判所からの支払委託の手続によってのみ債権者に還付をすることになります。

　弁済供託においては，被供託者が還付をするまでは供託者は取戻しをすることができますが，執行供託においては，通常供託者は取り戻す権利を有していません。

　しかし，これは有効な執行供託がなされることを前提としたものであり，供託が無効な場合には，一定の理由を原因とする供託金の取戻しを認める必要がありますので，執行供託においても錯誤を理由として供託金を取り戻すことができます（供託法8条2項）。

　執行供託において，錯誤に基づく供託であって無効と考えられるものは，次のとおりです。
(1)　供託所の管轄違背の場合（民法495条1項）
(2)　供託義務が実体的に生じていない場合
　①　差押命令が供託前に失効していた場合
　②　義務供託をすべきところ，権利供託をしたなど執行供託であることに変わりはないが，その前提事実（法令条項を含む。）を間違えた場合
　③　優先する転付命令が効力を生じているのに，差押命令の競合として義

務供託した場合
　④　優先する有効な債権譲渡の通知があったのに，これを見過ごして，その後に送達された差押命令を根拠に執行供託した場合
(3)　被差押債権以外の債権を供託した場合
(4)　供託者が第三債務者でない場合など
　上記については，錯誤に基づく供託であって無効と考えられ，供託者の取戻請求が認められます。

3　錯誤を証する書面

　錯誤その他供託の無効を理由として供託金を取り戻す場合（供託法8条2項）には，供託金払渡請求書に，供託が錯誤であることを証する書面を添付しなければなりません（供託規則25条1項）。

　錯誤を証する書面は，個々の事案によって異なりますが，供託官において当該供託が錯誤によってなされたことを確認できるものであることを要し，単に供託者自身が作成した書面（理由書）だけでは足りません。例えば，当該供託が無効であることの確定判決等，あるいは官公署の作成した書面がこれに当たります。もっとも，私書証書であっても信憑性があれば差し支えない場合もあり（昭和40・3・25民事甲第636号民事局長認可），また，供託所において供託書等の記載から錯誤であることが明らかな場合には，錯誤を証する書面は不要とされています。

4　執行供託後における錯誤による供託金の取戻請求手続

　民事執行法第156条第2項の供託後に，供託者である第三債務者が，執行裁判所に供託書正本と共に事情届の提出がなされると，執行裁判所としては，いったん発生した差押えの効力が，差押債権者の取下げあるいは債権執行の手続を取り消す旨の決定等がされない限り，差押え及びこれを原因とし

てされた供託が有効であることを前提に配当等の手続が実施されます（民事執行法166条）。なお、配当等の手続が終了してしまうと、もはや供託者（第三債務者）は錯誤による供託金の取戻しはできないことになります。

　執行裁判所は、執行供託に錯誤があった場合、特に明文の規定はありませんが、執行裁判所の実務上の取扱いとして、提出された事情届等を受理しない（いわゆる不受理）という処理を行い、不受理証明書、又は、不受理決定正本、供託書正本及び供託書正本下付証明書を交付する取扱いを行っています。

　したがって、次のように事情届を提出しているかいないかにより、錯誤を証する書面が異なります。

(1) 執行裁判所に供託書正本と共に事情届を提出している場合

　供託書正本と共に事情届を執行裁判所に提出している場合は、配当事件として既に立件されています。この場合供託者（第三債務者）は、不受理にされたい旨の上申書等及び供託書正本下付証明申請書（別紙1参照）を執行裁判所に提出することで、不受理決定正本、供託書正本及びその下付証明書の交付を受けることができます。

　不受理決定とは、事情届の提出を受け配当事件として立件された事案に対し、裁判所が出した答えです。決定とは判決などと同じく、具体的事件に対し裁判所が下した結論であり、相当と認められる方法で告知されることにより効力を生じます（民事訴訟法119条）。それが事情届の場合は、不受理決定として告知され、不受理決定正本という形で第三債務者に交付されます。

　また、提出済みの供託書正本と共に供託書正本下付証明書の交付を受けることになりますが、下付証明書とは、下付された者が供託金の取戻しを受ける者であることを、裁判所書記官が形式的に証明したもので、不受理決定を補完するものです。

　供託者（第三債務者）が執行裁判所から交付を受けた不受理決定正本及び供託書正本下付証明書が、錯誤を証する書面となります（注）。

(2) **執行裁判所に供託書正本と共に事情届を提出していない場合**

供託書正本と共に事情届を執行裁判所に提出していない場合は，事情届及び供託書正本と共に，事情届を受理しなかったことの証明申請書（事情届不受理証明申請書，別紙2参照）を執行裁判所に提出し，不受理証明書（別紙3参照）の交付を受けることになります。

不受理証明書とは，執行裁判所が当該事情届の不受理の判断をしたことについての証明書であり，錯誤を証する書面に該当します。

5 まとめ

(1) **相談者Aについて**

相談者Aは，事情届及び供託書正本を既に執行裁判所に提出していることから，配当事件として立件されていると考えられます。

したがって，前記4(1)のとおり，相談者Aが執行裁判所に不受理にされたい旨の上申書等及び供託書正本下付証明申請書を提出し，不受理決定正本，供託書正本及びその下付証明書の交付を受けることになります。

そして，供託金払渡請求書に錯誤を証する書面として，不受理決定正本，供託書正本下付証明書（供託規則25条1項）とその他必要書類（印鑑証明書等）を添付して取戻請求をすることができます。

(2) **相談者Bについて**

相談者Bは，事情届及び供託書正本を執行裁判所に提出していませんので，配当事件として立件されていません。

したがって，前記4(2)のとおり，相談者Bが執行裁判所に事情届及び供託書正本と共に，事情届を受理しなかったことの証明申請書を執行裁判所に提出し，不受理証明書の交付を受けることになります。

そして，供託金払渡請求書に錯誤を証する書面として，不受理証明書（供託規則25条1項）とその他必要書類（印鑑証明書等）を添付して取戻請求をする

ことができます。

(3) 留意点

前記(1)及び(2)について，供託時から住所等が変更している場合は，変更を証する書面等が必要になりますので，相談時に留意する必要があります。

6 おわりに

執行供託後における錯誤による供託金の取戻請求手続について，簡潔に考察してみました。なお，本稿中意見にわたる部分はあくまで私見でありますので，お断りしておきます。

(注) 錯誤を証する書面について，執行裁判所は，①不受理決定正本，②供託書正本及び③供託書正本下付証明書を第三債務者に交付する取扱いを行っています。

したがって，錯誤を証する書面としては，①〜③の全部が供託規則第25条第1項の取戻しをする権利を有することを証する書面に該当するとの考え方もありますが，平成17年の供託規則の一部改正（平成17年法務省令第13号）に伴い，供託書正本は取戻請求の際の添付書類として不要になったこと，及び供託書正本下付証明書の記載内容から，供託年月日，供託番号等が特定されることから，当該供託書正本は添付不要と考えます（ただし，同正本の任意提出を除く。）。

【参考文献】

法務省民事局第四課職員編「供託実務相談　執行供託を中心として」（商事法務研究会，1990）

東京地裁債権執行等手続研究会編著「債権執行の諸問題」（判例タイムズ社，1994）

（別紙１）

供託書正本下付証明申請書

　水戸地方裁判所民事部執行係　御中

　下記供託書正本は，供託者○○○○より御庁平成○○年（リ）第○○号事件につき，提出されておりましたが，この度，事情届の不受理により，下記供託書正本を第三債務者○○○○に下付されたことを証明されたく申請します。

記

供託年月日	平成○○年○○月日
供託番号	水戸地方法務局平成○○年度（金）第○○○○号
供託金額	○○○○○円
供託原因	民事執行法第156条第2項
供託者	○　○　○　○

　平成○○年○○月○○日

　　　　　　　住　所　　○○市○○町○○番地
　　　　　　　申請人（第三債務者）　○　○　○　○　　印

(別紙2)

平成○○年○○月○○日

事情届不受理証明申請書

水戸地方裁判所民事部執行係　御中

　　　　　　　　住　所　　○○市○○町○○番地
　　　　　　　　申請人　　○　○　○　○　　印

　申請人からの別紙供託書1通について，民事執行法第156条第2項による事情届を御庁が受理しなかったことを証明してください。

　（別紙省略）

事例25　執行供託後における錯誤を原因とする取戻請求手続について

（別紙3）

平成○○年○○月○○日

事情届不受理証明申請書

水戸地方裁判所民事部執行係　御中

住　所　　○○市○○町○○番地
申請人　　○　○　○　○　　印

　申請人からの別紙供託書1通について，民事執行法第156条第2項による事情届を御庁が受理しなかったことを証明してください。

　（別紙省略）

　これを証明する。

　平成○○年○○月○○日

　　水戸地方裁判所民事部
　　　裁判所書記官　　　○　○　○　○　　印

※　供託書正本の写しが添付され，裁判所書記官の職印で契印されます。

187

事例26 裁判上の担保供託金に対する担保権利者の権利の実行について

1　はじめに

　裁判上の担保供託は，訴訟行為又は裁判上の処分により相手方に生ずべき損害賠償の担保や，自己に帰すべき訴訟費用の支払を担保するために裁判所によって提供が命ぜられた場合になされるもので，強制執行の一時停止・取消しの担保（民訴法403条1項3号），執行文付与に対する異議の訴え等に係る強制執行停止等の担保（民執法36条1項），保全命令の保証の担保（民保法14条1項），訴訟費用の担保（民訴法76条）等があります。

　当局の裁判上の担保供託の払渡件数を見ますと，その多くが取戻請求ですが，最近続けて，本案訴訟で勝訴した担保権利者（被供託者）の弁護士等から，還付請求等の払渡請求について相談がありましたので，裁判上の担保供託における担保権利者の権利の実行（行使）について説明をしたいと思います。

　なお，本稿中意見にわたる部分は私見であることをあらかじめお断りします。

2　裁判上の担保保証金に対する担保権者の権利の実行について

　裁判上の担保保証金に対する担保権者の権利の実行とは，担保権利者である被供託者（被告等）が，供託の原因となった裁判又は訴訟行為によって損害が生じた場合にその損害賠償請求として供託所に直接還付を求めるものです（民訴法77条，405条2項，民執法15条2項，民保法14条2項）。

　この裁判上の担保保証金に対する担保権者の権利の実行について，後記3に記載のとおり，民事訴訟法の改正がありますが，経過措置により一部従前

の例による場合もありますので，注意が必要です。

3　裁判上の担保供託の還付請求の経緯について

　裁判上の担保供託の担保権利者（被供託者）の権利の実行について，現行民訴法77条は，「被告は，訴訟費用に関し，供託した金銭又は有価証券について，他の債権者に先立ち弁済を受ける権利を有する」としており，他の裁判上の保証供託についても同条を準用（民訴法405条2項（執行停止の裁判），民執法15条2項（強制執行など），民保法14条2項（保全命令））していますので，被担保債権（損害賠償請求権）が発生した場合は，供託所に対して直接還付請求をする方法により，その権利を実行することになります。

　民訴法改正（平成10年1月1日施行）前の旧民訴法は，「質権者と同一の権利を有する」（旧民訴法113条）とされ，この解釈については「法定質権説」と「優先弁済権説（還付請求権説）」があり，供託実務においても，供託所に対して直接還付請求をする方法と，供託物取戻請求権に対する質権の実行として供託者の供託物取戻請求権について差押・転付命令を得て取戻請求をする方法の両方が認められていました。この場合の質権の実行は，手続上は取戻請求でも，実体上は担保権の実行（還付請求権の行使）によるものと解釈されていたため，供託原因消滅証明書は添付不要とされていました（昭40・1・5民事甲4058号）。また，取戻請求権に他の差押命令がされていたり，取戻請求権の譲渡又は質権の設定がされていたとしても被供託者は何の影響も受けずに払渡しを受けることが可能とされていました（大2・7・1民204号，昭31・5・7民事甲962号）。

　しかし，旧民訴法113条は現民訴法77条の「他の債権者に先立ち弁済を受ける権利を有する」と改正され，担保権の実行は，直接還付の方法によることが明らかにされたことから，この供託物取戻請求権に対する質権の実行による方法はできないこととなりました（他の裁判上の保証供託も同条を準用）。ただし，経過措置により，民訴法改正の施行前（平成10年1月1日より前）に供託

した裁判上の担保供託については，従前の例によることとされているので，その場合は，供託物取戻請求権に対する質権実行のための差押・転付命令を得て供託物の取戻請求をすることができます（民訴法附則5条2項）。

4　裁判上の保証供託の被担保債権について

　裁判上の保証供託により担保される「被担保債権」とは，供託の原因となった裁判又は訴訟行為によって相手方に生じた損害賠償請求権又は訴訟費用の償還請求権です。例えば，保全命令（仮差押え・仮処分）のための担保供託（民保法14条1項）においては，被保全権利又は保全の必要性が存在しないのに保全命令が発せられ，あるいは執行された場合，また，保全命令に問題はないがその執行が違法である場合に，債権者に故意又は過失があれば不法行為が成立するとして，保全命令の債務者（被供託者）はそれによって生じた損害の賠償を保全命令の債権者（供託者）に対して請求することができます。この場合，被担保債権は仮差押え・仮処分の執行によって生じた損害賠償請求権であり，本案の請求債権ではありません。

　また，強制執行の停止又は取消し，その担保のための供託（民訴法403条1項）における被担保債権は，その執行停止又は取消しの間に執行債務者らによってされた執行目的物の毀損，隠匿等の不法行為に起因する執行債権者の損害賠償請求権であり，強制執行の執行（請求）債権そのものが被担保債権に含まれないことはもちろん，本案訴訟の訴訟費用もこれに含まれないとするのが，供託実務の取扱いです（昭10・6・12民事甲633号）。

5　還付請求の添付書類について

　被供託者が権利の行使により，還付請求をする場合の添付書類は，印鑑証明書（規則26条）及び代表者等の資格又は代理人の権限を証する書面（規則27条）のほか，「還付を受ける権利を有することを証する書面」（規則24条1項1

号）として，「被担保債権の存在を証する書面」を添付する必要があります（平9・12・19民四2257号）。この「被担保債権の存在を証する書面」には，被担保債権について給付を命じ，又は被担保債権の存在を確認する確定判決，和解調書，調停調書，確定した仮執行宣言付支払督促，担保提供者の同意書（印鑑証明書つき），公正証書等があります。

　被担保債権は，一般的には，供託の原因となった裁判とは別個に損害賠償の請求の裁判を提起して確定することになります。したがって，担保権利者が，当該訴えの提起等により生じた損害について別途損害賠償請求訴訟を提起し，損害賠償請求権について認めた確定判決等を得た場合，それが「被担保債権の存在を証する書面」となります。なお，還付請求は強制執行ではないので，自己の権利を証明できるものであればよく，確定判決の内容は，給付判決のほか，確認判決でもよいとされています。

　同様の趣旨から，担保提供者の同意書でも可能ですが，真正担保のため，印鑑証明書の添付が必要であり，「還付請求の同意」と「被担保債権の存在」の両方について証することが必要です。

　また，訴訟費用の担保における被担保債権は，費用償還請求権ですが，これについては，確定訴訟費用確定処分証明を得て（民訴法71条ないし74条），「被担保債権の存在を証する書面」とすることができます。

6　民事保全規則第17条第4項による簡易取戻し

　担保権利者は，保証供託の被担保債権や本案の請求債権の回収方法として，それらの債務名義に基づき，一般債権者として強制執行手続により，供託者の取戻請求権に対する差押え又は差押・転付命令を得て，供託原因が消滅したことを証する書面を添付の上，取立て又は取戻請求をし，当該債権を回収することもできます。

　その場合，民保法14条1項（保全命令の担保）による供託においては，担保権利者が差押・転付命令を得て供託者の取戻請求権を承継した場合，保全命

令を発した裁判所の許可を得て，その許可書を「供託原因が消滅したことを証する書面」として取戻請求をすることも可能です（民保規則17条4項）。これは，仮差押債務者等に担保の取消決定に対する不服の申立てをする機会を与える意味がないので，担保取消決定の手続を経ることなく，発令裁判所の許可という簡易な手続で担保の取戻しを認める手続です。

　この場合，担保取戻しの申立てに対する許可の決定については，不服申立てをすることができないと解されていますので，確定証明書は不要です。

　この取戻しについては，保全事件について立法的な手当てがされたものですが，その他の事件，例えば執行停止申立事件等についても，同様に簡易な取戻しが認められると解されているようです（裁判所職員総合研修所（監）「民事実務講義案Ⅱ（三訂版）」（司法協会，2006）160頁）。また，裁判所の許可が得られない場合は，原則とおり，民訴法第79条の担保取消決定の申立てによることとなりますので，相談を受けた場合には許可の可否について裁判所に確認をしてもらうよう説明することが必要かと思われます。

7　おわりに

　担保権利者が，一般債権者として，強制執行手続により，供託者の取戻請求権に対する差押え又は差押・転付命令を得て取戻請求をする場合で，他の差押えと競合状態にある場合には，配当手続によることとなり，供託金を全額得られない場合もあることから，担保権利者としては事前に閲覧等で確認したほうがよいと思われます。

　以上，裁判上の担保供託に対する担保権利者の権利の実行について触れてみましたが，裁判所における手続等については，供託所では不明な部分もあると思いますので，相談者には概要を説明した上で裁判所にも相談してもらうほうがよろしいかと思います。

事例26　裁判上の担保供託金に対する担保権利者の権利の実行について

【法令名の表記】
　本文中で引用する法令名の略記は次のとおりです。
　　民訴法→民事訴訟法，民執法→民事執行法，民保法→民事保全法，
　　民保規則→民事保全規則，規則→供託規則

【参考文献】
立花宣男（監）・福岡法務局ブロック管内供託実務研究会編「実務解説　供託の知識167問」（日本加除出版，2006）
裁判所職員総合研修所（監）「民事実務講義案Ⅱ〔三訂版〕」（司法協会，2006）

事例27 裁判上の保証供託の払渡請求に係る添付書面等について

1 はじめに

　私は，本年4月から供託課で勤務しております。供託事務に携わるのは約10年ぶりですが，そのころに比べて地代・家賃弁済供託は減少し，裁判上の保証供託や執行供託が供託事務の中心となっているように感じます。着任して以来，一般の相談者や管内供託所から様々な相談を受けておりますが，「裁判上の保証供託において，担保権利者（被供託者）が一般債権者として強制執行の手続により払渡請求を受けるために添付書類は何が必要か？」という質問・相談を度々受ける機会がありました。裁判上の保証供託の払渡しといっても，様々な態様があるため，事例ごとに添付書類が異なり，事件処理に当たり注意が必要です。
　そこで今回は，裁判上の保証供託の払渡請求に係る添付書面等について，簡単にまとめてみましたので，紹介します。

2 裁判上の保証供託の種類

　裁判上の保証供託の種類には，①民事訴訟法（以下「民訴法」という。）を根拠とするもの，②民事執行法（以下「執行法」という。）を根拠とするもの，③民事保全法（以下「保全法」という。）を根拠とするものがあります。

3 裁判上の保証供託の意義

　裁判上の保証供託とは，訴えの提起，仮執行又は強制執行の停止若しくは続行，仮差押え若しくは仮処分又はそれらの取消し等の当事者の訴訟行為又

は裁判上の処分に関連して，自己の負担とされる訴訟費用の支払を担保し，又は自己の訴訟行為により相手方に生ずる損害等を担保するため，裁判所の命令に基づき，当事者が供託所に金銭，有価証券，振替国債を供託することをいいます（民訴法76条，執行法15条１項，保全法４条１項）。

　担保の提供の方法は，民事訴訟規則第29条や民事保全規則第２条で定める支払保証委託契約を締結する方法，当事者間の特別の契約によるものもありますが，担保の提供の方法として最も典型的で簡便な手続である供託が，その方法として一般的に広く利用されています。

　次に，保全法第４条第２項，執行法第15条第２項，民訴法第77条において，債務者は，違法不当な保全命令の執行等による損害賠償請求権の担保として供託された金銭又は有価証券について，他の債権者に先立ち弁済を受ける権利を有するとされており，債務者が訴訟行為等によって損害を被ったときは，債務者はそれによって生じた損害の賠償を債権者に対して請求することができます。つまり，担保が供託の方法でされている場合においては，被供託者（担保権利者）は，供託者（担保提供者）に対して供託物の払渡請求（還付請求）という形で弁済を受けることができます。

　他方，担保提供の事由が消滅した場合，供託者（担保提供者）は，担保取消しの申立てをし，担保取消決定を得て供託物を取り戻すことができます。

　このように，裁判上の保証供託とは，訴訟行為又は裁判上の処分（以下「訴訟行為等」という。）をするに当たって，担保を提供する方法として供託制度を利用することです。

4　供託物の払渡請求手続

(1)　取戻し・還付請求に共通の必要書類

　一般的に，取戻請求又は還付請求をする際には，供託物払渡請求書（供託規則22条）及び印鑑証明書（供託規則26条）が必要です（請求者が個人であって，請求者本人が直接窓口で請求する場合は，運転免許証の提示等により印鑑証明書の添付を省

略できる場合があります。）。また，会社・法人若しくは代理人による払渡請求の場合は，代表者等の資格又は代理人の権限を証する書面（供託規則27条）も必要です。

なお，供託書記載欄の（被）供託者の住所・氏名が変更している場合には，住民票や戸籍抄本等の変更証明書が必要です。

(2) **取戻請求について**

担保提供者（供託者）は，「取戻しをする権利を有することを証する書面」（供託規則25条1項）として，供託原因の消滅を証する書面又は錯誤を証する書面を添付して供託物を取り戻すことができます。

なお，保証供託の利息債権は，供託規則第34条第2項により，いわゆる定期給付債権（年をもって定めた金銭を目的とする債権）に該当しますから，利息債権の消滅時効は，毎年，供託した月に応答する月の翌月1日から進行を始め，5年を経過することにより時効（民法169条）が完成するため，注意が必要です。

ア　供託原因の消滅を証する書面
　(ア)　担保取消決定正本及び確定証明書
　　　担保提供者は，担保取消決定が認められる場合に，担保取消しを求める事由及び取消事由を証明して，担保を立てることを命じた裁判所に申し立てることにより，担保取消決定を得ることができます。この決定については，即時抗告（民訴法79条4項，執行法15条2項，保全法4条2項）をすることができますので，同決定は，確定していることが必要です。
　　　＜担保取消しが認められる場合＞
　　　a　担保の事由が消滅したことを証明した場合（民訴法79条1項）
　　　b　担保権利者の同意を得たことを証明した場合（民訴法79条2項）
　　　c　権利行使の催告により同意が擬制される場合（民訴法79条3項）
　(イ)　供託原因消滅証明書
　　　供託実務上，担保取消決定正本及び確定証明書に代えて，供託原因が

消滅したことを証する裁判所の証明書（供託書正本に供託原因が消滅したことを証する旨の裁判所書記官の奥書証明であっても差し支えありません。）を添付することができます（昭和35年度全国供託課長会同決議46問，平成２年11月13日民四第5002号民事局長通達第一・四・(1)）。

(ウ) 担保取戻しの許可書（民事保全規則17条）

　保全法14条１項に基づく供託（仮差押え又は仮処分の保証供託）で，保全命令により債務者に損害が生じないことが明らかである場合（未執行の場合等・民事保全規則17条１項）及び債務者（担保権利者，被供託者）に担保の取戻しについて不服申立ての機会を与える意味がない場合（担保権利者（被供託者）が担保取戻請求権を承継した場合等・民事保全規則17条４項）に，民訴法第79条による担保取消手続によらず，担保提供者又はその承継人が担保の取戻許可申請をし，裁判所からその許可を受ければ，担保の取戻しができる簡易な取戻手続です。

　ただし，債権者（担保提供者）の有する供託物取戻請求権等を特定承継（債権差押命令及び転付命令，債権譲渡），包括承継（相続及び合併）により債務者が取得した場合は，権利を承継したことを証する書面の添付を要します。この場合，包括承継にあっては，許可書の他に相続を証する書面や合併を証する書面を併せて添付することになりますが，裁判所の許可書に権利の承継の事由として包括承継である旨の記載があるときは，許可書のみで足ります（平成２年11月13日民四第5002号民事局長通達第一・四・(2)イ(イ)）。

　また，特定承継にあっては，供託所に対して対抗要件を具備していることを要します。例えば，確定日付のある証書（配達証明付内容証明郵便等）による債権譲渡通知，あるいは差押・転付命令が供託所に送達されていることが必要となります（平成２年11月13日民四第5002号民事局長通達第一・三・(2)イなお書き）。

　なお，民事保全規則第17条第１項及び同第４項による担保取戻しの許可書については，いずれも不服申立てをすることができないと解されて

いるので，確定証明の添付は不要です。
　(エ)　担保変換決定正本
　　　担保の変換とは，提供した担保を担保提供者（供託者）の申立てに基づく裁判所の決定又は担保提供者と担保権利者（被供託者）の間の契約によって，他の担保に変換することを認めることです（民訴法80条，保全法4条2項，執行法15条2項）。
　　　担保変換の手続は，①担保変換の申立て　→　②裁判所による変換すべき担保の提供命令　→　③申立人による変換すべき担保の提供　→　④申立人による変換すべき担保を提供したことの裁判所への証明　→　⑤裁判所による担保変換決定及び申立人に対する担保変換決定正本の交付　→　⑥申立人による変換決定前の担保の取戻しの順序になります。
　　　したがって，新たに変換する担保が供託物である場合の④申立人による変換すべき担保を提供したことの裁判所への証明は，供託書正本となり，担保変換決定正本を添付して払渡請求する場合は，払渡請求書の備考欄に「新たに供託をした供託物の供託番号」を記載することを要します。また，新たに変換する担保を支払保証委託契約とした払渡請求においては，担保変換決定正本及び支払保証委託契約の成立を証する書面の添付が必要となります。
　　　なお，担保変換決定に対しては，不服申立てができないと解されているので，確定証明書の添付は不要です。
　イ　錯誤を証する書面
　　　裁判上の保証供託の錯誤を証する書面は，不受理の理由が記載された裁判所の不受理証明書等になります。

(3) 還付請求について

　前記3のとおり，債務者は，違法又は不当な保全命令の執行等による損害賠償請求権の担保として供託された金銭，有価証券又は振替国債について，他の債権者に先立ち弁済を受ける権利を有する（保全法4条2項，執行法15条2

項，民訴法77条）とされており，担保が供託物の場合において，担保権利者（被供託者）は，「還付を受ける権利を有することを証する書面」（供託規則24条1項1号）として，被担保債権の存在を証する書面を添付して供託所に対して直接還付請求することになります（平成9年12月19日民四第2257号民事局長通達第二）。この被担保債権とは，供託の原因となった裁判又は訴訟行為によって相手方に生じた損害賠償請求権又は訴訟費用の担保にあっては，訴訟費用の償還請求権をいいます。

したがって，「還付を受ける権利を有することを証する書面」すなわち，具体的な被担保債権の存在を証する書面には，被担保債権の存在を確認する確定判決（供託の原因となった裁判とは別に損害賠償請求裁判を提起することになります。）又はそれと同一の効力を有する和解調書，認諾調書，確定した仮執行宣言付支払督促，担保提供者の同意書（印鑑証明書添付）及び公正証書等があります。また，訴訟費用の担保における被担保債権については，確定訴訟費用確定処分証明（民訴法71条ないし74条）が被担保債権の存在を証する書面となります。

なお，担保権利者が被担保債権以外の債務名義（本案の請求権等）に基づいて，一般債権者として強制執行の手続により，供託者の取戻請求権に対する差押え又は差押・転付命令（以下「差押等」という。）を得て払渡請求をすることもできます（昭和46年度全国供託課長会同決議払渡関係25問）。この場合，取戻請求により供託金の払渡しがなされるため，添付書類としては，前記4(1)の取戻し・還付請求に共通の添付書類及び前記4(2)アの供託原因の消滅を証する書面のほかに，差押・転付命令においては，転付命令確定証明書が必要となります（執行法159条5項）。また，供託所に対し差押等が送達されていることが当然に必要となります。

利息については，保証供託においては，元金のみが被担保債権の目的となり，利息には及ばないとされていますので，還付請求があった場合の利息は払い渡すべきではありません（昭和7年5月3日民事局会議決定，昭和29年12月6日民事甲第2573号回答）。ただし，取戻請求権の譲渡と認められる場合（昭和43

199

年12月11日民事甲第3593号認可11)は，取戻請求に準じて取戻請求権に対し差押え等がされ，その差押え等の効力が及ぶ範囲で供託金利息が付されることになります（昭和30年3月8日民事甲第321号回答）。

【参考文献】

立花宣男（監）・福岡法務局ブロック管内供託実務研究会編「実務解説　供託の知識167問」（日本加除出版，2006）

東京地裁保全研究会編著「民事保全の実務〔新版増補〕（上）（下）」（金融財政事情研究会，2005）

事例28 資金決済に関する法律に基づく営業保証供託について

1 はじめに

　資金決済に関する法律（前払式証票の規制等に関する法律の後継）が平成22年4月1日に施行されたことに伴い，資金決済に関する法律等の施行に伴う供託事務の取扱いについて平成22年3月30日付け法務省民商第830号通達が発出されています。資金決済に関する法律等が施行されたことについて御存知でない供託者が多く，供託の際に根拠法や記載例などの資料を示して対応することがありました。そこで，これを期に資金決済に関する法律における供託手続についてまとめましたので，御紹介します。

　なお，本文中法令の略記については，次のとおりです。

「法」	資金決済に関する法律（平成21年法律第59号）
「施行令」	資金決済に関する法律施行令（平成22年政令第19号）
「前払式支払手段府令」	前払式支払手段に関する内閣府令（平成22閣府令第3号）
「資金移動業者府令」	資金移動業者に関する内閣府令（平成22年内閣府令第4号）
「発行保証金規則」	前払式支払手段発行保証金規則（平成22年内閣府・法務省令第4号）
「履行保証金規則」	資金移動業履行保証金規則（平成22年内閣府・法務省令第5号）
「旧法」	前払式証票の規制等に関する法律（平成元年法律第92号）

2　法整備の経緯

　前払式証票の規制等に関する法律は，通称プリペイドカード法と称されていたとおり，紙やカード，ICチップなどを媒体として金額や数量を記載した証票（電磁的記録を含む。），例えば，商品券や図書券，テレホンカードやSuica，PASMOなどについて規制の対象としていました。これらは，利用者が事前に金銭を支払い，その対価としてのサービスなどを後日受けることになりますので，商品券を発行した会社が倒産などした際にトラブルになりやすいため，利用者を保護することなどを目的としていました。しかし，近年は，紙やカードのほかに，サーバに金額などの価値が記録されるサーバ型電子マネーが普及してきており，その規制が必要となっていました。

　資金決済に関する法律は，これら近年の情報通信技術の発達や利用者ニーズの多様化など資金決済システムをめぐる環境の変化に対応するため，①前払式支払手段に対する法規制の整備，②現在銀行等のみが営むことができる送金業務を他の業態にも認めることについての法制度の導入，③銀行等相互間の資金決済システムへの新たな業規制の導入を主な内容として制定されました。

3　前払式支払手段の発行保証金の供託について

(1)　前払式支払手段の種類と発行者

　前払式支払手段には「自家型」と「第三者型」の2種類があります。

　前者は，発行者から商品の購入やサービスの提供を受ける場合に限り使用できるものをいい，後者は，発行者以外の第三者から商品を購入する場合等にも使用できるものをいいます。例えば，あるお店で発行された商品券やプリペイドカードがそのチェーン店でしか利用できないものであれば，それは「自家型」ということになります。一方，交通系の電子マネーであるSuicaやPASMOはそれぞれ発行者が違いますが，相互に利用が可能ですので「第三

者型」となります。

　第三者型前払式支払手段の発行の業務は、金融庁長官の登録を受けた法人でなければ行えませんが（以下「第三者型発行者」という。法第7条）、自家型前払式支払手段のみを発行する者は、基準日未使用残高がその発行を開始してから最初に基準額を超えることとなったときに金融庁長官に所定の届出をすることとされています（以下「自家型発行者」という。法第5条第1項前段）。

(2)　発行保証金の供託

　前払式支払手段発行者（自家型発行者及び第三者型発行者をいう。）は、基準日未使用残高が基準額を超えるときは、当該基準日未使用残高の2分の1の額（要供託額）以上の額に相当する額の発行保証金を、基準日未使用残高が基準額を超えることとなった基準日の翌日から2月以内に、主たる営業所又は事務所の最寄りの供託所に供託しなければなりません（法第14条第1項、前払式支払手段府令第24条第1項）（**供託書記載例①**）。

　　「基準日」……………………毎年3月31日及び9月30日（法第3条第2項）

　　「基準日未使用残高」……前払式支払手段発行者が基準日までに発行したすべての前払式支払手段の当該基準日における未使用残高の合計額として内閣府令で定めるところにより算出した額（法第3条第2項、第8項、前払式支払手段府令第3条第1項、第4条）

　　「基準額」……………………1,000万円（施行令第6条）

　なお、前払式支払手段発行者は、一定の要件を満たす銀行等と発行保証金保全契約を締結し、又は信託会社等と発行保証金信託契約を締結することにより、発行保証金の全部又は一部を供託しないことができます（法第15条、第16条第1項）。これにより発行保証金の一部を供託する場合には、供託書の記載によってその旨を明らかにしておきます（**供託書記載例②**）。

【供託書記載例①】
- 「法令条項」欄　資金決済に関する法律第14条第1項
- 「官庁の名称及び件名等」欄　〇〇財務局長
  ※　第三者型発行者が供託する場合は，同欄に括弧書きで法第9条第1項第2号の登録番号を付記します。
- 「供託の原因たる事実」欄
  　供託者は，自家型発行前払式支払手段を発行する者であるが，発行に係る当該自家型発行前払式支払手段の平成〇年3月31日現在における基準日未使用残高が金1,400万円であったので，その金額の2分の1の額以上の額に相当する金700万円を発行保証金として供託する。

【供託書記載例②】
- 「法令条項」欄　資金決済に関する法律第14条第1項
- 「官庁の名称及び件名等」欄
  　〇〇財務局長（〇〇財務局登録番号　第〇号）
- 「供託の原因たる事実」欄
  　供託者は，第三者型発行前払式支払手段を発行する者であるが，発行に係る当該第三者型発行前払式支払手段の平成〇年3月31日現在における基準日未使用残高が金20億円であったので，その金額の2分の1に相当する金10億円を発行保証金として供託すべきところ，供託者は，〇〇銀行との間で保全金額を金6億円とする供託に代わる発行保証金保全契約をしているので，当該契約金額との差額に相当する金4億円を発行保証金として供託する。

(3) 発行保証金の供託に関する経過措置

　旧法第13条第1項（法附則第11条第1項によりなお従前の例によることとされる場合を含む。）の規定により供託した発行保証金は，前記3(2)により供託した発行保証金とみなされます（法附則第11条第2項）。

法の施行の際現に旧法第2条第1項に規定する前払式証票（旧法附則第7条第3項に規定するものを除く。）以外の前払式支払手段（法第3条第1項に規定するもの。）の発行の業務を行っている者が発行した当該前払式支払手段に係る前記3(2)の供託については，前記3(2)中「2分の1」とあるのは，次に掲げる基準日について，それぞれの割合に読み替えます（法附則第11条第3項）（**供託書記載例③**）。

①　施行日以後最初に到来する基準日　　6分の1
②　施行日後2回目に到来する基準日　　6分の2

【供託書記載例③】

- 「法令条項」欄　資金決済に関する法律第14条第1項，附則第11条第3項
- 「官庁の名称及び件名等」欄　○○財務局長
  ※　第三者型発行者が供託する場合は，同欄に括弧書きで法第9条第1項第2号の登録番号を付記します。
- 「供託の原因たる事実」欄
　　供託者は，資金決済に関する法律の施行前から前払式証票以外の前払式支払手段の発行の業務を行っている者であるが，平成22年9月30日現在における未使用残高が金3,000万円であったので，その金額の6分の1の額以上の額に相当する金500万円を発行保証金として供託する。

(4)　供託有価証券

　発行保証金として供託することができる債券とその評価額は，次のとおりです（法第14条第3項，前払式支払手段府令第28条，第29条第1項）。

①　国債証券（振替国債を含む。）額面金額（振替国債にあっては，振替口座簿に記載又は記録がされた金額）
②　地方債証券　額面金額100円につき90円として計算した額
③　政府保証債権　額面金額100円につき95円として計算した額

205

④　金融庁長官の指定する社債券その他の債券　額面金額100円につき80円として計算した額

ただし，割引の方法により発行した債券については，その発行価額に次の算式により算出した額を加えた額を額面金額とみなします（前払式支払手段府令第29条第2項）。

$A \div B \times C$

A：額面金額－発行価額
B：発行の日から償還の日までの年数
C：発行の日から供託の日までの年数

なお，①A÷Bの1円未満，②Bの1年未満，③Cの1年未満の端数は切り捨てます（前払式支払手段府令第29条第3項）。

(5)　発行保証金の追加供託

前払式支払手段発行者は，後記3⑾の権利の実行の手続（施行令第11条）の終了等の事実の発生により，発行保証金の額がその事実が発生した日の直前の基準日における要供託額に不足することとなったときは，その事実の発生を知った日から2週間を経過する日（不足供託期限）までに，その不足額について供託しなければなりません（法第14条第2項，前払式支払手段府令第25条，第26条第1項）（**供託書記載例④**）。

ただし，当該事実が発生した日以前に当該事実の発生の日の直前の基準日に係る発行保証金の供託をしている場合であって，当該基準日から2月以内に当該事実の発生に係る不足供託期限が到来するときは，当該基準日の翌月から2月以内に供託すればよいとされています（前払式支払手段府令第26条第4項）。

【供託書記載例④】
- 「法令条項」欄　資金決済に関する法律第14条第2項
- 「官庁の名称及び件名等」欄　○○財務局長

※ 第三者型発行者が供託する場合は，同欄に括弧書きで法第9条第1項第2号の登録番号を付記します。
- 「供託の原因たる事実」欄

　供託者は，下記のとおり発行保証金の供託をしている自家型発行前払式支払手段を発行する者であるが，このたび，当該供託につき，債権者甲が権利の実行の手続を終了し，平成○年○月○日供託金100万円の還付を受けた。そのため，供託者の発行保証金の額面600万円が当該権利の実行の手続が終了した日の直前の基準日における要供託額金700万円に金100万円不足することとなったので，当該不足額である金100万円を供託する。

記

平成○年度金第○号

供託金額　金600万円

(6) 追加供託を要しない場合

　次のいずれかに該当する場合には，追加供託をすることを要しません。

　当該事実が発生した日以後最初に到来する基準日の翌日以降において不足供託期限が到来する場合であって，当該不足供託期限までの間に当該基準日に係る法第23条第1項に規定する報告書を提出したとき，又は当該基準日において基準日未使用残高が1,000万円以下となったとき（前払式支払手段府令第26条第2項）。

　また，当該事実が発生した日以前に当該事実の発生の日の直前の基準日に係る発行保証金の供託をしていない場合（前払式支払手段府令第26条第3項）。なお，この場合には，前記3(2)の発行保証金の供託をすることとなります。

(7) 供託命令

　財務局長又は財務支局長（内閣総理大臣から委任された金融庁長官の権限は，金融庁長官から財務局長又は財務支局長に委任されています（法第104条，施行令第28条，第

29条)。以下単に「財務局長」という。）は，前払式支払手段の利用者の利益の保護のために必要があると認めるときは，発行保証金保全契約若しくは発行保証金信託契約を締結した前払式支払手段発行者又はこれらの契約の相手方に対し，保全金額又は信託財産を換価した額の全部又は一部を供託すべき旨を命ずることができます（法第17条）。これに基づき発行保証金の供託を行う場合においては，発行保証金保全契約又は発行保証金信託契約を締結した前払式支払手段発行者の主たる営業所又は事務所の最寄りの供託所に供託しなければなりません（前払式支払手段府令第39条第1項）。

(8) 発行保証金の取戻し

発行保証金を供託した者又はその承継人は，次の①から④までに掲げる場合に該当することとなったときは，財務局長の承認を受けて，それぞれの額の発行保証金を次の基準日までに取り戻すことができます（法第18条，施行令第9条第1項，第2項）。ただし，当該発行保証金について前払式支払手段の保有者に対する当該前払式支払手段の残高の払戻しの手続（法第20条第1項，前払式支払手段府令第41条）が行われている間及び後記3(11)の権利の実行の手続が行われている間は，取り戻すことはできません（施行令第9条第3項）。

① 基準日において基準日未使用残高が1,000万円以下となった場合　供託した発行保証金の全額

② 基準日に係る前記3(6)の報告書の提出の日の翌日における発行保証金の額が基準日における要供託額を超えている場合　当該超えている金額

③ 前払式支払手段の保有者による権利の実行の手続が終了した場合で，当該権利の実行の手続が終了した日における未使用残高が，次のア及びイに掲げる場合のいずれかに該当することとなったとき

　ア　1,000万円以下であるとき　当該権利の実行の手続が終了した日における発行保証金の額から当該権利の実行の手続に要した費用の額を控除した残額

　イ　1,000万円を超えるとき　当該権利の実行の手続が終了した日にお

ける発行保証金の額から当該権利の実行の手続に要した費用の額及び当該権利の実行の手続が終了した日における未使用残高の2分の1の額を控除した残額

④　前払式支払手段の保有者に対する当該前払式支払手段の残高の払戻しの手続が終了した場合で，次のア及びイに掲げる場合のいずれかに該当することとなったとき

　ア　当該払戻しの手続が終了した日における未使用残高が1,000万円以下であるとき　当該払戻しの手続が終了した日における発行保証金の全額

　イ　当該払戻しの手続が終了した日における未使用残高が1,000万円を超えるとき　当該払戻しの手続が終了した日における未使用残高の2分の1の額を控除した残額

なお，供託物払渡請求書に添付すべき供託規則（昭和34年法務省令第2号）第25条第1項本文に規定する書面は，財務局長が発行した発行保証金取戻承認書となります（発行保証金規則第2条）。

(9) 発行保証金の保管替え

　金銭のみをもって発行保証金を供託している者は，当該発行保証金に係る前払式支払手段発行者の主たる営業所又は事務所の所在地について変更があったためその最寄りの供託所に変更があったときは，遅滞なく，当該発行保証金を供託している供託所に対し，費用を予納して，所在地変更後の当該前払式支払手段発行者の主たる営業所又は事務所の最寄りの供託所への当該発行保証金の保管替えを請求しなければなりません（発行保証金規則第3条第1項）。

　前記3(4)の債券又はその債券及び金銭により発行保証金を供託している前払式支払手段発行者は，保管替えは認められていませんので，遅滞なく，当該発行保証金と同額の発行保証金を所在地変更後の主たる営業所又は事務所の最寄りの供託所に供託しなければなりません（発行保証金規則第3条第2

項)。この場合には，主たる営業所又は事務所の所在地の変更の事実を証する書面及び新たな供託に係る供託書正本の写しを供託規則第25条第1項本文に規定する書面として，所在地変更前の主たる営業所又は事務所の最寄りの供託所に供託した発行保証金を取り戻すことができます（発行保証金規則第3条第3項）。

⑽　発行保証金の差替え

　前記3⑷の債券を供託した者又はその承継人は，あらかじめ，当該債券に代わる発行保証金の供託をしたとき（**供託書記載例⑤**）は，財務局長に対して，当該債券の取戻しの承認を申請することができます（発行保証金規則第4条第1項）。この申請が承認されると財務局長から発行保証金取戻承認書が交付されますので，当該承認書を供託規則第25条第1項本文に規定する書面として差替えに係る債券を取り戻すことができます（発行保証金規則第2条，第4条第4項）。この点，差替えに係る供託物払渡請求書に承認書の添付が求められていない割賦販売業や旅行業などほかの営業保証供託と手続を異にするところです。

【供託書記載例⑤】

- 「法令条項」欄　資金決済に関する法律第14条第1項
- 「官庁の名称及び件名等」欄　〇〇財務局長
  ※　第三者型発行者が供託する場合は，同欄に括弧書きで法第9条第1項第2号の登録番号を付記します。
- 「供託の原因たる事実」欄
  　供託者は，自家型発行前払式支払手段の未使用残高に対する法定供託金として，供託番号平成〇年度証第〇号をもって金700万円に相当する有価証券（利付国庫債券⑽年7枚700万円）を供託しているが，このたび，供託物を金銭に差し替えたいので，新たに発行保証金として所定の金700万円を供託する。

⑾　発行保証金の還付

　前払式支払手段の保有者は，前払式支払手段に係る債権に関し，当該前払式支払手段に係る発行保証金について，他の債権者に先立ち弁済を受ける権利を有します（法第31条第1項）。発行保証金の還付は配当の手続により行われ，配当を受けるべき者は，財務局長から交付される支払証明書を供託規則第24条第1項第1号に規定する書面として，配当を受け取ることができます（発行保証金規則第15条第1項，供託規則第30条）。

　また，財務局長は，発行保証金の還付の手続に要した費用の額について履行保証金の還付を受けることができ，この場合には，当該費用の額を記載した供託物払渡請求書2通を供託所に提出します（発行保証金規則第15条第4項）。

⑿　債券の換価

　財務局長は，債券が供託されている場合において，権利の実行に必要があるときは，これを換価することができ（施行令第11条第8項），債券を換価するためその還付を受けようとするときは，供託物払渡請求書2通を供託所に提出しなければなりません（発行保証金規則第16条第1項）。

　供託物払渡請求書には，供託規則第24条第1項第1号に規定する書面の添付を要しませんが，供託物払渡請求書の「備考」欄に施行令第11条第8項に基づく換価のための還付請求である旨を記載させます。

　財務局長は，債券を換価したときは，換価代金から換価の費用を控除した額を，当該債券に代わる発行保証金として供託しなければなりません（発行保証金規則第16条第2項）（**供託書記載例⑥**）。この供託金は，当該債券を供託した前払式支払手段発行者が供託したものとみなされます（発行保証金規則第16条第3項）。

【供託書記載例⑥】

・「法令条項」欄　前払式支払手段発行保証金規則第16条第2項
・「供託者の住所氏名」欄　甲県乙市丙町三丁目1番1号

　　　　　　　　　　○○財務局長乙山太郎
・「被供託者の住所氏名」欄　甲県乙市丙町二丁目2番2号
　　　　　　　　　　株式会社甲山商事
・「供託の原因たる事実」欄
　　供託者は，被供託者と前払式支払手段発行業務に関し取引をした者から権利の実行の申立てがあったため，申立てに係る発行保証金について前払式支払手段発行保証金規則第16条第1項の規定に基づき，被供託者が平成○年度証第○号をもって供託している国債証券を換価したので，換価代金から換価の費用を控除した額である金1,090万円を当該国債証券に代わる発行保証金として供託する。
・供託通知書
　　財務局長は，この供託をしたときは，その旨を前払式支払手段発行者（被供託者）に通知しなければならないとされています（規則第16条第4項）。供託官に供託通知書の発送を請求する場合には，その旨を記載します（供託規則第16条第1項）。

4　資金移動業における履行保証金の供託について

(1)　資金移動業と資金移動業者

　資金移動業とは，本法において創設された制度であり，預金取扱金融機関（銀行等）以外の者が為替取引（100万円に相当する額以下の資金の移動に係る為替取引に限る。）を業として営むことをいいます（法第2条第2項，施行令第2条）。

　為替取引とは，顧客から，隔地者間で直接現金を輸送せずに資金を移動する仕組みを利用して資金を移動することを内容とする依頼を引き受けること，又はこれを引き受けて遂行することをいいます。

　そして「資金移動業者」とは，金融庁長官の登録を受けた者をいい（法第2条第2項），「外国資金移動業者」とは，法に相当する外国の法令の規定により当該外国において当該登録と同種類の登録を受けて為替取引を業として

営む者をいいます（同条第4項）。

(2) 履行保証金の供託

　資金移動業者は，1週間ごとに，当該期間における要履行保証額（法第43条第2項に定める額）の最高額（要供託額）以上の額に相当する額の履行保証金を，当該期間の末日（基準日）から1週間以内に，その本店（外国資金移動業者である資金移動業者にあっては，国内における主たる営業所。）の最寄りの供託所に供託しなければなりません（法第43条第1項，資金移動業者府令第11条第1項）（**供託書記載例⑦⑧**）。

　なお，資金移動業者は，一定の要件を満たす銀行等と履行保証金保全契約を締結することができ，それにより，履行保証金の全部又は一部を供託しないことができます（法第44条）。保全契約により，履行保証金の一部を供託する場合には，供託書の記載によってその旨を明らかにしておきます（**供託書記載例⑨**）。

　また，信託会社等と信託契約を締結して履行保証金の供託に代替することができますが，その場合には基準期間が毎営業日ごととなり，供託や保全契約の締結と併用することはできません（法第45条第1項，同第2項第4号）。

【供託書記載例⑦】〜営業当初の基準日における供託〜

- 「法令条項」欄　資金決済に関する法律第43条第1項
- 「官庁の名称及び件名等」欄
　　○○財務局長（○○財務局登録番号　第○号）
- 「供託の原因たる事実」欄
　　供託者は，資金移動業者であるが，平成○年○月○日から同月○日までの1週間における各営業日の未達債務の額と権利の実行に関する費用の額との合計額の最高額が金2億円であったので，金2億円を履行保証金として供託する。

【供託書記載例⑧】～その後の基準日における不足額の供託～
- 「法令条項」欄　資金決済に関する法律第43条第1項
- 「官庁の名称及び件名等」欄
　　○○財務局長（○○財務局登録番号　第○号）
- 「供託の原因たる事実」欄
　　供託者は，下記のとおり履行保証金の供託をしている資金移動業者であるが，平成○年○月○日から同月○日までの1週間における各営業日の未達債務の額と権利の実行に関する費用の額との合計額の最高額が金3億円であったところ，現に供託している下記供託金額に不足する金1億円を供託する。

記
平成○年度金第○号
供託金額　金2億円

【供託書記載例⑨】
- 「法令条項」欄　資金決済に関する法律第43条第1項
- 「官庁の名称及び件名等」欄
　　○○財務局長（○○財務局登録番号　第○号）
- 「供託の原因たる事実」欄
　　供託者は，資金移動業者であるが，平成○年○月○日から同月○日までの1週間における各営業日の未達債務の額と権利の実行に関する費用の額との合計額の最高額が金2億円であったので，金2億円以上を履行保証金として供託すべきところ，供託者は，○○銀行との間で保全金額を金1億円とする供託に代わる履行保証金保全契約をしているので，当該契約金額との差額に相当する金1億円を履行保証金として供託する。

(3)　供託有価証券

　履行保証金として供託することができる有価証券の種類とその評価額等

は，発行保証金として供託することができる有価証券の種類等（前記3(4)参照）と同じです（法第43条第3項，資金移動業者府令第12条，第13条）。

(4) 供託命令

財務局長は，資金移動業の利用者の利益の保護のために必要があると認めるときは，履行保証金保全契約若しくは履行保証金信託契約を締結した資金移動業者又はこれらの契約の相手方に対し，保全金額又は信託財産を換価した額の全部又は一部を供託すべき旨を命ずることができます（法第46条）。これに基づき履行保証金の供託を行う場合においては，履行保証金保全契約又は履行保証金信託契約を締結した資金移動業者の本店の最寄りの供託所に供託しなければなりません（資金移動業者府令第22条第1項）。

(5) 履行保証金の取戻し

履行保証金を供託した者又はその承継人は，次の①から③までに掲げる場合に該当することとなったときは，財務局長の承認を受けて，それぞれの額の履行保証金を次の基準日までに取り戻すことができます（法第47条，施行令第17条第1項）。ただし，当該履行保証金について後記4(8)の権利の実行の手続が行われている間は，取り戻すことはできません（施行令第17条第3項）。

① 基準日における要供託額が，その直前の基準日における履行保証金の額と法第44条に規定する保全金額の合計額を下回る場合　当該履行保証金の額の範囲内において，その下回る額に達するまでの額

② 後記4(8)の権利の実行の手続が終了した場合　供託した履行保証金の額から権利の実行の手続に要した費用を控除した残額

③ 為替取引に関し負担する債務の履行を完了した場合　供託した履行保証金の全額

なお，供託物払渡請求書に添付すべき供託規則第25条第1項本文に規定する書面は，財務局長が発行した履行保証金取戻承認書となります（履行保証金規則第2条）。

(6) 履行保証金の保管替え

　金銭のみをもって履行保証金を供託している者は、当該履行保証金に係る資金移動業者の本店の所在地について変更があったためその最寄りの供託所に変更があったときは、遅滞なく、当該履行保証金を供託している供託所に対し、費用を予納して、所在地変更後の当該資金移動業者の本店の最寄りの供託所への当該履行保証金の保管替えを請求しなければなりません（法第48条、履行保証金規則第3条第1項）。

　前記4(3)の債券又はその債券及び金銭により履行保証金を供託している資金移動業者は、保管替えは認められていませんので、遅滞なく、当該履行保証金と同額の履行保証金を所在地変更後の本店の最寄りの供託所に供託しなければなりません（履行保証金規則第3条第2項）。この場合には、本店の所在地の変更の事実を証する書面及び新たな供託に係る供託書正本の写しを供託規則第25条第1項本文に規定する書面として、所在地変更前の本店の最寄りの供託所に供託した履行保証金を取り戻すことができます（履行保証金規則第3条第3項）。

(7) 履行保証金の差替え

　前記4(3)の債券を供託した者又はその承継人は、あらかじめ、当該債券に代わる履行保証金の供託をしたとき（**供託書記載例⑩**）は、財務局長に対して、当該債権の取戻しの承認を申請することができます（履行保証金規則第4条第1項）。この申請が承認されると履行保証金取戻承認書が交付されますので、当該承認書を供託規則第25条第1項本文の書面として差替えに係る債券を取り戻すことができます（履行保証金規則第2条、第4条第4項）。

【供託書記載例⑩】

- 「法令条項」欄　資金決済に関する法律第43条第1項
- 「官庁の名称及び件名等」欄
    - ○○財務局長（○○財務局登録番号　第○号）

・「供託の原因たる事実」欄
　供託者は，未達債務の額と権利の実行に関する費用の額との合計額の最高額に対する法定供託金として，供託番号平成○年度証第○号をもって金7,000万円に相当する有価証券（利付国庫債券（10年）7枚7,000万円）を供託しているが，このたび，供託物を金銭に差し替えたいので，新たに履行保証金として所定の金7,000万円を供託する。

(8) 履行保証金の還付

　資金移動業者がその行う為替取引に関し負担する債務に係る債権者は，履行保証金について，他の債権者に先立ち弁済を受ける権利を有します（法第59条第1項）。履行保証金の還付は配当の手続により行われ，配当を受けるべき者は，財務局長から交付される支払証明書を供託規則第24条第1項第1号に規定する書面として，配当を受け取ることができます（履行保証金規則第15条第1項，供託規則第30条）。

　また，財務局長は，履行保証金の還付の手続に要した費用の額について履行保証金の還付を受けることができ，この場合には，当該費用の額を記載した供託物払渡請求書2通を供託所に提出します（履行保証金規則第15条第3項）。

(9) 債券の換価

　財務局長は，債券が供託されている場合において，前記4(8)の権利の実行に必要があるときは，これを換価することができ（施行令第19条第8項），債券を換価するためその還付を受けようとするときは，供託物払渡請求書2通を供託所に提出しなければなりません（履行保証金規則第16条第1項）。

　供託物払渡請求書には，供託規則第24条第1項第1号に規定する書面の添付は要しませんが，供託物払渡請求書の「備考」欄に施行令第19条第8項に基づく換価のための還付請求である旨を記載させます。

　財務局長は，債券を換価したときは，換価代金から換価の費用を控除した額を，当該債券に代わる履行保証金として供託しなければなりません（履行

217

保証金規則16条2項)(**供託書記載例⑪**)。この供託金は，当該債券を供託した資金移動業者が供託したものとみなされます(履行保証金規則第16条第3項)。

【供託書記載例⑪】
- 「法令条項」欄　履行保証金規則第16条第2項
- 「供託者の住所氏名」欄　甲県乙市丙町三丁目1番1号
　　　　　　　　　　　　　〇〇財務局長乙山太郎
- 「被供託者の住所氏名」欄　甲県乙市丙町二丁目2番2号
　　　　　　　　　　　　　　株式会社甲山商事
- 「供託の原因たる事実」欄
　　供託者は，被供託者と資金移動業務に関し取引をした者から権利の実行の申立てがあったため，申立てに係る履行保証金について履行保証金規則第16条第1項の規定に基づき，被供託者が平成〇年度証第〇号をもって供託している有価証券を換価したので，換価代金から換価の費用を控除した額である金1,090万円を当該有価証券に代わる履行保証金として供託する。
- 供託通知書
　　財務局長は，この供託をしたときは，その旨を資金移動業者(被供託者)に通知しなければならないとされています(履行保証金規則第16条第4項)。供託官に供託通知書の発送を請求する場合には，その旨を記載します(供託規則第16条第1項)。

5　おわりに

　資金決済に関する法律に基づく営業保証供託について，根拠法，記載例を中心にまとめました。本稿が執務の参考になれば幸いです。

事例 29 休眠担保権の登記を抹消するための供託について

1 はじめに

　抵当権等に関する登記の抹消を登記権利者が単独で申請することができる要件として、不動産登記法第70条第3項後段に規定がされています。具体的には、①登記権利者が登記義務者の所在が知れないため、登記義務者とともに登記の抹消申請をすることができないとき、②被担保債権の弁済期から20年を経過しているとき、③債権の弁済期から20年経過後に、債権、その利息及び債務不履行により生じた損害の全額に相当する金銭が供託されたときの三つの要件を満たしたときに、登記権利者が単独で登記の抹消申請ができるとされています。

　このときの供託が休眠担保権の登記を抹消するための供託となり、民法第494条の債権者の受領不能を原因とする弁済供託であるとされています（昭和63年6月27日民四第3365号民事局長通達）。

　当該供託において、供託者及び被供託者について、次の状況にある場合に供託が可能であるかどうかについて検討しながら、基本的な手続の要件を確認したいと思います。

　①供託者となる担保物件の共有者の一人から、全額の弁済供託があった場合
　②共同担保の関係にある担保物件の所有者が異なる場合

2 供託の内容について

(1) 供託所について

　本供託は、民法第494条の規定による弁済供託であることから、債務の履

行地の供託所にしなければなりません（民法第495条第1項）。ただし，債務履行地に供託所がないときは，債務の履行地の属する行政区画における最寄りの供託所にすれば足りることになります（昭和23年8月20日民事甲第2378号民事局長通達）。

なお，本供託は，被供託者（登記義務者）の最後の住所を管轄する供託所に供託すべきこととなりますが，被供託者の最後の住所が不明の場合は，債務者の住所地の最寄りの供託所で差し支えないとされています。

(2) 供託者について

本供託は，弁済供託ですから，債務の弁済をすることのできる者が供託者になります。具体的には，債務者のほか，債務者のために弁済できる範囲内においては，第三者（物上保証人，担保不動産の第三取得者及びこれらの包括承継人）も含まれます。民法第474条は，第三者も弁済することができるとしていますが，①債務の性質がこれを許さないとき，②当事者が反対の意思を表示したとき，③利害関係を有しない第三者は債務者の意思に反して弁済することができないとされています。また，第三者による供託については，その旨を供託の原因たる事実欄又は備考欄に記載します。

なお，債務者が死亡した場合はその相続人が供託者となりますが，金銭債務は可分債務であることから，各相続人は自己の相続分に応じた金額を供託することになります。ただし，供託官が相当と認めるときは，当事者又は供託原因が異なる数個の供託を一通の供託書（一括供託）でさせることができます（供託事務取扱手続準則第26条の2）。

(3) 被供託者について

本供託の被供託者は，債権者です。債権者の包括承継人も含まれます。また，本供託においては，債権者の所在不明や死亡に伴い相続が発生していることから申請されることが多く，被供託者欄には，「最後の住所何某」と記載されることがほとんどです。ところで，本供託が金銭供託であるとき，当

該債権は可分債権であることから次のことが考えられます。

　なお，登記事項上において，債権者の住所の記載がなく氏名のみあるとき，又は住所の記載はあるが地番の記載がないときでも供託はできるとされています。

ア　債権者が複数の場合

　　債権者ごとに供託しなければならず，債権者の内の一人を代表として被供託者とする供託はできないとされています。

イ　債権者が死亡し，共同相続された場合

　　相続人が判明している場合は，債務者は相続人ごとに弁済の提供をしなければなりません。弁済の提供をして受領拒否された場合に供託することができます。

ウ　債権者が死亡したことは判明しているが，その相続関係が不明である場合

　　被供託者を「住所何某の相続人」とします。

エ　債権者の相続人が複数で，その内の一人が行方不明の場合

　　行方不明者の相続分について適用されるので，その者の相続分に相当する金額を供託できます。なお，他の相続人との関係では，共同して又は判決を得て登記の申請をすることになります。

(4)　**供託金額について**

ア　供託金額は，被担保債権，その利息及び債務不履行により生じた損害の全額に相当する金銭となり，被担保債権は，登記事項に記載されている債権額になります。

　　なお，当該債権額と異なる金額を供託した場合，債権額の一部を供託前に既に弁済したとして残額につき供託した場合等のように，それが債務の本旨に従った弁済であれば供託は有効に成立しますが，これらの供託書正本は不動産登記法第70条第3項後段に規定される書面には当たらないとされています（昭和63年7月1日民三第3499号民事局第三課長依命通知）。

イ　利息及び損害金については，約定があるときは，その約定の率により利息及び損害金を計算しますが，利息が利息制限法に抵触するときは，それぞれの時期に対応する利息制限法所定の率に引き直して計算することになります。また，登記事項に利息及び損害金に関する定めがない場合は，利息及び損害金とも年6分の率で算出することになります（前掲民三第3499号民事局第三課長依命通知）。

3　検　討

(1)　供託者となる担保物件の共有者の一人から，全額の弁済供託があった場合

　原則は，それぞれの持分に応じた供託をすることになりますが，前記2(2)記載のとおり，担保不動産の第三取得者においても弁済することができることから，第三者弁済による供託として，他の共有者の持分を含めてできるものと考えられます。

(2)　共同担保の関係にある担保物件の所有者が異なる場合

　担保不動産である二つの土地の所有者がそれぞれ異なるとき，各所有者連名で第三者供託の申請の可否については，前記2(2)記載のとおり，第三者は，債務者のために弁済できますが，その地位はそれぞれが固有に有するものであり，連帯して弁済しなければならない根拠はないとされています。よって，各所有者によるそれぞれ折半とする弁済は，結果的に一部弁済に当たり，前記2(4)における債務の本旨に従った弁済に反することになるとされています。また，このとき，所有者の一人が供託した書面を後日もう一方の所有者が抹消登記を申請する場合の供託を証する書面として良いとされています。

4　おわりに

　本供託に当たり，供託官は，供託書の記載が適法かどうか，供託原因があるか，管轄の有無等について，供託書及びその添付・提示された書面からその申請が適法・有効であるかどうかを判断することになりますが，登記官は，登記事項及び添付書面から申請の適否を判断することになりますので，本供託のなされる目的である担保登記の抹消を達成できるよう慎重な対応が必要となります。

【参考文献】

後藤基「休眠担保権をめぐる登記と実務〔補訂版〕」（新日本法規出版，2007）
林忠治ほか「新版　休眠担保権抹消の実務」（大学教育出版，2003）
吉岡誠一編著「新版　よくわかる供託実務」（日本加除出版，2011）

事例 30 株式の譲渡に係る承認手続と供託について

1 はじめに

　株式譲渡については，原則として自由譲渡性が認められていますが（会社法127条。以下，会社法については単に「法」という。），例外として，株式の譲渡に制限を設けることもでき（法2条17号），これには，法令上の制限，定款による制限及び契約による制限があります。

　このうち，定款による譲渡制限としては，発行する全部の株式を譲渡制限株式とすることや，種類株式の一種として譲渡制限株式を発行することが可能となっています。

　これらの譲渡制限株式（以下「当該株式」という。）を保有している株主が他人に当該株式を譲り渡そうとする場合又は譲渡制限株式を譲り受けた者が自らを株主として株式会社に認めてもらいたい場合は株式会社の承認を得なくてはなりません。

　譲渡の承認が得られればそれにこしたことはないのですが，株式会社が承認しない場合は，株主・株式取得者は当該株式の転売ができないため投下した資金を回収できない等損害を被ることになります。こうした損害の発生を防ぐために当該譲渡を承認しない株式会社は，自ら当該株式を買い取るか，又は買取人を指定し，この指定買取人が株式を買い取ることによって，株主は投下した資金を回収できる制度が設けられており，その中に供託に関する規定が設けられています。

　この供託手続は昭和41年の旧商法改正時に設けられた手続で，その際に発出された法務省民事局長通達（昭41・6・22民事甲第1787号民事局長通達。以下「昭和41年通達」という。）において具体的な事務取扱いが明らかに定められており，基本となる旧商法の規定は会社法においても引き継がれています。

この供託の目的は，会社等には売買代金相当額の金銭を供託させ，株主等には売買の対象となる株券を供託させることにより相互の義務の履行を確保しようとするものであることから，この供託の性質は一種の保証供託とみることができますが，当該株式の売買価格が確定したときに売買代金の支払があったものとみなされることや，供託された株券も支払があったときに移転の効果を生じることから，いずれも弁済の目的物として供託したこととなるので，この点からみれば，あらかじめの弁済供託ともいえます。以上のことから，この供託は，保証供託と弁済供託を兼ね備えた性質を持つものといわれています（村上惺「商法の一部を改正する法律の施行に伴う供託事務の取扱いについて」民事月報21巻8号52頁）。

　昨年，年の瀬も押し迫った頃，当事者の代理人弁護士が六法のコピーを片手に「この供託をしたいのですが……。」と来庁されました。記載例とＯＣＲ用紙をお渡しし，後日，申請があり受理となりました。「いずれは払渡請求がされるよなぁ。」と思い，「転ばぬ先の杖」のため，払渡手続まで含め，文献等を紐解いてみました。

　なお，本稿中の意見に係る部分は，筆者の個人的見解であることをあらかじめお断りしておきます。

2　譲渡等の承認請求等について

(1)　譲渡制限株式の譲渡等の承認請求には，株主からの請求（法136条。）と株式取得者からの請求（法137条）があります。
　　これら当該株式の譲渡又は取得を株式会社に認めるよう請求する株主・株式取得者を法では「譲渡等承認請求者」とし（法139条2項），これらの請求を「譲渡等承認請求」としています（法138条1項）。

(2)　譲渡等承認請求に対して，当該株式を発行した株式会社（以下「当該株式会社」という。）は株主総会（取締役会設置会社にあっては取締役会）において請求を承認するか否か決定をし（法139条1項），譲渡等承認請求者に通知しな

ければなりません（同条2項）。この通知期間は，譲渡等承認請求日から2週間以内であり，この期間に通知されなかった場合には，譲渡を承認したものとみなされます（法145条1号）。ただし，会社と譲渡等承認請求者との合意により別段の定めをすることも可能です（同条本文ただし書）。

　当該株式会社が請求を承認しない旨決定した場合は，当該株式を株式会社自ら買い取るか，指定買取人が買い取らなければならず，併せて，①対象株式を買い取る旨，②買い取る対象株式の数，を株主総会で決定することとされています（法140条1項・2項）。

(3)　自ら買い取ることを決定した当該株式会社は，譲渡等承認請求者に対して前記①と②の事項を通知することを要します（法141条1項）。この通知も，当事者間の合意による別段の定めがない場合，不承認通知日から40日以内に通知しなければ譲渡を承認したものとみなされます（法145条2号，同条本文ただし書）。

　また，「(譲渡等承認請求を受けた当該株式の) 一株当たり純資産額に対象株式の数を乗じて得た額」を本店所在地の供託所に供託し，供託を証する書面，つまり供託書正本を不承認通知日から40日以内に譲渡等承認請求者に交付することを要しますが，当事者間の別段の定めがなく，期間内にそれをしなかった場合，譲渡等の承認をしたものとみなされます（法141条2項，同145条3号，法施行規則26条1号，法145条本文ただし書）。

(4)　指定買取人が買い取る場合，指定買取人は譲渡等承認請求者に対して，①指定買取人として指定を受けた旨，②指定買取人が買い取る対象株式の数，を通知することを要します（法142条1項）。この通知は不承認通知日から10日以内にしなければ，譲渡を承認したとみなされます（法145条2号括弧書き）。

　また，「(譲渡等承認請求を受けた当該株式の) 一株当たり純資産額に対象株式の数を乗じて得た額」を本店所在地の供託所に供託し，供託を証する書面たる供託書正本を不承認通知日から10日以内に譲渡等承認請求者に交付しなかった場合，譲渡等の承認をしたとみなされます（法142条2項，同145

条3号，法施行規則26条2号）。

3 株式譲渡を承認しなかった会社や指定買取人がする金銭供託（法141条2項，同142条2項）について

供託の申請にあたって，供託用紙に記載すべき事項について触れておきます。

(1) 供託の法令条項
株式会社が買い取る場合は「法141条2項」，指定買取人が買い取る場合には「同142条2項」となります。

(2) 供託者と被供託者
供託者は対象株式を買い取る者（株式会社，指定買取人），被供託者は譲渡等承認請求者となります。

(3) 供託所
供託所は当該株式会社の本店所在地の供託所となります。本店所在地に供託所がない場合は最寄りの供託所となります（昭23・8・20民甲第2378号）。

(4) 供託の原因たる事実について
供託の原因たる事実記載については旧商法時の記載例が昭和41年通達や「供託書式　記載例と作成要領〔新訂第6版〕」41頁以下などに示されています。

それらを踏まえると当該株式会社が自ら買い取ることとした場合の記載例は以下の振り合いによると考えます。

「供託者は，法140条1項・同条2項の規定により，供託者の株主である被供託者の所有する株式○株を買い取ることとして，平成○年○月○日に株主

総会の決議がされたので，被供託者に対し，当該株券の売渡しを請求するため，同法141条2項の規定により算出した所定の金額○○円を供託する。」

供託金額を算出する算式などについては詳細な記載は要せず，単に法令所定の金額である旨を記載すれば足ります。

4　譲渡等承認請求者がする株券の供託（法141条3項，同142条3項）について（株券発行会社の場合）

売買の対象株式が株券発行会社の株式である場合は，会社又は指定買取人から供託書正本の交付を受けてから1週間以内に，譲渡等承認請求者も売買対象の株券を供託し，遅滞なくその旨を通知しなければなりません（法141条3項，同142条3項）。1週間以内に株券を供託しなかった場合，会社は対象株式の売買契約を解除できます（法141条4項）。なお，期日を経過した供託でも当然無効とはならず，売買解除の原因となるに過ぎません。したがって，期限を経過した供託でも受理を拒むことはできませんし，期間を経過して供託したことを理由として取戻請求することもできません（前掲民事月報21巻8号55頁，59頁）。

その際に供託用紙に記載すべき事項について触れておきます。

(1)　法令条項

株式の売渡請求をした者が当該株券発行株式会社である場合は「法141条3項」，指定買取人である場合は「同142条3項」となります。

(2)　供託者と被供託者

供託者は譲渡等承認請求者であり，被供託者は売渡しの請求をした者（当該株券発行株式会社，指定買取人）となります。

(3) 供託所

当該株券発行会社の本店所在地の供託所となります。本店所在地に供託所がない場合は最寄りの供託所となります（昭23・8・20民甲第2378号）。

(4) 供託の原因たる事実の記載について

株式会社自ら買い取ることを決定した場合については，以下の振り合いになると考えます。

「供託者は，法136条の規定により被供託者に対し，同社の株式〇株の譲渡の承認を求めたところ，平成〇年〇月〇日に被供託者から売渡しの請求を受けたので，上記株券を供託する。」

(5) 株券不発行会社の場合

前述のとおり，株式譲渡不承認に係る供託は，当該株式会社から売買価格相当の金銭を，譲渡等承認請求者から当該株券を供託することで当事者間の売買価格の協議を保証する意味合いを持つとされています。

では，株券不発行会社の場合には，株券に代わる何かを供託する必要があるのかという疑問が生じました。以下はこれについての検討内容です。

旧商法206条ノ2・1項と同様に，現行の法でも株券不発行会社の場合，法130条1項において，株式の譲渡は，その株式を取得した者の氏名又は名称及び住所を株主名簿に記載又は記録がなければ株式会社その他の第三者に対抗することができないと規定しています。

そのため，恣意的に，株券不発行会社において株式の売買価格決定までの間に株式を二重に売買しようとする者は，株主名簿の記載又は記録を変更しなければならないのですが，株券不発行会社における名義書換は，譲渡人単独による手続が予定されていないため（法133条1項・2項）株主名簿が書き換えられる恐れはないことから，法施行前の旧商法下においても，株券不発行会社について株券の供託に代わる義務の履行を確保するための保証手段は特段設けられなかったのではないかと考えます（なお，株券発行会社においては株

券の交付が株式譲渡の効力発生要件であり，株券の占有者は適法な所持人と推定されます（法128条1項，同131条1項，旧商法205条1項・2項）。）。

5 売買価格の決定と供託金の具体的な還付請求手続について

(1) 供託金の払渡請求手続に関わってきますので，法に定められている株式の売買価格決定の規定について承知しておく必要があります。

売買価格の決定は法144条各項において，以下のとおり規定されています。

① 株式会社と譲渡等承認請求者との協議によって売買価格を定める。（1項）

② 法141条1項の通知（会社の買取通知）を受けてから20日以内に裁判所に売買価格の決定を申し立てることができ，当該申立てにより裁判所が売買価格を定める。（2項・3項・4項）

③ 会社の買取通知を受けてから20日以内に，当事者で協議が調わず，かつ，裁判所にも価格決定の申立てがなかったときは供託額をもって売買価格とする。（5項）

(2) 売買価格の確定により，当該株式会社は，供託した金銭に相当する額を限度として，売買代金全部又は一部を支払ったものとみなされる（法144条6項）ため，譲渡等承認請求者は供託金の還付請求により，供託金を株式の売買価格に応じて受け取ることになります。

また，譲渡等承認請求者によって株券が供託されている場合は，当該株式会社は供託株券の還付請求を行うことになります。

(3) 売買価格が供託金額と同額又は未満であるときは，売買価格確定時に代金を支払ったこととなり（法144条6項），還付請求権も同時に発生すると解されています。

そして，売買価格が供託金額より少額の場合，譲渡等承認請求者は供託金のうち売買価格に相当する部分の還付請求をすることになります。ま

た，（供託金額－売買価格＝）差額，株式売買価格を超過する供託金は，供託者が取り戻すことになり，売買価格確定時に取戻請求権が発生します。
(4) 供託金利息は，還付請求者に対して全額払い渡すのではなく売買価格確定前日までの利息は供託者（株式会社又は指定買取人）に，売買価格確定当日から払渡請求認可日までの利息は被供託者（譲渡等承認請求者）に払い渡すことになります。
　　ケースごとにおける必要となる添付書面や利息の帰属などについては別表1のとおりです。
(5) 昭和41年通達1．(3)．(二)では払渡請求の際，供託規則24条2号（還付請求権を証する書面，現行供託規則24条1項1号）又は同25条2号の書面（取戻請求権を証する書面，現行供託規則25条1項）として売買価格につき協議が調ったことを証する当事者の作成した協議書，売買価格決定に関する裁判書の謄本又は売買価格決定のなかったことを証する書面等の添付を規定しています。現会社法でも同様に添付を要しますが，各事例ごとに具体的な添付書類は異なり，以下の書類がこれに当たります。
　① 譲渡等承認請求者と当該株式会社の協議によって売買価格が決定したときは，両者が作成した証明書
　② 裁判所が売買価格を定めたときは，価格決定に関する裁判書の謄本と確定証明書
　③ 協議が調わず，申立期間内に裁判所で売買価格決定の申立てがなかったときは，このことを証する協議者双方からの書面
　　なお，当事者が作成した書面につき，当該書面作成前3か月以内又はその後に作成された利害関係人の印鑑証明書（規則24条2項）を要することはいうまでもありません。
　　この規定で注意すべきは，法144条5項に基づき売買価格の決定を証する書面とは，裁判所からの期間内に売買価格決定の申立てがなかったことを証する書面だけでなく，株式会社と譲渡等承認請求者双方からの法144条1項に定める協議が調わなかったことを証する書面についても必要にな

231

るということです。

　その理由は，申立期間内に当事者間で協議が調った場合には，その額が売買価格となり，例えば申立期間内に供託金以下の売買価格協議が調っていた場合には，譲渡承認等請求者は供託金額のうち売買価格分を還付請求でき，残額は供託者が取戻請求することになりますが（昭和41年通達一(3)(イ)），仮に，申立てなきことの証明書のみを添付した還付請求を認めてしまうと，売買価格以上の供託金額を被供託者に払い渡すことになってしまうので，供託官は，当事者の事前協議による売買価格の決定の有無を確認しなければ払渡請求に応じることはできないからです。

　法改正後にこの取扱いを争点とし，供託者と被供託者間における株式の売買価格についての協議がなかった等のことを証する書面の添付がないとして還付請求を却下した供託官の処分が適法であるとされた判決（長野地判平19・10・26，民事研修610号98頁）がありますので参考にしてください。

6　株券の供託（法141条3項，同142条3項）の還付請求について

　株券発行会社において，譲渡等承認請求者が，供託金の対価となる株券を供託した場合における当該株券の還付請求は，当該株券を買い取る被供託者（会社又は指定買取人）からされることになりますが，還付請求権の発生時期は売買価格が供託金額と同額又は未満であったときは「売買価格確定の時」となります。

　売買価格が供託金額よりも高額であったときは，差額の支払により還付請求権が発生することになり，当該還付請求には差額の支払を証する書面（領収書等）が必要となり（昭和41年通達一(3)(ホ)），その書面の印鑑について，印鑑証明書を添付することになります（供託規則24条2項）。

　また，売買価格の協議が調わず，かつ，期間内に売買価格決定の裁判の申立てがなかった場合，供託金額が売買価格となりますが，その場合の還付請求は，裁判所発行の「申立てがなかったことを証する証明書」だけではな

く，協議が調わなかったことを証する株式譲渡人作成の書面（供託規則24条2項の印鑑証明書付き）を添付する必要があります。なぜなら，申立てがなかった場合でも当事者間で売買価格の協議が調っており，かつ売買価格が供託金額を超える場合には，前述のように差額の支払のない限り，株券の還付を請求することができないからです（法務省民事局第四課職員編「供託実務相談 執行供託を中心として」（商事法務研究会，1990）302頁）。

7 供託金の取戻請求について（供託金利息を除く。）

供託金の取戻請求については，「錯誤に基づく取戻請求」と「供託原因消滅に基づく取戻請求」があります。

前者は，会社や指定買取人が，供託については行ったが，期間内に法上の通知をしなかったため株式譲渡を承認したものとみなされる場合などの取戻請求であり，後者は，①譲渡等承認請求者が当該請求を撤回した場合，②株券発行会社において譲渡承認請求者が期間内に株券を供託しなかった場合，③供託金額より高い売買価格が確定したが，会社等が差額を支払わないために売買契約を解除された場合などが考えられます。

なお，民法494条の弁済供託と異なり，供託者が不受諾を理由として取戻請求をすることはできません。この供託は相互に義務の履行を確保するためのものであり，弁済供託と保証供託の性質を有することから，民法496条のような取戻しを認めることは供託を要求する法の趣旨に反すると解されているからです。

(1) 錯誤にもとづく取戻請求

譲渡等承認請求日から2週間以内に，会社から譲渡等承認請求者に対し，承認請求に対する決定の通知（法139条2項）がされなかった場合や，この通知から40日以内に（指定買取人の場合にあっては10日以内）に買取通知（法141条1項・同142条1項）がされなかった場合や，同期間内に供託書正本の交付が行

われなかった場合には，株主総会等で譲渡承認をしたとみなされる（法145条各号，法施行規則26条）ので，供託のみをし，通知や供託書正本の交付を行っていない場合，供託はそもそも無効といわざるを得ず，錯誤を理由として取戻請求をすることになります。この場合の「錯誤を証する書面」としては，この承認通知又は指定買取人による通知が法定期間内にされなかったことを証する株主の作成書面（供託規則24条2項の印鑑証明書付き）が当たります（前掲民事月報21巻8号58頁）。

(2) 供託原因消滅に基づく取戻請求

① 譲渡等承認請求の撤回による取戻し

譲渡等承認請求の撤回については，法143条1項及び2項で規定しており，譲渡等承認請求者が，買取通知を受けた後に当該承認請求を撤回するには，株式会社又は指定買取人の承諾を得た場合に限り，請求を撤回することができるとされています。

譲渡承認請求の撤回前に会社等が既に供託していた場合，会社等は供託金を取り戻すことになりますが，取戻しの請求事由は，供託時においては供託原因が存在しており有効な供託であったものが，撤回により供託原因が事後的に消滅したといえることから「譲渡承認請求撤回による供託原因消滅」となります。添付書類については，供託原因が消滅したことを証する書面として，譲渡等承認請求者が作成した「請求の撤回を証する書面」（供託規則24条2項の印鑑証明書付き）が必要になるでしょう。

② 株券発行会社において，譲渡等承認請求者が期間内に株券を供託しなかった場合

この場合には，株券発行会社や指定買取人は売買契約を解除することができます（法141条4項，同142条4項）。会社等が売買契約を解除した場合における供託金の取戻請求の請求事由は，「契約解除による供託原因消滅」となります。

添付書類としては，前掲民事月報21巻8号59頁では売買解除の通告書

（内容証明及び配達証明付き）を添付するものとされていますが，この文献は現行供託規則24条2項（利害関係人の印鑑証明書の添付規定，同条文は平成17年に全文改正）が規定される前に書かれたものであり，この株式譲渡不承認による供託は，前述のように弁済供託と保証供託を併せ持った性質を有し，相手方の義務の履行を確保しようとするものであることから，売買契約解除による会社等の取戻請求の際には，譲渡等承認請求者は当該取戻請求の利害関係人とみるのが相当であり，この場合には売買契約解除により取戻請求をすることについての承諾書等，譲渡等承認請求者作成の書面に，供託規則24条2項の印鑑証明書を添付することとなります。

③ 供託金額より高い売買価格が確定し，会社等が差額を支払わないために売買契約を解除された場合

供託額が売買価格に満たない場合，会社又は指定買取人はその差額を支払う義務があります。支払を催告しても期間内に履行がない場合には，譲渡等承認請求者は売買契約を解除できます（民法541条）。そして契約が解除された場合には，当該株式の譲渡の承認があったものとみなされます（法145条3号，法施行規則26条3号）。

会社等が売買契約を解除された場合にする供託金の取戻請求の請求事由は②と同様に「契約解除により供託原因消滅」となり，添付書類としては「譲渡等承認請求者からの売買契約解除の通知書」を添付すべきと考えられており（前掲民事月報同頁），同書面には供託規則24条2項の印鑑証明書の添付が必要です。

8　おわりに

「はじめに」で触れたように，この事件は私の職場で昨年末のクリスマス頃に供託がありました。承認等請求者からの株式供託はいまだされず，とはいっても株券発行会社でないからかも知れませんが。また，いまだ還付請求もされることなく，現在に至っています。売買価格決定の申立て（法144条4

項)が裁判所にされ、裁判所で手続中だとは思いますが、いつ請求に来庁されることやら……。

　果たして、「転ばぬ先の杖」になったかどうか分かりませんが、そのときは利息計算を間違えないようにしようと落ち着かない日々を送っています。

【参考文献】

「商法の一部を改正する法律の施行に伴う供託事務の取扱いについて」（昭和41年6月22日付け民事甲第1787号民事局長通達）

村上惺「商法の一部を改正する法律の施行に伴う供託事務の取扱いについて」民事月報21巻8号

立野みすず「判例の紹介」民事研修610号「（略）『供託者と被供託者間における株式の売買価格についての協議がなかったこと、あるいは協議が調わなかったことを証する書面』の添付がないとして還付請求を却下した供託官の処分が適法であるとされた事例」

法務省民事局第四課職員編　「供託実務相談　執行供託を中心として」（商事法務研究会，1990）

法務省民事局第四課職員編　「供託書式　記載例と作成要領〔新訂第6版〕」（商事法務研究会，1998）41頁

供託金の払渡しについて　　　　　　　　　　　　　　　　　　　　　別表1

		当事者同士の協議で価格決定されたとき		裁判所が売買価格決定を行ったとき		法第144条第5項の規定によった場合
		売買価格が供託金と同額以上	売買価格が供託金額未満	売買価格が供託金と同額以上	売買価格が供託金額未満	売買価格は供託金と同額
還付請求（譲渡等承認請求者から請求）	還付の対象	供託金全額	売買価格相当額	供託金全額	売買価格相当額	供託金全額
	添付書類	当事者双方からの価格決定を証する書面	当事者双方からの価格決定を証する書面	売買価格決定を証する裁判所、確定証明	売買価格決定を証する裁判所、確定証明	・当事者双方からの協議がなかったことを証する書面 ・裁判所からの申立がなかったことを証する書面
	利息	売買価格決定当日以降の供託金全額に対する利息	売買価格決定当日以降の売買価格に対する利息	売買価格決定当日以降の全額に対する利息	売買価格決定当日以降の買価格に対する利息	売買価格決定当日以降の供託金全額に対する利息
取戻請求（当該株式会社から請求）	元本の取戻額	なし	供託金額と売買価格の差額	なし	供託金額と売買価格の差額	なし
	添付書類		当事者双方から価格決定を証する書面		売買価格決定を証する裁判書、確定証明	
	利息	売買価格決定日前日までの供託金全額に対する利息	・売買価格決定日前日までの全額に対する利息 ・（供託金額一売買価格）に対する売買価格決定日以降の利息	売買価格決定日前日までの供託金全額に対する利息	・売買価格決定日前日までの全額に対する利息 ・（供託金額一売買価格）に対する売買価格決定日以降の利息	利息

237

事例 31 会社法に関わる供託手続について

1 はじめに

　供託をするにはその根拠たる法令が必要ですが，普段業務を行っていてなじみ深いものは民法494条，民事保全法14条１項，民事執行法156条１項（２項）などではないでしょうか。
　ところで，会社法というと，通常，商業登記に関するものと考えられているかと思いますが，供託に関する条文があるのを御存じでしょうか？　会社法141条，142条に基づく供託については，供託を担当している職員の方も，経験することが少ないと思われますので，御紹介したいと思います。

2　会社法に基づく供託（概略）

　株式の譲渡は原則自由とされています（会社法（以下「法」という。）127条）が，定款でその譲渡について会社の承認を要することを定めることができます（法107条１項１号，108条１項４号）。「譲渡制限株式」とは，「株式会社がその発行する全部又は一部の株式の内容として譲渡による当該株式の取得について当該株式会社の承認を要する旨の定めを設けている場合における当該株式」をいいます（法２条17号）。譲渡制限株式を保有している株主が，当該株式を譲渡したい場合及び譲渡した株主が会社から譲渡承認を得ないで当該株式を譲り受けた者が，自らを株主として会社に承認を求めた場合等，当該株式の譲渡について会社に譲渡承認を求めたが会社からその承認が得られないときに，供託制度が用いられます。

3 譲渡制限株式の譲渡等承認請求について

　譲渡制限株式の譲渡承認請求には，当該株式を譲渡しようとする株主からの請求（法136条）と当該株式を取得した譲受人（以下いずれも「譲渡等承認請求者」という。）からの請求（法137条1項）があります。譲渡等承認請求者は会社に対して，当該株式譲渡承認をするか否かの決定を請求（以下「譲渡等承認請求」という。）することになります。また，譲渡等承認請求に当たり会社の承認が得られない場合には，当該株式を会社自身が買い取ること，あるいは買い取るべき者（以下「指定買取人」という。）を会社が指定することを併せて請求（以下「買取請求」という。）することもできます（法138条1号ハ，同条2号ハ）。

4 買取請求に基づく会社又は指定買取人による供託について

　上記の譲渡等承認請求及び買取請求に対して，会社は承認するか否か，また承認しない場合には対象株式を買い取る旨のあるいは指定買取人の決定をしなければなりません（法139条以下）。会社が譲渡等承認請求を承認した場合には問題は生じませんが，譲渡等承認請求を承認しない場合，請求があった日から2週間以内に（2週間を下回る期間が定款で定められている場合はその期間），譲渡等承認請求者に対して譲渡を承認しない旨の通知をしなければならず，この期間内に通知をしなかった場合には譲渡を承認したものとみなされてしまいます（法139条2項，145条1号）。

(1) **会社が買い取る場合**

ア　会社による買取りの決定

　　会社が譲渡等承認請求を承認しない場合，株主総会の特別決議で，①対象株式を買い取る旨，②会社が買い取る対象株式の数（種類株式発行会社にあっては，対象株式の種類及び種類ごとの数）を決定しなければなりません（法140条1項・2項，309条2項）。

イ 会社による通知と売買代金の供託

　会社は，譲渡を承認しない旨の通知をした日（以下，「不承認通知日」といいます。）から40日以内（40日を下回る期間が定款で定められている場合はその期間）に，会社が対象株式を買い取る旨の決定をして，この旨譲渡等承認請求者に通知をしなければならず，会社が期間内にこの通知をしなかった場合には譲渡を承認したものとみなされてしまいます（法141条１項，145条２号）。

　また，会社は上記通知をするに当たり，一株当たりの純資産額（会社法施行規則25条）に会社が買い取る対象株式の数を乗じて得た額を会社の本店所在地の供託所に供託し，当該供託を証する書面を譲渡等承認請求者に交付しなければならず，たとえ上記の通知をしたとしても，所定の期間内に供託を証する書面を交付しなければ，会社は譲渡を承認したものとみなされてしまいます（法141条２項，145条３号，会社法施行規則26条１号）。

　なお，「供託を証する書面」としては，供託書正本又は供託証明書（供託規則49条）が考えられます。

ウ 譲渡等承認請求者による株券の供託

　会社から上記(2)の供託を証する書面の交付を受けた譲渡等承認請求者は，その交付を受けた日から１週間以内に，対象株式が「株券発行会社」の株式である場合（法214条）（注１）には，対象株式に係る株券を会社の本店所在地の供託所に供託した上で，その旨を遅滞なく会社に通知しなければならず（法141条３項），譲渡等承認請求者がこの株券の供託をしなかった場合には，会社は対象株式の売買契約を解除することができます（法141条４項）。

　なお，譲渡等承認請求者が，譲渡等承認請求及び承認しないことを停止条件とする買取請求をしている場合には（法136条，137条１項，138条），会社がその承認をしない場合についての売渡しの申込みをしているものとみることができるので，会社が法141条１項の通知をした時点で，会社と譲渡等承認請求者間の売買契約は成立するとされています（相澤哲編著『一問一答　新会社法詳説』(商事法務，改訂版，2009) 68頁）。したがって，会社が法141

条2項の供託をなし譲渡等承認請求者に対して通知をしたにもかかわらず，その後，譲渡等承認請求者が株券の供託をしない場合であっても，これはあくまで売買契約解除の原因になるに過ぎず，譲渡制限株式を保有している株主は，確定した価格により株券を直接会社に引き渡して供託金の還付を請求することができます（登記研究601号205頁）。

（注1）平成16年の商法改正（平成16年法律第88号）前までは，株式会社は「株券」という有価証券を発行するのが原則でしたが，平成16年の商法改正により株券の不発行の定款の定めがある場合（旧商法227条），株式譲渡制限会社において株主から株券発行の請求がない場合（旧商法226条）等，株券を発行しなくてもよいこととされました。

現行の会社法においては，更に進んで「株券を発行する旨を定款に定めることができる（法214条）」とし，逆に株券不発行が原則になり，株券発行会社であっても非公開会社であれば，株主からの請求があるまでは株券を発行しなくてよい（法215条4項）との規定もあります。法141条3項では，「対象株式が株券発行会社の株式である場合には……」と規定されているので，株券不発行会社であれば株券の供託は不要ということになります。これは，指定買取人による買取りの場合にも当てはまります（法142条3項）。

ただし，上記のとおり株券発行会社であっても非公開会社であれば，株券を発行していない場合も考えられますので注意が必要です。

(2) **指定買取人が買い取る場合**
ア　会社による指定買取人の指定

会社は，譲渡等承認請求を承認せず対象株式を買い取る場合で，対象株式の全部又は一部を，会社の定款に別段の定めがない限り，株主総会の特別決議（取締役会設置会社では取締役会）によって，指定買取人を指定することができます（法140条4項・5項，309条2項1号）。

イ　指定買取人による買取りの通知と売買代金の供託

指定買取人は，不承認通知日から10日以内（10日を下回る期間が定款で定められている場合はその期間）に，指定買取人が対象株式を買い取る旨を譲渡等承認請求者に通知をしなければならず，指定買取人が期間内にこの通知をしなかった場合には譲渡を承認したものとみなされてしまいます（法142条1項，145条2号）。

　また，指定買取人は上記通知をするに当たり，一株当たりの純資産額（会社法施行規則25条）に指定買取人が買い取る対象株式の数を乗じて得た額を会社の本店所在地の供託所に供託し，当該供託を証する書面を譲渡等承認請求者に交付しなければならず，たとえ上記の通知をしたとしても，所定の期間内に供託を証する書面を交付しなければ，やはり会社は譲渡を承認したものとみなされてしまいます（法142条2項，145条3号，会社法施行規則26条2号）。

ウ　譲渡等承認請求者による株券の供託

　指定買取人から上記(2)の供託を証する書面の交付を受けた譲渡等承認請求者は，その交付を受けた日から1週間以内に，対象株式が「株券発行会社」の株式である場合（法214条）には，対象株式に係る株券を会社の本店所在地の供託所に供託した上で，その旨を遅滞なく指定買取人に通知しなければなりません（法142条3項）。譲渡等承認請求者がこの株券の供託をしなかった場合には，指定買取人は対象株式の売買契約を解除することができます（法142条4項）。

5　対象株式の売買価格の決定と売買代金の支払

　会社又は指定買取人から譲渡等承認請求者に対し，対象株式を買い取る旨の通知がされると，対象株式の売買契約は成立したことになります。しかし，あくまで供託した金額は法定の計算に基づいた金額に過ぎず，実際の対象株式の売買価格は，当事者間の協議，又は裁判所に対する申立てにより，裁判所が決定します（法144条）。また，協議が調わなかったにもかかわら

ず，所定の期間内に裁判所に売買価格決定の申立てがなされなかった場合は，一株当たりの純資産額に対象株式の数を乗じて得た額をもって当該対象株式の売買価格となります。すなわち，対象株式の売買価格は，当事者間の協議，裁判所の決定，法141条2項及び法142条2項により供託された供託金額のいずれかに定まることになります。

(1) 供託金額≧協議金額又は裁判所による決定金額の場合

協議又は裁判所により決定された価格が確定したときに売買代金の全部の支払があったものとみなされますので，この場合には，売主（譲渡等承認請求者）は供託金額の全額又は一部の還付を受け，買主（会社又は指定買取人）は株券があるときはその還付を受けることになります。

(2) 供託金額＜協議金額又は裁判所による決定金額の場合

この場合には，供託金額の限りにおいて代金の支払があったものとみなされますから，買主（会社又は指定買取人）は売主（譲渡等承認請求者）に差額分を支払い，その支払をしたことを証する書面を添付して，株券があるときはその還付を受けることになります。

6 おわりに

今回の執筆をしている最中，ちょうど会社側からの株式を買い取る場合の金銭の供託と，株主及び株式取得者側からの株券の供託の申請がありました。6月から7月は1年のうちで株主総会が一番多く開催される時期なので，それと関係があるのかもしれません。改めて，供託の業務で扱う法令の多さ，難しさを痛感した日でありました。

【参考文献】
登記インターネット11巻9号

法務省民事局第四課（監）「実務供託法入門」（民事法情報センター，1991）
中央経済社編「「会社法」法令集〔第六版〕」（中央経済社，2009）

事例 32 介入権者がする解約返戻金相当額の供託について

1 はじめに

　保険契約に関する法制を現代の社会経済情勢に的確に対応したものとするため，商法第2編第10章の保険契約に関する規定を全面的に見直して保険契約に関する新たな法典として保険法（平成20年法律第56号）が制定，平成22年4月1日施行されました。

　保険法制定前においては，差押債権者等が保険契約者の解約返戻金請求権を差し押さえた場合，差押債権者等は当該保険契約を解除して保険契約者の有する解約返戻金から債権の満足を得ることが可能であったため，結果として，保険契約者の利益が保護されないという事態が生じていましたが，保険法の制定により，介入権者が解約返戻金相当額を差押債権者等に支払う又は供託することにより，当該保険契約が解除されることなく存続できることとなったため，保険契約者の利益が保護されるようになりました。

　今回は，あまり馴染みがないと思われますので，この「介入権者がする解約返戻金相当額の供託」について，その一片を御紹介いたします。なお，誌面の都合上，対象とする保険契約は，差押債権者の差押えに係る死亡保険契約とし，意見にわたる部分は私見であることを申し添えます。

2 介入権制度について

(1) 制度趣旨

　保険契約者の債権者は，保険契約者の解約返戻金請求権を差し押えることができます。また，当該差押債権者は，当該保険契約を解除することができると解されています（最判平成11年9月9日民集53巻7号1173頁）。よって，差押

債権者は，当該保険契約を解除して保険者から解約返戻金を取り立てることができます。

死亡保険契約は，通常，被保険者（保険契約者の場合もある。）が死亡した場合に遺族等が保険金により生活の保障を得るためにされるものであり，死亡保険契約が解除された場合には，その目的が達成できないことになります。また，解除された場合に新たに同様の死亡保険契約を締結することを希望する場合には，被保険者の年齢や健康状態等により契約を締結することが困難となることが考えられることから，当該死亡保険契約の保険契約者の利益を保護をする必要性が生じることになります。もちろん，一方の差押債権者の強制執行による債権の回収にも配慮する必要があります。

そこで，保険法は，保険契約者の利益保護及び差押債権者の債権回収保護の観点から，保険金受取人が介入権を行使することにより，当該死亡保険契約が解除された場合に生じる解約返戻金に相当する額を差押債権者に支払う又は供託することにより当該保険契約が解除されることなく存続することができることにするとともに，差押債権者は，保険金受取人から当該死亡保険契約の解除による解約返戻金に相当する金銭について支払を受けるか又は供託金の還付を受けることにより差押債権の満足を得ることができることとしています。

このように，介入権制度は，死亡保険契約の保険契約者が保険者に対して有する解約返戻金請求権に対する差押債権者等が，当該死亡保険契約を解除して債権の回収を図ろうとする場合に，保険金受取人が，当該死亡保険契約が解除された場合に生じる解約返戻金に相当する額を差押債権者に支払う又は供託することにより当該死亡保険契約を存続することができる制度です。

なお，死亡保険契約であっても保険料積立金がないものは介入権制度の対象となりません（保険法60条1項）。

(2) 介入権者

保険金受取人（当該保険契約の解除の通知を受けた時における保険契約者である者

を除き，保険契約者若しくは被保険者の親族又は被保険者である者に限る。）とされています（同60条2項）。

(3) 権利行使及びその効果

　差押債権者，破産管財人その他の死亡保険契約（同63条に規定する保険料積立金があるものに限る。）の当事者以外の者で当該死亡保険契約を解除することができるもの，すなわち「解除権者」がする当該解除は，保険者がその通知を受けた時から1か月を経過した日にその効力を生じることとされていることから（同60条1項），介入権者たる保険金受取人が，保険者が死亡保険契約の解除の通知を受けた時から1か月を経過するまでの間に保険契約者の同意を得て，当該解除の通知の日に当該死亡保険契約の解除の効力が生じたとすれば保険者が解除権者に対して支払うべき金額（解約返戻金からの支払に相当する金額）を当該死亡保険契約の解除権者に対して支払い，かつ，保険者に対してその旨を通知したときは，差押債権者等による当該解除の効力は生じません（同60条2項）。

　また，当該差押えの手続等との関係においては，前記の介入権者による支払と通知により，保険者は当該解除により支払うべき金銭の支払をしたものとみなされるため（同60条3項），当該差押えの手続は終了し，一方，当該死亡保険契約は存続したままとなります。

3　介入権者がする解約返戻金からの支払に相当する金額の供託

(1)　供託手続

　死亡保険契約の解除により保険契約者が保険者に対して有することとなる金銭債権を差し押さえた債権者が当該保険契約を解除する旨の通知をした場合において，保険者が当該通知を受けた時から1か月を経過するまでの間に保険者が当該差押えに係る金銭債権の支払をするとすれば民事執行法（昭和54年法律第4号）その他の法令の規定による供託をすることができるときは，

247

介入権者は，当該供託の方法により当該差押えに係る金銭の支払をすることができると規定されています（保険法61条1項）。つまり，解除権者が差押権者の場合には，1か月以内に当該差押えに係る金銭を供託することにより支払をすることも可能です。

この規定は，差押債務者の金銭債権に対し債権差押命令が送達された場合，第三債務者が供託することができる，あるいは差押えが競合したときは第三債務者は供託しなければならないこととされている民事執行法等の規定の趣旨が，介入権者が保険法第60条2項の規定により差押金額を支払う場合にも当てはまるとして規定されているものと考えられます。また，条文中の「民事執行法その他の法令」としては，民事執行法第156条第1項及び第2項，滞納処分と強制執行等との手続の調整に関する法律第20条の6及び第36条の6等が考えられます。

なお，解約返戻金請求権の全部が差し押さえられた場合，介入権者は，差押えに係る解約返戻金請求権の全額に相当する金銭を債務履行地の供託所に供託することができますが，解約返戻金請求権の一部が差し押さえられた場合には，差押金額に相当する金銭のみを供託することができ，解約返戻金請求権の全額に相当する金銭を供託することはできないとされています（平成22年7月12日付け法務省民商第1696号民事局長通達第3の3(2)ア(ア)b参照）。

供託書記載例は，以下のとおりです。

〈記載例1〉（死亡保険契約の全部が差し押さえられた場合）
（法令条項）
　保険法第61条第1項
　民事執行法第156条第1項

（供託の原因たる事実）
　供託者は，平成元年4月1日付け保険契約者○県○市○町○丁目○番○号Aと保険者△県△市△町△丁目△番△号B生命保険相互会社（以下

「Ｂ生命」という。）との間で締結された保険法第60条１項に規定する死亡保険契約に係る保険金受取人であり，Ａの親族である。当該死亡保険契約の解除によりＡがＢ生命に対して有することとなる当該死亡保険契約に係る解約返戻金請求権（支払場所：○○○○）について下記の差押命令がＢ生命に送達され，Ｂ生命は，平成22年５月１日，当該解約返戻金請求権を差し押さえた債権者Ｃから当該死亡保険契約の解除の通知を受けたので（解除の通知日における解約返戻金額100万円），供託者は，Ａの同意を得て，当該通知がされた日に解除の効力が生じたとすればＢ生命が債権者Ｃに対して支払うべき金額100万円を供託する。

記

差押命令の表示
　　○○地方裁判所平成22年㈹第○○○号，債権者□県□市□町□丁目□番□号Ｃ債務者Ａ，第三債務者Ｂ生命保険相互会社，執行債権額金120万円，差押債権額金120万円，送達年月日平成22年４月１日

〈記載例２〉（死亡保険契約において滞納処分による差押えと強制執行による差押えとが競合した場合：滞納処分による差押えが先行する場合）

（法令条項）
　　保険法第61条第１項
　　滞納処分と強制執行等の手続の調整に関する法律20条の６　１項

（供託の原因たる事実）
　供託者は，平成元年４月１日付け保険契約者○県○市○町○丁目○番○号Ａと保険者△県△市△町△丁目△番△号Ｂ生命保険相互会社（以下「Ｂ生命」という。）との間で締結された保険法60条１項に規定する死亡保険契約に係る保険金受取人であり，Ａの親族である。当該死亡保険契

約の解除によりAがB生命に対して有することとなる当該死亡保険契約に係る解約返戻金請求権（支払場所：○○○○）について下記の滞納処分による差押通知と強制執行による差押命令とが相次いでB生命に送達され、B生命は、平成22年5月1日、当該解約返戻金請求権を差し押さえた債権者D税務署長から当該死亡保険契約の解除の通知を受けたので（解除の通知日における解約返戻金額100万円）、供託者は、Aの同意を得て、当該通知がされた日に解除の効力が生じたとすればB生命が債権者D及びEに対して支払うべき金額100万円を供託する。

記

滞納処分による差押えの表示
◇県◇市◇町◇丁目◇番◇号D税務署長がAの滞納税（平成21年度所得税40万円、延滞税5万円、合計45万円）に基づいてした滞納処分による差押え、第三債務者B生命保険相互会社、差押債権額金45万円、送達年月日平成22年4月1日

強制執行による差押えの表示
○○地方裁判所平成22年（ル）第○○○号、債権者□県□市□町□丁目□番□号E
債務者A、第三債務者B生命保険相互会社、執行債権額金80万円、差押債権額金80万円、送達年月日平成22年4月10日

(2) 差押手続等との関係

介入権者が供託の方法により解約返戻金相当額の支払をしたときは、保険者が当該差押えに係る解約返戻金請求権につき当該供託の方法により支払をしたものとみなすとされています（保険法61条3項）。つまり、差押手続等との関係においては、第三債務者である保険者が解約返戻金相当額を供託の方法により支払をしたものとみなされるため、取立ての終了により当該差押え

の手続は終了したことになります。

(3) 執行裁判所への届出（事情届）

　保険法において、介入権者は、解約返戻金相当額を供託したときは民事執行法その他の法令の規定により第三債務者が執行裁判所その他の官庁又は公署に対してすべき届出をしなければならないとされています（同61条4項）。

(4) 供託金の払渡手続

　介入権者がした供託における供託金の払渡手続については、「民事執行法等の施行に伴う供託事務の取扱いについて」昭和55年9月6日付け法務省民四第5333号民事局長通達（以下「昭和55年通達」という。）に準じて取り扱うものとされています（平成22年7月12日付け法務省民商第1696号民事局長通達（以下「平成22年通達」という。）第3の3(1)ないし(4)参照）。

　例えば、上記3(1)〈記載例1〉による供託の場合、供託金の払渡手続は、執行裁判所の配当又は執行裁判所若しくは裁判所書記官の弁済金の交付の実施としての支払委託に基づいてすることになります（民事執行法166条1項1号、167条の11　3項。平成22年通達・第3の3(2)ア(イ)、昭和55年通達・第二の四1(一)(3)ア参照）。

　また、上記3(1)〈記載例2〉による供託の場合、供託金の払渡手続は、供託金のうち、滞納処分による差押えの金額に相当する部分の払渡しは、徴収員等（滞調法2条2項）の還付請求によってすることになり、それ以外の部分の払渡しは、配当等の実施としての支払委託に基づいてすることになります（滞調法20条の7　1項、2項。平成22年通達・第3の3(4)ア(ア)b、昭和55年通達・第三の三1(一)(2)イ、ウ参照）。

4　おわりに

　保険法の施行により新たな供託申請が考えられるため、今回は死亡保険契

約における解約返戻金請求権に対し差押えがされた場合の供託について少々触れてみました。供託申請や供託金の払渡請求があった場合，本稿が事務処理の参考になれば幸いかと存じます。

〈参　考〉

保険法（平成20年法律第56号：平成22年4月1日施行）抜粋
（契約当事者以外の者による解除の効力等）

第60条　差押債権者，破産管財人その他の死亡保険契約（第63条に規定する保険料積立金があるものに限る。次項及び次条第1項において同じ。）の当事者以外の者で当該死亡保険契約の解除をすることができるもの（次項及び第62条において「解除権者」という。）がする当該解除は，保険者がその通知を受けた時から一箇月を経過した日に，その効力を生ずる。

2　保険金受取人（前項に規定する通知の時において，保険契約者である者を除き，保険契約者若しくは被保険者の親族又は被保険者である者に限る。次項及び次条において「介入権者」という。）が，保険契約者の同意を得て，前項の期間が経過するまでの間に，当該通知の日に当該死亡保険契約の解除の効力が生じたとすれば保険者が解除権者に対して支払うべき金額を解除権者に対して支払い，かつ，保険者に対しその旨の通知をしたときは，同項に規定する解除は，その効力を生じない。

3　第1項に規定する解除の意思表示が差押えの手続又は保険契約者の破産手続，再生手続若しくは更正手続においてされたものである場合において，介入権者が前項の規定による支払及びその旨の通知をしたときは，当該差押えの手続，破産手続，再生手続又は更正手続との関係においては，保険者が当該解除により支払うべき金銭の支払をしたものとみなす。

> **第61条** 死亡保険契約の解除により保険契約者が保険者に対して有することとなる金銭債権を差し押さえた債権者が前条第1項に規定する通知をした場合において，同条第2項の規定による支払の時に保険者が当該差押えに係る金銭債権の支払をするとすれば民事執行法（昭和54年法律第4号）その他の法令の規定による供託をすることができるときは，介入権者は，当該供託の方法により同項の規定による支払をすることができる。
> 2 前項の通知があった場合において，前条第2項の規定による支払の時に保険者が当該差押えに係る金銭債権の支払をするとすれば民事執行法その他の法令の規定による供託の義務を負うときは，介入権者は，当該供託の方法により同項の規定よる支払をしなければならない。
> 3 介入権者が前2項の規定により供託の方法による支払をしたときは，当該供託に係る差押えの手続との関係においては，保険者が当該差押えに係る金銭債権につき当該供託の方法による支払をしたものとみなす。
> 4 介入権者は，第1項又は第2項の規定による供託をしたときは，民事執行法その他の法令の規定により第三債務者が執行裁判所その他の官庁又は公署に対してすべき届出をしなければならない。

【参考文献】

萩本修編著「一問一答 保険法」（商事法務，2009）

「保険法の施行に伴う供託事務の取扱いについて」（平成22年7月12日付け法務省民商第1696号民事局長通達）

「民事執行法等の施行に伴う供託事務の取扱いについて」（昭和55年9月6日付け法務省民四第5333号民事局長通達）

事例 33 選挙供託の申請手続等について

1 はじめに

毎年，地方自治体の選挙は行われていますが，本年度は衆議院議員の総選挙も予定されています。

選挙供託のために来庁されるお客様は，初めて供託という手続をするという方も少なくありません。そういったお客様にも分かりやすくかつ丁寧な説明が求められています。

今回の実務解説では，初めて供託を担当される職員が少しでも参考にしていただけるよう選挙供託の事務処理手続について述べたいと思います。

2 選挙供託とは

公職の選挙に立候補するためにする供託のことです（公職選挙法（以下「公選法」という。）第92条以下）。

立候補の届出には，本人による届出，推薦の届出，政党その他の政治団体による届出の3つの方法があり，国政選挙を例にとると，以下のとおりです。

① 本人による届出

衆議院議員（小選挙区選出）及び参議院議員の比例代表選出選挙以外の選挙において，公職の候補者になろうとする者は，その旨の届出をします（公選法第86条第2項，第86条の4第1項）。

② 推薦の届出

　衆議院議員（小選挙区選出）及び参議院議員の比例代表選出選挙以外の選挙においては，選挙人名簿に登録された者が，本人の承諾を得て，他人を公職の候補者に推薦する届出をすることができます（公選法第86条第3項，第86条の4第2項）。

③ 政党その他の政治団体による届出

　衆議院議員（小選挙区及び比例代表選出）並びに参議院議員の比例代表選出選挙においては，政党その他の政治団体が候補者名簿を届け出ます（公選法第86条第1項，第86条の2第1項，第86条の3第1項）。

　ただし，以下の要件のいずれかを備えた政党その他の政治団体でなければ届出することができません。

◎衆議院小選挙区選出議員の選挙（86Ⅰ）
(ｱ)所属する衆議院議員又は参議院議員を5名以上有すること。
(ｲ)直近において行われた衆議院議員の総選挙における小選挙区選出議員の選挙若しくは比例代表選出議員の選挙又は参議院議員の通常選挙における比例代表選出議員の選挙若しくは選挙区選出議員の選挙における得票総数が当該選挙における有効投票総数の100分の2以上であること。
◎衆議院比例代表選出議員の選挙（86の2Ⅰ①②③）
上記(ｱ)，(ｲ)
(ｳ)当該選挙において届出をすることによって，候補者となる衆議院名簿搭載者の数が当該選挙区における議員の定数の10分の2以上であること。
◎参議院比例代表選出議員の選挙（86の3Ⅰ）
上記(ｱ)，(ｲ)
(ｴ)当該参議院議員の選挙において候補者（届出をすることにより候補者となる参議院名簿登載者を含む。）を10名以上有すること。

いずれの場合にも，当該選挙の公示又は告示があった日に，郵便等によることなく，文書で当該選挙長に届け出ることとされています（公選法第86条第2項，第86条の2第2項，第86条の3第2項，第86条の4第1項）。

その際，町村の議会議員選挙以外の選挙においては，届出をしようとする本人や推薦者，政党その他の政治団体は，事前に各選挙の種類ごとに定められた金額又はこれに相当する額面の国債証書を供託しなければならず（公選法第92条），供託したことの証明として，供託書正本を添付して立候補の届出をします。これは，売名行為や候補者濫立を防止するための制度であり，候補者が一定の得票数に満たなかった場合や，途中で立候補を辞退した場合には，国又は地方公共団体が供託物を没取することになります。

3　選挙供託の申請手続

(1)　申請年月日

立候補の届出は，選挙の公示又は告示があった日に限られていますが，選挙供託をする時期に関しては特に規定はありません。選挙の公示又は告示前においても受理して差し支えないとされています（昭和28・3・19民甲第445号通達）。ただし，供託の原因たる事実として選挙期日を記載しなければなりませんので，選挙期日が確定している必要があります。

なお，衆議院の解散による衆議院議員の総選挙に関する供託については，解散後に受理するのが相当であるとされています（昭和33・4・23民事局長回答）。

(2)　供託所の管轄

選挙供託については，管轄供託所の定めはありませんので，執務時間中であれば，全国どこの供託所でも供託することができます。

ただし，立候補の届出日又は補充立候補届出期間の末日が土曜日又は日曜日その他の休日に該当する場合には，法務局又は地方法務局の長は，当該選

挙の選挙長の事務所に近接する供託所の一つを指定し，その日の午前8時30分から午後5時まで，選挙供託事務を取り扱わせることとされています（選挙供託事務執務時間規程第1条）。よって，その日は指定された供託所においてのみ供託できることになります。

(3) **供託者**

立候補の届出をしようとする本人，推薦者，政党その他の政治団体が供託者となります。

本人，推薦者の場合は，その住所氏名を，政党その他の政治団体の場合は，その名称及び本部の所在地並びに代表者の資格・氏名を記載することとなります。なお，代理人申請の場合は，供託者の住所氏名の下に代理人の住所及び資格・氏名を記載することになります。

(4) **被供託者**

選挙の種類によって以下のとおりになります。

選挙の種類	被供託者
衆議院議員の選挙 参議院議員の選挙	国
都道府県議会の議員の選挙 都道府県知事の選挙	当該都道府県
市議会の議員の選挙 市町村の長の選挙	当該市区町村

※特別区については公選法第266条参照以下同じ。

(5) **供託金額及び法令条項**

選挙の種類によって以下のとおりになります。

選挙の種類	供託金額	法令条項
衆議院小選挙区選出議員の選挙	300万円	公選法第92条第1項第1号
参議院選挙区選出議員の選挙	300万円	公選法第92条第1項第2号
都道府県の議会の議員の選挙	60万円	公選法第92条第1項第3号
都道府県知事の選挙	300万円	公選法第92条第1項第4号
指定都市の議会の議員の選挙	50万円	公選法第92条第1項第5号
指定都市の長の選挙	240万円	公選法第92条第1項第6号
指定都市以外の市の議会の議員の選挙	30万円	公選法第92条第1項第7号
指定都市以外の市の長の選挙	100万円	公選法第92条第1項第8号
町村長の選挙	50万円	公選法第92条第1項第9号
衆議院比例代表選出議員の選挙	名簿登載者1人につき600万円(※1)	公選法第92条第2項
参議院比例代表選出議員の選挙	名簿登載者1人につき600万円	公選法第92条第3項

※1　候補者が衆議院小選挙区選出議員の選挙との重複立候補者である場合は，300万円。

(6) 供託の原因たる事実

　供託の原因たる事実として，選挙期日とどのような公職についての選挙であるかを具体的に記載しなければなりません。

　公示又は告示前の供託の場合は，「平成○年○月○日行われる予定の○○選挙につき，……」と記載する必要があります。

　推薦者が供託する場合は，候補者として推薦される者の住所氏名を記載することとなります。

〔例1〕市長の選挙（本人による届出）

　　　「供託者は，平成○年○月○日に行われる（予定の）○市長選挙に

つき，候補者として，当該選挙の選挙長に立候補の届出をするため供託する。」

〔例2〕 県議会議員の選挙（推薦者の届出）

「供託者は，平成○年○月○日に行われる（予定の）○県議会議員選挙（○○選挙区）につき，甲市乙町○丁目○番○号甲野太郎を議員候補者として当該選挙の選挙長に推薦の届出をするため供託する。」

〔例3〕 衆議院小選挙区選出議員の選挙（政党その他の政治団体による届出）

「供託者は，平成○年○月○日に行われる（予定の）衆議院議員の総選挙につき，小選挙区選出議員選挙○県第○区において，当政党に所属する甲野太郎を候補者として当該選挙の選挙長に立候補の届出をするため供託する。」

(7) **備考欄**

官庁の名称としては，当該選挙長となります。

選挙の種類	備考欄に記載する選挙長（例）
衆議院小選挙区選出議員の選挙	衆議院小選挙区選出議員選挙○県（都・道・府）第○区選挙長
衆議院比例代表選出議員の選挙	衆議院比例代表選出議員○選挙長
参議院選挙区選出議員の選挙	参議院（○県（都・道・府）選出）議員選挙選挙長
参議院比例代表選出議員の選挙	参議院比例代表選出議員選挙選挙長
都道府県議会の議員の選挙	○県議会議員○市（郡）選挙区選挙長
都道府県知事の選挙	○県（都・道・府）知事選挙選挙長
市議会の議員の選挙	○市議会議員選挙（○○選挙区）選挙長
市町村の長の選挙	○市（町・村）長選挙選挙長

(8) **供託物の納入期日**

　供託物の納入期日は，通常，供託を受理した日から1週間以降の日（実務上は受理した日から8日目）ですが，その期間中に当該選挙の公示又は告示の日があるときは，その日が納入期日になります。公示又は告示の日が休日に該当する選挙について，法務局又は地方法務局の長が指定した以外の供託所に申請があった場合は，公示又は告示の日直前の銀行営業の最終日を納入期日として差し支えないとされています（昭和63年全国供託課長会同決議）。

(9) **提示・添付書面**

① 政党その他の政治団体が供託する場合

　代表者の資格を証する書面として以下の書面が必要となります。

　(ア) 登記された法人である場合は，登記所の作成した代表者の資格を証する書面（作成後3か月以内のもの）を提示します（供託規則第14条第1項）。

　(イ) 法人格を有しない場合は，供託規則第14条第3項の規定による定款又は寄付行為及び代表者の資格を証する書面を添付します。なお，定款及び寄付行為としては，当該団体の綱領，党則，規約その他これらに相当するものを記載した文書をいい，また，代表者の資格を証する書面としては，その選任を証する議事録等が該当することになります。

　　さらに，公選法第86条の5第5項，第86条の6第6項及び第86条の7第4項の告示[※2]がされているときは，当該告示の写しが代表者の資格を証する書面となります（昭和58・4・18民四第2370号通達第二・1・3，平成7・3・2民四第2232号通達第2・1・(4)）。

　　いずれの書面も代表者の奥書証明，作成後3か月を経過したものについては，その後代表者に変更がない旨の奥書証明が必要となります。

　※2　公選法の規定による告示

　　候補者名簿の届出をすることのできる要件を備えた政党その他の政治団体が，衆議院小選挙区選出議員の候補者の選定を行ったときは総務大臣に，ま

た，衆議院及び参議院の比例代表選出議員選挙の場合には，中央選挙管理会に名称等の届出をすることになっています。そして，これらの届出を受けた総務大臣，中央選挙管理会は，届出があった政党その他の政治団体について，名称，本部の所在地並びに代表者の氏名等を告示します。

② 代理人が供託する場合

代理人によって供託しようとする場合は，代理人の権限を証する書面として委任状の提示が必要となります（供託規則第14条第4項）。

4 選挙供託の払渡手続

(1) 取戻請求

① 取戻請求できる場合

以下のいずれかに該当する場合，供託者は供託原因の消滅を理由に供託物を取り戻すことができます。

　　a　公職の候補者が選挙の期日における投票所を開くべき時刻までに死亡した場合，公選法第103条第4項の規定により公職の候補者に係る候補者の届出が取り下げられ若しくは公職の候補者たることを辞したものとみなされた場合，選挙の全部が無効となった場合（公職選挙法施行令第93条第1項，第93条の2第1項・第2項）

　　b　公職の候補者の得票数が公選法第93条第1項各号に規定する法定得票数に達した場合，無投票当選により投票が行われなかった場合（公職選挙法施行令第93条第2項）

　　c　衆議院及び参議院の比例代表選出議員選挙において，公職選挙法第94条の規定により国庫に帰属するものとされない場合（公職選挙法施行令第93条の2第2項・第3項）

　　d　立候補の届出のため供託した者が届出の意思を放棄した場合

② 添付書類等

供託物払渡請求書に以下の書面を提示又は添付して取戻請求をします。

(ｱ) 取戻しをする権利を有することを証する書面（供託規則第25条）

■上記①ａからｃの場合

当該選挙の選挙長による供託原因消滅証明書を添付します。選挙長の証明が得られない場合は，選挙管理委員会の証明でも差し支えないとされています（昭和26・5・28民甲第1139号回答）。

ただし，選挙又は当選の効力は，公選法第202条第１項，第204条，第206条第１項，第208条第１項による選挙又は当選の効力に関する異議の申出又は異議の訴えができる期間を経過した後でなければ確定しないため，供託原因の消滅がｂとｃによる場合の証明書の証明年月日は，当該選挙の日から衆議院議員又は参議院議員の選挙においては30日，地方公共団体の議会の議員及び長の選挙においては14日を経過した後でなければなりません（昭和43・8・30民甲第2343号認可）。無投票当選の場合も，同様と考えられます。

■上記①ｄの場合

公示又は告示前に取り戻すときは，供託者が立候補又は候補者推薦の届出の意思を放棄した旨の上申書及び供託したことを証する書面（昭和40年全国供託課長会同決議），公示又は告示後に取り戻すときは当該選挙長の立候補又は候補者推薦の届出がなかったことの証明書（昭和27・9・17民甲第302号回答，昭和27・9・24民四課長回答）をそれぞれ添付することとなります。

(ｲ) 代表者の資格を証する書面

政党その他の政治団体が請求するときは，代表者の資格を証する書面が必要となります。登記された法人である場合は，登記官の作成した代表者の資格を証する書面（作成後３か月以内のもの）を提示します（供託規則第27条第３項）。

法人格を有しない場合は，代表者が前述2(9)①(イ)で告示がされた代表者と同一であるときは，当該告示の写しを添付します（昭和58・4・18民四第2370号通達，平成7・3・2民四第2232号通達）。なお，代表者による告示を正写した旨の奥書証明，公示又は告示から3か月を経過しているときは，当該代表者に変更がない旨の奥書証明が必要となります。

(ウ)　印鑑証明書

　　法令の規定に基づく印鑑を登記所に提出できる者以外の者が官庁又は公署から交付を受けた供託原因消滅証明書を添付して取戻請求する場合は，印鑑証明書の添付は省略できます（供託規則第26条第3項第4号）。よって，登記されている政党その他の政治団体が請求する場合は，添付しなければなりませんが，個人や法人格を有しない政党その他の政治団体が選挙長又は選挙管理委員会による供託原因消滅証明書を添付して請求する場合は不要となります。

　　なお，立候補又は候補者推薦の届出をしなかったため取戻請求する場合（上記①dの場合）において，選挙長発行の立候補の届出がない旨の証明書が添付されているときも，印鑑証明書の添付を省略して差し支えありません。

※　取戻しをする権利を有する書面と印鑑証明書の添付について簡単にまとめると以下のとおりとなります。

取戻請求者	取戻しをする権利を有することを証する書面	印鑑証明書の添付
個人（公職の候補者又は推薦者）	選挙長（又は選挙管理委員会）による供託原因消滅証明書	不要
	選挙長の立候補又は推薦の届出がなかったことの証明書	不要
	立候補又は候補の届出をする意思を放棄した旨の上申書	必要
政党その他の政治団体（法人格有り，登記有り）	選挙長（又は選挙管理委員会）による供託原因消滅証明書	必要
政党その他の政治団体（法人格なし）	選挙長（又は選挙管理委員会）による供託原因消滅証明書	不要

(エ) 代理人の権限を証する書面

　　代理人によって請求する場合は，代理人の権限を証する書面として，委任状の添付が必要となります（供託規則第27条第1項）。

(2) **還付請求**

① 没取される場合

　　公職の候補者が一定の得票数を得られなかった場合（当選落選は問いません。）や途中で立候補を辞退した場合など公選法第93条，第94条に該当するときは，供託物は没取され，国又は地方公共団体に帰属することとなります。ここでいう一定の得票数とは以下のとおりとなります。

264

選挙の種類	没取される得票数
衆議院小選挙区選出議員の選挙	有効投票総数×1／10
参議院選挙区選出議員の選挙	有効投票総数÷その選挙区の議員定数×1／8
都道府県議会の議員の選挙	有効投票総数÷その選挙区の議員定数×1／10
都道府県知事の選挙	有効投票総数×1／10
指定都市議会の議員の選挙	有効投票総数÷その選挙区の議員定数×1／10
指定都市の長の選挙	有効投票総数×1／10
指定都市以外の市議会の議員の選挙	有効投票総数÷その選挙区の議員定数×1／10
指定都市以外の市の長の選挙	有効投票総数×1／10
町村長の選挙	有効投票総数×1／10

② 還付手続

供託金払渡請求書に供託物が国又は地方公共団体に帰属したことを証する当該選挙長の証明書を添付して還付請求することになります。

供託金払渡請求書の払渡請求事由欄は，「公選法第93条による没収」となり，3に〇をつけることとなります。

(ア) 衆議院議員及び参議院議員の選挙の場合

還付請求者は総務省主管歳入徴収官です。衆議院及び参議院の比例代表選出議員選挙の場合は総務大臣官房会計課長，衆議院議員小選挙区選出議員選挙又は参議院議員選挙区選出議員選挙の場合は都道府県の総務省主管歳入徴収官から事務委任を受けた各都道府県の会計管理者が請求することになります。供託物払渡請求書，供託物が国庫に帰属したことを証する当該選挙長の証明書とともに，供託官を納入者とする納入告知書（金銭供託の場合）が提出されますので，これに基づき供託処理システ

ムにより国庫金振替手続を行います。

　なお，国に対しては供託金利息の払渡しはありません（昭和30・3・31民甲第604号通達）。

(イ)　地方公共団体の長又は議会議員の選挙の場合

　還付請求者は，都道府県の場合は知事，市町村の場合は市町村長です。ただし，小切手により供託物を払い渡す場合の受領者は，会計管理者となります。よって，供託物払渡請求書の受取人氏名欄に記載することとなります。

5　おわりに

　初めて供託を担当される職員にとって，通常よく処理する弁済供託や執行供託以外の供託申請が提出された場合，窓口対応や事務処理に苦慮されていることが多々あるかと思います。お客様にストレスを感じさせないような対応や事務処理ができるよう今後の執務の参考にしていただければと思います。

【参考文献】
法務省民事局編「供託関係先例集」（法曹界，1958）
法務省民事局第四課（監）「実務供託法入門」（民事法情報センター，1991）

事例 34 選挙供託に係る没取の手続について

1 はじめに

　平成の大合併といわれて久しく経ちますが，この市町村合併により法務局ではその事務処理において多大な影響を受けてまいりました。
　登記の管轄区域はいうに及ばず，登記記載事項である不動産の所在地，登記名義人の住所，商業法人登記の本店・主たる事務所などみなし規定はあるものの，その書換え作業等，皆様も何らかの形で事務処理に携われてきたのではないでしょうか。
　供託事務も例外ではなく，各市町村の合併のたびに新たな市町村長選挙，市議会議員選挙など，ここ数年間では見られないほど選挙供託が集中しました。
　今回の実務解説では，選挙供託に係る没取の手続について紹介させていただきたいと思います。

2 選挙供託について

　選挙供託は，没取供託の一つであり，弁済供託などのように供託者と被供託者の間には何ら法律関係はありません。この供託は，立候補の濫用防止のため，立候補をするのに一定の額の金銭等の供託を義務付けて，候補者が一定の得票数に満たなかった場合に，国又は地方公共団体がその供託金を没取するもので，供託制度としては極めて特殊な機能を果たしています。
　公職選挙に立候補しようとする者，衆議院（比例代表選出）議員及び参議院（比例代表選出）議員の選挙において名簿による立候補の届出をしようとする政党その他の政治団体は，公職選挙法第92条の規定により定められた金額の

供託物を供託します。その後，投票日又は当選の告示の日から，国政選挙では30日経過後まで（公職選挙法204条，208条），地方選挙では14日経過後まで（公職選挙法202条，206条）に異議の申出が無かったときは選挙結果が確定することになりますので，法定得票数を獲得した供託者は，選挙長の証明書（供託原因消滅証明書）を添付して供託物の取戻しを請求し（昭和26年5月28日民事甲第1139号民事局長回答），供託所は供託物を供託者に返還することにより供託関係が終了します。選挙供託は，一般的にはこのような事務の流れとなりますが，候補者の得票数が公職選挙法第93条第1項の法定得票数に達しない場合には，文字どおり供託物は没取されることになります。

3　供託物が国に帰属する場合の没取の手続

　供託物が国に帰属する場合は，「公職選挙法の規定により国庫に帰属した供託物の収納に関する取扱手続について」（昭和30年3月31日民事甲第604号民事局長通達）により処理することになります。請求者は，総務省主管歳入徴収官，つまり都道府県の会計管理者等です。なお，供託物により手続に若干の相違がありますので，金銭と有価（国債）証券に分けて説明します。

(1)　供託物が金銭のとき

　歳入徴収官から，選挙長の交付した還付を受ける権利を有することを証する書面（例1）及び供託官吏を納入者とする納入告知書を添付して供託金の還付請求がされます。供託金は，オンラインによる国庫金振替手続によって支払われ，事務処理は完了します。なお，国（一般会計）への支払のため，供託金利息は請求されません（昭和33年2月10日民事（四）発第15号民事第四課長依命通知）。

事例34　選挙供託に係る没取の手続について

証明書（例１）

証　明　書

　供託者　住所　〇〇県〇〇市〇〇町〇〇番地
　　　　　氏名　〇〇〇〇
　供託所の表示　〇〇地方法務局〇〇支局
　供託番号　　　平成〇〇年度金〇〇〇号
　供託金額　　　金3,000,000円

　供託者は，平成〇〇年〇〇月〇〇日執行の衆議院小選挙区選出議員選挙につき候補者として届出をするために供託したが，公職選挙法第93条第１項の規定により，供託物は国庫に帰属するものであることを証明する。

平成〇〇年〇〇月〇〇日
衆議院小選挙区選出議員選挙
〇〇県第〇区選挙長　　〇〇〇〇

---

(2) 供託物が有価（国債）証券のとき

　供託物が有価（国債）証券であるときは，これを換価して歳入に納付するため，有価（国債）証券の償還期が到来しているか否かで取扱いが若干異なってきます。

①有価（国債）証券の償還期が到来しているとき

　　歳入徴収官から，選挙長の証明書及び日本銀行を納入者とする納入告知書を添付して供託有価証券の還付請求がされます。これらに基づき，有価証券の還付の手続をすることになりますが，通常，請求者に交付する供託有価証券払渡請求書は納入告知書と共に供託所が当該有価（国債）証券の

寄託店である日本銀行（以下「寄託日本銀行」という。）に送付することになります。

②有価（国債）証券の償還期が到来していないとき

　①と同様に還付請求がなされますが，納入告知書には，引渡書（有価（国債）証券の名称，記号，券面金額，枚数及び附属利札を記載したもの）（例2）が添付されますので，供託有価証券払渡請求書，納入告知書と共に供託所が寄託日本銀行に送付することになります。加えて，実務上は，財務省の買入消却の承認の通知書の写し（例3）も添付しているようです。

　なお，利札のある有価（国債）証券のときには，利札の金額も併せて請求がされます。

引渡書（例2）

　　　　　　　　　　　　　　　　　　　　　　　　　第〇〇号
　　　　　　　　　　　　　　　　　　　　　　　平成〇〇年〇〇月〇〇日

　　日本銀行〇〇支店　様

　　　　　　　　　　　　歳入徴収官〇〇県会計管理者　〇〇〇〇

　　　　　　　　　　国債証券の引渡しについて

　政府所有国債証券について，別紙のとおり平成〇〇年〇〇月〇〇日付をもって買入消却することになったのでよろしくお取り計らい願います。

　　　　　　　　　　　　　　記
　　名称　　　　　　　　割引国庫債券（〇年）（第〇〇回）
　　額面金額の種類　　　300万円券
　　証券枚数　　　　　　1枚
　　額面金額計　　　　　3,000,000円
　　買入消却代金　　　　〇,〇〇〇,〇〇〇円
　　証券引渡場所　　　　日本銀行〇〇支店

```
買入消却承認通知書（例３）
                                                    第〇〇号
                                          平成〇〇年〇〇月〇〇日

  〇〇県会計管理者　様

                                      財務省理財局長　〇〇〇〇

              国債証券の買入消却について

   平成〇〇年〇〇月〇〇日付第〇〇号をもって請求のあった標記のこと
  については，下記のとおり買入消却をすることとしたから了知された
  い。
                        記
   名称           割引国庫債券（〇年）（第〇〇回）
   額面金額の種類    300万円券
   証券枚数        １枚
   額面金額計      3,000,000円
   買入消却代金    〇,〇〇〇,〇〇〇円
   証券引渡場所    日本銀行〇〇支店
```

4　供託物が地方公共団体に帰属する場合の没取手続

　供託物が国に帰属する場合と同様に金銭と有価（国債）証券に分けて説明します。

(1)　供託物が金銭のとき

　請求者は，地方公共団体の長になります。すなわち，都道府県の場合は知事，市町村の場合は市町村長です。

一方，受領者は，異なります。地方自治法第170条の規定により，地方公共団体の会計事務をつかさどるのは会計管理者です。添付書類は，選挙長の証明書です。なお，国の請求の場合と異なり，供託金利息を支払います（昭和30年8月1日民事甲第1622号民事局長回答）。更に申し述べるならば，実務上の取扱いとして，払渡請求書の欄外受取人氏名欄には，会計管理者の氏名まで記載することになります。また，小切手の受取人欄には，地方公共団体の名称を記載すれば足り，会計管理者の表示は要しないとされています。

(2)　供託物が有価（国債）証券のとき

　供託物が有価（国債）証券であるときは，金銭のときとは異なり請求者及び受領者ともに地方公共団体の長となります。添付書類は，選挙長の証明書です。

5　おわりに

　いかがでしたでしょうか。一つ付け加えさせていただければ，各払渡請求書の「払渡請求及び還付請求の別」欄には還付の3に○を付け，「没取」と記載し，備考欄には「公職選挙法第93条による没取」と記載していただきます。

　選挙供託の供託物が没取となることはまれではありますが，本稿が少しでも執務の参考になれば幸いです。

執筆者一覧（50音順掲載，肩書は，平成26年10月1日現在）

五十嵐　　　亮（横浜地方法務局西湘二宮支局）
江　本　雅　人（長野地方法務局）
太　田　潤　一（甲府地方法務局）
落　合　　　哲（甲府地方法務局）
川　上　正　則（前橋地方法務局）
川　田　亜　季（前橋地方法務局太田支局）
木　村　誠　伸（長野地方法務局）
木　村　基　範（横浜地方法務局）
坂　爪　正　幸（東京法務局城北出張所）
佐　竹　　　絢（水戸地方法務局）
嶋　田　太　一（横浜地方法務局）
鈴　木　俊　之（静岡地方法務局袋井支局）
須　藤　和　行（宇都宮地方法務局足利支局）
滝　沢　江里子（東京法務局田無出張所）
田　口　　　徹（長野地方法務局佐久支局）
竹　内　　　成（さいたま地方法務局川越支局）
津久井　文　夫（東京法務局）
筒　井　紀　孝（千葉地方法務局市原出張所）
手　計　佐和子（東京法務局）
中　村　直　樹（さいたま地方法務局川越支局）
奈　良　峰　明（前橋地方法務局桐生支局）
西　　　隆　良（広島法務局）
羽入田　喜　代（横浜地方法務局）
林　　　孝　博（水戸地方法務局）
細　川　　　全（法務省大臣官房行政訟務課）
細　田　磨　美（長野地方法務局）
堀　川　浩之介（千葉地方法務局茂原支局）
本　間　啓　允（新潟地方法務局）
正　木　　　淳（甲府地方法務局鰍沢支局）
峯　　　美　鶴（宇都宮地方法務局）
山　口　鉄　也（さいたま地方法務局熊谷支局）
山　代　和　徳（宇都宮地方法務局足利支局）

供託実務事例集		定価：本体2,700円（税別）

平成26年11月28日　初版発行

編　　者　　東京法務局ブロック管内
　　　　　　供託実務研究会

発行者　　尾　中　哲　夫

発行所　　日本加除出版株式会社
本　　社　　郵便番号 171-8516
　　　　　　東京都豊島区南長崎3丁目16番6号
　　　　　　ＴＥＬ　(03)3953-5757（代表）
　　　　　　　　　　(03)3952-5759（編集）
　　　　　　ＦＡＸ　(03)3951-8911
　　　　　　ＵＲＬ　http://www.kajo.co.jp/
営業部　　郵便番号 171-8516
　　　　　　東京都豊島区南長崎3丁目16番6号
　　　　　　ＴＥＬ　(03)3953-5642
　　　　　　ＦＡＸ　(03)3953-2061

組版・印刷・製本　㈱倉田印刷

落丁本・乱丁本は本社でお取替えいたします。
© 2014
Printed in Japan
ISBN978-4-8178-4199-5 C2032 ¥2700E

JCOPY　〈(社)出版者著作権管理機構　委託出版物〉

本書を無断で複写複製（電子化を含む）することは、著作権法上の例外を除き、禁じられています。複写される場合は、そのつど事前に(社)出版者著作権管理機構（JCOPY）の許諾を得てください。
また本書を代行業者等の第三者に依頼してスキャンやデジタル化することは、たとえ個人や家庭内での利用であっても一切認められておりません。

〈JCOPY〉　ＨＰ：http://www.jcopy.or.jp/,　e-mail：info@jcopy.or.jp
　　　　　電話：03-3513-6969,　FAX：03-3513-6979

【好評図書】

新版 よくわかる供託実務

吉岡誠一 編著

2011年8月刊 A5判 436頁 定価4,320円(本体4,000円) ISBN978-4-8178-3944-2

商品番号：40181
略　号：供実

- ●「実体法規、手続法の正確な理解」と「その理解に基づく的確な判断」が身に付く一冊。
- ●基本的な事件を中心に、審査及び事務処理について、わかりやすく解説。
- ●図表入りのわかりやすいQ&AやOCR供託書式記載例を収録。

【月刊誌のご案内】

法務通信

月刊 A5判 定価237円

商品番号：31005

- ●昭和26年創刊。登記・国籍・戸籍・供託・人権擁護・訴訟等、民事法務行政に関する実務解説や研究発表を随時掲載。
- ●法務局窓口における相談回答事例、事務の改善に関する取組やインタビュー記事も豊富に掲載。
- ●司法書士や土地家屋調査士等、実務家からの発信記事も充実。

日本加除出版

〒171-8516　東京都豊島区南長崎3丁目16番6号
営業部　TEL (03)3953-5642　　FAX (03)3953-2061
http://www.kajo.co.jp/